HORST CONEN

Positiv

den Tag gestalten

HORST CONEN

Positiv
den Tag gestalten

Die Kunst, aus jedem Tag das Beste zu machen

BECHTERMÜNZ VERLAG

Genehmigte Lizenzausgabe für
Weltbild Verlag GmbH, Augsburg 1999

Umschlaggestaltung: ARTELIER für Grafik & Werbung, München
Gesamtherstellung: Clausen & Bosse, Leck
Printed in Germany
ISBN 3-8289-1810-7

Inhalt

»Aus jedem Tag das Beste zu machen, das ist die größte Kunst.«

HENRY DAVID THOREAU

Vorwort

Ein Glas Wasser läßt sich auf zwei verschiedene Arten trinken. Die erste: Ich stürze es hastig hinunter, denke mir nichts dabei und empfinde es als nichts Besonderes. Die zweite: Ich genieße es Schluck für Schluck, führe mir vor Augen, daß Wasser etwas sehr Kostbares ist, weil es jede Zelle meines Körpers anreichert und erneuert, es mich reinigt und klärt, und fühle mich gut dabei – kurz: das Wasser schmeckt mir.

Hier ist die Rede davon, wie Sie Wasser so trinken können, daß es angenehm schmeckt. Ich schrieb dieses Buch, weil ich in der Überzeugung lebe, daß wir in einer komplizierten Zeit wie dieser durch den Gebrauch einfacher Lebensweisheiten – wieder – lernen können, zu einem Lebensstil zu finden, der uns dazu verhilft, aus allem das Beste zu machen – sogar aus einem Glas Wasser. Sie halten jedoch kein Buch in Händen, das eine Weltanschauung beschreibt, die vollkommen neuartig und umwälzend ist. Das wäre, angesichts der mannigfaltigen Werke, die bereits davon berichten, wie wir glücklicher und zufriedener leben können, ein etwas überhöhter Anspruch. Ich vertrete die Auffassung, daß die Zeit gekommen ist, sich intensiver darum zu bemühen, die vorhandenen Lebensphilosophien im Alltag zu leben, anstatt sie immer nur intellektuell zu reflektieren. Aus diesem Grunde finden Sie in diesem Buch keine abstrakten Thesen, sondern vielfältige konkrete Anregungen, wie Sie Ihrer alltäglichen Wirklichkeit in Freizeit, Beruf und Partnerschaft jene Lebensfreude abgewinnen, die Sie aus sich selbst heraus erzeugen können und zu der Sie nichts weiter benötigen als die entsprechende Einstellung.

Um das Buch möglichst lesefreundlich zu gestalten, habe ich bewußt auf Fußnoten und Querverweise zu wissenschaftlichen und philosophischen Schriften verzichtet. Vielmehr war mir daran gelegen, alte Weisheiten neu aufzubereiten und Wissen aus der Vergangenheit so zu bündeln, daß Menschen von heute etwas damit anzufangen wissen.

Die Erfahrungen vieljähriger Seminartätigkeit sind mir dabei eine große Hilfe gewesen. Als Seminarleiter erlebe ich täglich, daß Frauen und Männer unterschiedlichster Herkunft nach Verhaltenstips und Lebensregeln verlangen, die sich in gewöhnlichen Alltagssituationen am Arbeitsplatz und zu Hause anwenden lassen. Mit diesem Buch möchte ich allen praxisorientierten Lesern etwas an die Hand geben, das im Alltag erprobt ist und im Alltag funktioniert. Das vorliegende Werk ist aus dem Leben heraus entstanden – für Menschen, die mitten im Leben stehen.

An dieser Stelle möchte ich Sie darauf vorbereiten, daß Ihnen in diesem Buch auch Denkansätze und Ratschläge begegnen, die zunächst unkonventionell und ungewöhnlich auf Sie wirken mögen. Ich möchte Sie dazu ermutigen, sich von ungewohnten Ansatzmöglichkeiten nicht abschrecken zu lassen, haben sie doch alle denselben Zweck: Ihnen zu dem persönlichen Lebensstil zu verhelfen, mit dem Sie im Alltag vergnügter und zufriedener leben.

So nehme ich die Gelegenheit wahr, mich bei allen Unkonventionellen und Andersdenkenden zu bedanken, die mir im Leben bisher begegneten. Denn sie gaben mir den Mut, das Ungewöhnliche zu versuchen und zu begreifen, daß wir eigentlich nur wenige Dinge benötigen: »Wir brauchen Wasser, um zu leben.« Und wir brauchen Lebenskunst, um nicht nur den Alltag zu meistern, sondern noch ein bißchen besser zu leben.

Horst Conen

ERSTER TEIL

Besser zu leben – beginnt im Kopf

Sind Sie ein Lebenskünstler?

Können Sie Ihr Leben genießen? Freuen Sie sich über jeden neuen Tag, und sind Sie gespannt, was er Ihnen bringt? Nehmen Sie es mit Humor, wenn es einmal nicht so »läuft«, wie es soll? Reagieren Sie auf Alltagsprobleme mit Gelassenheit, weil Ihnen bewußt ist, daß jeder Tag, an dem man sich ärgert, ein verlorener Tag ist? Richten Sie Ihr Augenmerk auch auf die schönen Seiten des Lebens? Nehmen Sie sich Muße für die angenehmen Kleinigkeiten, die selbst graue Tage liebenswert machen? Wenn Sie jede dieser Fragen mit einem Ja beantworten, möchte ich Sie sehr herzlich beglückwünschen. Sie verstehen es, zu leben.

Sollten Sie allerdings den Verdacht hegen, daß es Ihnen ähnlich ergeht wie den meisten Menschen heute, deren Freude am Leben von den Anforderungen eines leistungsorientierten Alltages überschattet wird; sollten Sie die Vorstellung in sich tragen, daß es Ihnen in manchen Bereichen Ihres Berufs- und Privatlebens bessergehen könnte; sollten Sie das leise Gefühl haben, daß Sie eigentlich viel mehr »vom Leben haben« müßten, – dann möchte ich Sie dazu ermuntern, den Gehalt dieses Buches aufmerksam aufzunehmen. Und ich möchte Ihnen ans Herz legen, die kommenden Anleitungen und Übungen im Alltag auszuprobieren. Lernen Sie auf einfache Weise, im Hinblick auf Alltagsprobleme, mit sich selbst anders umzugehen, und finden Sie zu neuen Wegen, sich aus der Mühle alltäglicher Schwierigkeiten zu befreien.

Sie werden sehen: Ihr Leben wird von Tag zu Tag besser. Bald werden Sie jeden schönen Augenblick viel mehr genießen können als früher, und Ihre Lust zu leben wird Ihnen die Kraft geben, vieles zu verwirklichen, das Sie sich schon lange gewünscht haben.

Beginnen Sie noch heute, ich werde Sie begleiten!

Sehen Sie das Leben mit anderen Augen

Vermutlich stellen Sie sich im Augenblick vor, es müßte etwas äußerst Einschneidendes geschehen, bevor sich die Türen zu einem besseren Leben öffneten. Das ist, wie Sie erkennen werden, ein Irrtum.

Viele Menschen leben in der Erwartung, daß allein große Ereignisse die erwünschte Wendung in eine dankenswerte Richtung bringen. Fast jeder träumt in irgendeiner Weise vom großen Glück. Der eine ersehnt es sich in Gestalt einer neuen Liebe. Ein anderer erhofft es sich durch den Millionengewinn in der Lotterie. Das große Glück ist eine unbekannte Größe, von der sich Menschen überall auf der Welt ein Stück herbeiwünschen. Aber die Mehrheit ist wie eh und je darauf fixiert, das Glück in materiellen Dingen zu suchen. Was diese Menschen nicht realisieren, ist, daß ein auf materielle Dinge beschränktes Leben niemals ein wirklich reiches Leben sein kann. Reich wird es erst für den, der imstande ist, die Pracht geistiger und sinnlicher Schönheit zu ernten und in vollen Zügen zu genießen.

Seien Sie also versichert, daß der Schlüssel zu einem besseren Leben nicht allein im großen Glück liegt. Ein besseres Leben kann sich genausogut in sehr einfachen Dingen offenbaren und verbirgt sich nicht selten hinter unscheinbaren Kleinigkeiten. Das ist das Geheimnis. Wer einmal gelernt hat, sie für sich zu entdecken, wartet nicht länger auf bahnbrechende Geschehnisse, sondern lebt ab sofort besser. Dazu brauchen Sie nur Einsicht in eine Lebensweise, die bisher der kleinen Anzahl von

Menschen vorbehalten war, welche dem Leben »mit anderen Augen« begegnen und die wir »Lebenskünstler« nennen.

Richten Sie den Blick auf das Schöne

Der erste Schritt in die richtige Richtung ist mit einer Änderung dessen verbunden, auf das wir uns täglich konzentrieren. Oft ist unser Blick durch Unnötiges verstellt, und wir richten unser Augenmerk zu sehr auf das Negative. Doch ist es für unser seelisches Gleichgewicht wesentlich, daß wir uns auf einen Lebensstil verstehen, aus dem wir Zufriedenheit und Selbstzufriedenheit beziehen können. Wir leben in einer schwierigen Zeit des Wertewandels. Die Zeiten festgeprägter Weltbilder gehen dem Ende zu, im Westen wie im Osten, überall herrscht Umbruchstimmung. Das Wunschbild von unbegrenztem ökonomischen Wachstum weicht mehr und mehr den Realitäten, denn unsere Ressourcen lassen sich nicht grenzenlos ausbeuten. Weil die traditionellen Werte und Ideale immer weniger Menschen Halt bieten, hat eine neue Sinnsuche begonnen. Zur Zeit herrscht allerdings vielerorts Orientierungslosigkeit. Die daraus resultierende Verunsicherung spürt jeder, ob er arm oder reich ist. Alles, was derzeit geschieht, spricht dafür, daß wir lernen müssen, uns wieder auf die wahren Lebenswerte zu besinnen. Es ist dringend an der Zeit, die Sinnlichkeit des schönen Augenblicks wiederzuentdecken, anstatt weiter nach neuen trendorientierten Exzessen Ausschau zu halten, die unserem Leben Abwechslung versprechen, aber keinen Sinn geben können.

Nehmen Sie daher die Unwägbarkeiten der momentan komplizierten Zeit zum Anlaß, sich auf die einfache, die reine Lebensfreude und damit auf das Wesentliche zu besinnen. Lassen Sie sich von Schwarzmalern die Freude am Leben nicht verderben, wenn diese den »Verfall unserer Kultur« beschreien und »Endzeitstimmung« verbreiten wollen. Sie brauchen nur zu lernen, konsequenter mit dem Herzen zu leben, denn damit verschönern und kultivieren Sie Ihren Alltag. Dann können alle

Tage voll prächtiger Sonnenaufgänge sein. Richten Sie Ihre Konzentration mehr auf das Positive, und Sie haben einen ersten, grundlegenden Schritt getan, das Beste aus Ihrem Leben zu machen.

Nehmen Sie Ihr Glück selbst in die Hand

Bestimmt haben Sie sich schon gefragt: »Was gefällt mir an meinem Leben und was nicht?« Sie werden sich als Antwort eventuell entgegenhalten, daß Sie sich Ihr Leben gar nicht anders vorstellen können. Und vielleicht merken Sie, daß Sie sich an vieles, das Sie früher störte, inzwischen gewöhnt haben – einerseits, weil Ihnen eine Veränderung vielleicht aussichtslos erschien, andererseits, weil Sie sich damit beruhigten, daß Millionen anderer Menschen genauso leben. So oder so: Wenn Sie im privaten und beruflichen Bereich glücklicher leben möchten, kommen Sie nicht umhin, das Gewohnte einmal völlig auf den Kopf zu stellen und sich nicht länger an anderen zu orientieren. Sie müssen Ihren eigenen Weg gehen. Persönliches Glück bedarf eines individuellen Lebensstils. Auch wenn es für Ihre Ohren befremdlich klingen mag: Kein anderer Mensch kann Sie so glücklich machen wie Sie selbst.

Gewiß, die Anforderungen des Alltags lenken ständig davon ab, Bilanz zu ziehen und zu fragen: »Gefällt mir mein Leben, handle ich richtig?« So vieles will erledigt sein: Pflichten, denen wir nachkommen müssen, Erwartungen, denen wir entsprechen wollen, Menschen, die wir nicht enttäuschen möchten. Die Angst, dem nicht zu entsprechen, was die anderen von uns erwarten, ist groß. Der Druck aber, den wir nicht selten auf uns selbst ausüben, ist viel größer. Wie leicht vergessen wir über all dem, was wir täglich von uns fordern, es uns einmal richtig gutgehen zu lassen und uns mit ruhigem Gewissen etwas zu gönnen.

Erziehen Sie sich zu einem gesunden Egoismus. Auch wenn Sie im Augenblick meinen, nicht egoistisch sein zu dürfen, sagen Sie zu sich: »Heute lasse ich es mir gutgehen, egal, was morgen ist und gleich, was die anderen sagen.« Stehen Sie Ihrem besseren Leben nicht selbst im Weg. Lernen Sie, etwas für sich zu tun, ohne nach dem Blick der anderen zu schielen, ohne deren Urteil, ohne deren Kommentar zu berücksichtigen – ganz aus sich heraus. Vergessen Sie nicht mehr: Nur wer sich selbst mag, kann anderen gut sein. Nur ein glücklicher Mensch kann Menschen glücklich werden lassen.

Lernen Sie, das Leben zu lieben

»Sind Sie schon einmal einem echten Lebenskünstler begegnet?« Diese Frage richtete ich zu Beginn eines Seminars an die Schar weiblicher und männlicher Teilnehmer. Piet, ein Architekt und Vater von zwei Kindern, ergriff als erster das Wort: »Ich begegne hin und wieder einem Mann, den ich als Lebenskünstler bezeichnen würde, doch wie er möchte ich nie sein.« Ich fragte weiter: »Weshalb nicht?« Er erwiderte: »Weil er ein Schaumschläger ist, der sich durch das Leben laviert und immer einen Weg findet, wie man mit wenig Aufwand viel Geld verdient. Die übrige Zeit liegt er auf der faulen Haut und tut nichts.«

Bettina, eine selbständige Unternehmerin, äußerte die Ansicht: »Für mich ist die Vorstellung von einem Lebenskünstler mit CARL SPITZWEGS Bild vom ›armen Poeten‹ verbunden. Es zeigt ein Leben voll materieller Entbehrungen, doch irgendwie glücklich.« – »Was, denken Sie, läßt den Poeten glücklich sein?« hakte ich nach. »Die innere Freiheit – und daß er handeln kann, ohne dabei nach der Pfeife anderer Leute tanzen zu müssen. Ich glaube, insgeheim möchten viele Menschen so sein. Wenn ich meinen Beruf nicht hätte, der mir kaum freie Zeit läßt, würde ich vielleicht auch ein bißchen mehr so leben.«

Gegen Ende der Gesprächsrunde berichtete Harry, Leiter einer Marketingabteilung, von der Begegnung mit einem lebenslustigen Italiener von Anfang Fünfzig, den er bei einer Geburtstagsfeier kennengelernt hatte. »Wenn du ihn das erste Mal siehst, ist es, als kenne man sich schon ewig. Er begrüßt dich überschwenglich, ist offen und steckt jeden mit seiner lebensfrohen Art an. Ursprünglich wollte er Priester werden – damals in seiner Heimatstadt in den Abruzzen. Heute macht er alles Mögliche, vor allem aber Musik. Spielt er nicht gerade die Orgel in der Kirche, findest du ihn mit seinem Akkordeon auf irgendeiner Festivität. Kaum ist er da, kommt Stimmung auf. Selbst zurückhaltende Gäste sind bald hingerissen, singen von Capri und Amore und möchten unbedingt einmal mit ihm anstoßen. Bei ihm hat man einfach das Gefühl, er liebt die Menschen. Egal, wann oder wo ihr ihn trefft – er lädt jeden sofort zu sich ein, kocht mit Begeisterung und interessiert sich für seine Gäste. Bevor er dich wieder gehen läßt, spielt er noch ein Lied auf dem alten Klavier, umarmt dich zum Abschied und winkt dir lange nach. Wenn du gegangen bist, weißt du, daß er ein Mensch ist, der das Leben liebt. Für mich ist er wirklich ein Lebenskünstler.«

So wie die Teilnehmer des Seminars, so möchte ich Sie dazu anregen, sich von gewohnten Sichtweisen zu trennen: Ein Mensch, der imstande ist, sein Leben so zu gestalten, daß er es innig lieben kann, ist ein Lebenskünstler, unabhängig davon, welchen Beruf er ausübt, ob er allein oder in einer Ehe und Partnerschaft lebt, ob er viel Geld verdienen will oder ob ihm das Nötigste genug erscheint. Nur von der eigenen Geisteshaltung und dem Lebensgefühl hängt es ab. Ich möchte Sie deshalb dazu bewegen, nicht mehr und auch nicht weniger von Ihrem Leben für sich zu fordern, als es aus tiefstem Herzen lieben zu können. Dann werden auch Sie sich bald innerlich frei fühlen – wie ein Lebenskünstler.

Übung: Der Brief an sich selbst

»Epistola non erubescit.
(Ein Brief errötet nicht.)«
MARCUS TULLIUS CICERO

Die beste Taktik, Änderungen der Lebensweise vorzubereiten, ist die altbewährte Methode, alles aufzuschreiben. Nehmen Sie sich daher etwas Zeit, und verfassen Sie einen ausführlichen Brief, den Sie an sich selbst adressieren.

Formulieren Sie, was Ihnen zur Zeit das Leben erschwert oder Unbehagen bereitet, und zählen Sie daneben auf, was Sie sich von Ihrem Leben wünschen. Lassen Sie einmal Ihrem Ärger freien Lauf, doch schmücken Sie Ihre Wunschvorstellungen Satz für Satz so aus, daß sie die entsprechende Atmosphäre wiedergeben. Malen Sie auf diese Weise ein genaues Bild von dem Zustand, in dem Sie sich momentan befinden, und von dem Lebensgefühl, das Sie gerne erreichen möchten. Beschreiben Sie genau, wie Sie leben wollen und welche Ziele Sie erreichen möchten. Aktualisieren Sie Ihren Brief, indem Sie ihn mit den Ideen aus diesem Buch und Ihren inzwischen gewonnenen Erkenntnissen ergänzen. Lesen Sie Ihre Aufzeichnungen von Zeit zu Zeit, und vergleichen Sie Inhalt und Zielgedanken mit dem, was Sie im Alltag erleben.

PS: Sollten Sie nur wenig Zeit zur Verfügung haben, ziehen Sie einfach in der Mitte eines Papierbogens eine senkrechte Linie, und verwenden Sie die linke Seite als Minus-Bereich, die rechte Seite als Plus-Bereich. Schreiben Sie links stichpunktartig auf, was Ihnen momentan den Spaß am Leben verdirbt, und rechts, was in Zukunft besser verlaufen sollte. Während der Lektüre dieses Buches können Sie im rechten Feld neue Anregungen und weitere Zielrichtungen hinzufügen. Verwahren Sie die Notizen an einem Ort, an dem sie Ihnen jederzeit zugänglich sind (am besten in Ihrer Tasche), und versuchen Sie Ihre Zielgedanken mehr und mehr in alltägliche Handlungen miteinzubeziehen.

Warten Sie nicht bis morgen!

Viele Menschen leben nicht so, wie sie eigentlich gerne leben würden. Sie hetzen durch ihr Leben, stehen ständig unter Druck und haben für nichts mehr richtig Zeit. Von den Gesichtern, die einem jeden Tag begegnen, sehen nur noch wenige froh aus – viele wirken frustriert oder gar unglücklich. Und beim Umgang mit den Mitmenschen, etwa in den Büros, auf den Straßen oder in den Geschäften, fällt etwas Freundlichkeit sofort positiv auf. Denn sie ist seltener geworden als das Verhalten der Zeitgenossen, die sich verbissen und zuweilen auch aggressiv ihren Weg durch den Alltag bahnen. Spricht man den einzelnen an, hört man überall Klagen über Belastungen, den Ärger im Beruf, die Sorgen und Probleme zu Hause. Mancher spricht von »Freizeitstreß«, »Urlaubsstreß« oder »Familienstreß« und kann sich kaum noch an Tage erinnern, an denen er sich innerlich frei und unbelastet fühlte. Dem Anschein nach vermögen immer weniger Menschen das Leben, das sie führen, auch tatsächlich zu genießen.

Kümmern Sie sich um Ihre Seele

Eigentlich wünschen sich immer mehr Menschen heute ein einfacheres Leben. Viele sehnen sich verstärkt nach Ruhe und Harmonie und träumen von einem Leben ohne Druck und Kompliziertheiten. Sie äußern das Empfinden, ihr Alltag erscheine ihnen oft wie eine zu schnelle Fahrt auf Schienen. Ein Ereignis jage das nächste. Ständig müsse jeder einsatzbereit und leistungsstark sein. Am liebsten würde man manchmal einfach anhalten und aussteigen.

Ich glaube, jeder kann das nachvollziehen: Wir gönnen uns keine Pause, weil wir meinen, daß zuerst alles erreicht und geregelt sein müsse, bevor wir uns dem Genuß des Lebens richtig hingeben dürften. So gehen wir Tag für Tag unseren Geschäften nach, erfüllen brav unsere Pflichten in der Hoffnung, eines Tages dem großen Ziel näher gekommen zu sein und uns das Leben so einrichten zu können, wie wir es uns immer vorgestellt haben. Dabei konzentrieren wir uns etwas zu sehr darauf, die äußeren Verhältnisse zu ändern, und viel zuwenig darauf, den Augenblick zu erleben. Vielleicht ist dieser Augenblick nur das Lächeln eines Menschen, das wir übersehen. Vielleicht ist es der Gesang einer Drossel in der entspannten Ruhe eines lauen Sommerabends, das wir überhören, oder einfach das Gefühl, Arme und Beine bewegen und frei überall hingehen zu können. Vielleicht sind es Erfahrungen, die wir mit der Vorstellung von einem besseren Leben gar nicht in Verbindung bringen, weil sie nicht käuflich zu erwerben sind.

Wir glauben, das »eigentliche Leben« beginne erst morgen und werde wohl von bedeutsamen Dingen ausgefüllt sein. Doch dürfen wir die Augen nicht davor verschließen, daß wir das Morgen nicht kennen. Deshalb: Werden Sie heute ein Meister in der Kunst, Ihre Seele mit dem schönen Augenblick zu beglücken. Mit ein wenig Seelenkunst verbessern Sie Ihren Alltag und nehmen vieles leichter.

Die Zeit vergeht

Während viele Menschen darauf warten, eines Tages ihr Leben umgestalten zu können, vergeht die Zeit – kostbare, unwiederbringliche Lebenszeit!

Indessen sagen die, die einen Beruf haben, der ihnen kein Vergnügen bereitet: »Noch einige Jahre, dann habe ich genug verdient, dann tue ich nur noch, was ich will.« Jene, die Familie haben, meinen: »Sind die Kinder erst aus dem Haus, dann führen wir ein bequemes Leben und geben unser Geld für tolle Reisen aus.« Die in einer Beziehung leben, in der sie nicht mehr glücklich sind, sagen: »Jetzt an Trennung zu denken, ängstigt mich, weil ich nicht weiß, was kommt. Lieber warte ich auf andere Zeiten.«

Was beim Warten übersehen wird, ist die Tatsache, daß jeder Tag ein Tag ist, der nicht zurückholbar ist. Konnten Sie nicht froh sein, war es ein verlorener Tag. Auf der Liste der noch verbleibenden Tage, von der Sie nicht wissen, wie lang sie ist, wird er Ihnen immer fehlen. Erkennen Sie daher, daß jeder Tag wichtig ist – dieser auch!

Das Leben ist ein Geschenk

> *»Wenn jemand mit dem Beginn des ›Richtig-Lebens‹ wartet, bis die Verhältnisse günstig werden, ist er wie der Bauer am Fluß, der mit der Überfahrt wartet, bis die Wasser abgeflossen sind.«*
>
> HORAZ

Die Umstände, unter denen wir leben, sind zu keiner Zeit ideal. Doch sind es nicht so sehr die Umstände, die uns von einem besseren Leben abhalten, sondern es kommt darauf an, sie anders zu bewerten. Sie und ich können heute, hier und jetzt, auch in einer problematischen Welt, beginnen, unser Leben positiv umzuformen. Wir können es aus uns selbst heraus und ohne fremde Hilfe schrittweise verändern. Wir müssen nur richtig verstehen, daß uns das Leben geschenkt ist. Es ist ein Geschenk auf Zeit. Betrachten Sie es darum als etwas Kostbares und Unwiederbringliches, aus dem Sie – selbst dann, wenn die Verhältnisse nicht ideal sind – versuchen sollten, das Beste zu machen.

Fragen Sie sich an dieser Stelle, was Ihnen Ihr Leben wert ist. Überlegen Sie sich, was Sie mit Ihrem einzigartigen Geschenk alles anfangen möchten. Machen Sie sich deutlich, daß Ihnen diese Zeit gegeben ist und daß Sie nicht die Möglichkeit haben, auf eine andere zu warten. Lassen Sie sich nicht länger von den Umständen aufhalten oder davon, daß Ihr Partner, Ihre Freunde, Ihre Eltern oder Ihre Kinder eine Veränderung nicht gutheißen würden. Unternehmen Sie noch heute die ersten Schritte in die richtige Richtung. »*Carpe Diem*« (HORAZ).

Das Mögliche wird durch Sie möglich

Wir allein sind der Gestalter unseres Lebensgefühls. Wir können weder warten, bis die Lebensbedingungen perfekt sind, noch darauf, daß andere unsere Probleme lösen. Gewiß, es ist bequemer, die eigenen Möglichkeiten zu verneinen, an den Fähigkeiten zu zweifeln und tausend Gründe aufzuzählen, warum es uns nicht gutgeht. Es ist leichter zu klagen und eifersüchtig auf diejenigen zu schauen, denen es, wie wir meinen, viel bessergehe als uns und die wir um ihr außergewöhnliches Haus, ihr gutes Aussehen, ihr Einkommen oder ihre Karriere beneiden.

Doch es bedarf nicht viel, um zu begreifen, daß nichts so ist, wie es nach außen erscheint. Wer sich der Mühe unterzieht, hinter die Kulissen zu schauen, kann erkennen, daß auch die, die wir beneiden, nicht mit allem gesegnet sind und Sehnsüchte haben. Vollkommenheit finden wir nirgendwo. Probleme und Unwägbarkeiten gehören zum Leben. Wenn Sie in bezug auf neue Anstöße wachsam bleiben und Ihre Möglichkeiten nicht unterschätzen, liegt es in Ihrer Hand, das Leben nach eigenen Vorstellungen zu gestalten. Dazu brauchen Sie nur ein paar Ideen und etwas Mut.

Sich neue Räume eröffnen

Ein Ausspruch, der mich seit den ersten Studienjahren begleitet, lautet: »Leben ist, immer wieder durch neue Räume zu gehen.« Dieses Bild hat mir persönlich schon oft geholfen, Veränderungen, auch wenn sie schmerzlich waren, zu akzeptieren und wieder neue Hoffnung zu schöpfen. Diesen Gang durch die Räume können Sie wie ein Dahintreiben betrachten, allein durch das Schicksal bestimmt. Sie können es aber auch so sehen, daß alles, was Sie erleben, nur einen Übergang darstellt, um von Raum zu Raum zu dem zu werden, was Sie sein möchten. Den Weg tritt jeder auf seine Weise an. Sie entscheiden, ob in einem Raum etwas zu entdecken ist, ob Sie das Gefühl haben, angekommen zu sein, oder ob Sie am liebsten fliehen möchten. Sie müssen nicht dort bleiben, wo Sie unzufrieden und unglücklich sind. Sie können alles hinter sich lassen, wenn Sie wollen. Sie haben die Möglichkeit, in einem anderen Raum ein anderer zu sein.

Was Sie am Anfang brauchen, ist eine Vision, wie Ihr Leben aussehen soll. Dann ist es wichtig, sich von allem, von dem Sie sich unter Druck gesetzt fühlen, loszusagen und nicht mehr daran festzuhalten. Nur wenn Sie ganz »entrümpeln«, schaffen Sie Platz für Neues. Das erfordert mitunter Mühe, vielleicht ist es auch schmerzvoll, doch es wird sich lohnen. Denn es hat keinen Sinn, Ihr neues Leben mit unbrauchbaren Möbeln aus vergangenen Tagen auszustatten. Alte Gewohnheiten, wie Vorwürfe, Selbstanklagen oder Selbstmitleid, sind kein stabiles Fundament. Erst wenn Sie bereit sind, in Ihrem alten Leben aufzuräumen, kann das Neue beginnen.

Übung: Heute leben

Heute ist ein wichtiger Tag in Ihrem Leben. Sie können ihn dazu nutzen, die Weichen für eine bessere Zukunft zu stellen. Sind Sie bereit für eine einfache Übung, die Sie veranlassen wird, neue Prioritäten zu setzen? Gut!

Wenden Sie sich einmal von diesem Buch ab, und schauen Sie sich um. Betrachten Sie alles, was Sie um sich herum sehen, als müßten Sie sich davon verabschieden. Stellen Sie sich eindringlich vor, das Zimmer, die Möbel, die Bilder, die Fotos, einfach alles sähen Sie jetzt in diesem Augenblick zum letzten Mal. Denn heute wäre der letzte Tag in Ihrem Leben.

Intensivieren Sie diese Vorstellung, indem Sie aufstehen und mit diesen Gedanken umhergehen. Gehen Sie hinaus, in den Garten, über die Wiese, und fassen Sie die Blätter der Bäume und Sträucher an. Riechen Sie noch einmal an den Blumen, und genießen Sie die Sonne und die frische Luft, in dem Bewußtsein, all dies nur noch heute erleben zu können. Denken Sie, Sie müßten für immer Lebewohl sagen.

Fahren Sie fort, indem Sie an die Menschen denken, die Ihnen etwas bedeuten. Was würden Sie heute noch einmal mit ihnen gemeinsam erleben wollen, und was würden Sie ihnen sagen?

Wenn Ihnen danach ist, steigern Sie Ihre Imagination, indem Sie einen längeren Spaziergang unternehmen, und zwar im Bewußtsein: »Du lebst nur noch einen Tag – heute.« Versuchen Sie während dieser Stunde an nichts anderes zu denken und jegliche Alltagsgedanken auszuschließen. Vertiefen Sie sich ganz in Ihre Eindrücke. Gönnen Sie sich im Anschluß an Ihren »letzten« Spaziergang noch ein wenig Ruhe, um nachzudenken.

Hat die Übung Sie mit Traurigkeit erfüllt? Haben Sie eine Ahnung davon bekommen, was Ihnen fehlen würde? Konnten Sie Einsicht gewinnen, was Sie bisher versäumten und in Zukunft nachholen möchten? Führen Sie sich abschließend vor Augen, daß Sie, um innerlich wie ein Lebenskünstler zu leben, *heute* leben müssen!

ZWEITER TEIL

Besser leben in der Freizeit

Bitte keinen Freizeitstreß!

Wir leben auf Zeit. Morgens um halb sieben läutet der Wecker; zwanzig Minuten bleiben fürs Bad, zehn Minuten fürs Frühstück, dreißig Minuten für den Weg zur Arbeit. Dann folgen Arbeitszeit bis zur Frühstückspause, Mittagspause, Kaffeepause, Arbeitszeit bis zum Feierabend, dann der Heimweg. Vielleicht warten noch Einkäufe, Erledigungen auf uns. Endlich beginnt die Freizeit. Die Zeit ist für alle gerecht verteilt, niemand erhält mehr als 24 Stunden pro Tag. Und doch klagen so viele Leute, sie hätten keine Zeit. Andere wiederum haben das gegenteilige Problem: Womit sollen sie die Zeit ausfüllen? Sie verplanen die freien Stunden des Tages und der Wochenenden bis ins kleinste und bleiben selbst nach Feierabend Sklave ihres Terminkalenders.

Will man jüngsten Erkenntnissen von Freizeitforschungsinstituten Glauben schenken, gilt auch in der Freizeit immer mehr das Leistungsprinzip. Das »wichtige« Abendessen mit »wichtigen« Leuten, die »wichtige« Vernissage haben einen hohen Stellenwert, Dabeisein ist alles. Die Furcht davor, nicht dabeigewesen zu sein und deshalb in gesellschaftlicher Runde oder im Kollegenkreis als »von gestern« abgestempelt zu werden, ist weithin verbreitet. Was den einen ihr »Kulturleben«, ist den anderen ihre Wochenendjagd über verstopfte Autobahnen zu Attraktionen wie Spaßbädern oder Erlebnisparks. Und selbst im Urlaub halten immer weniger nach Land und Leuten Ausschau, sondern interessieren sich nur noch dafür, was ihnen ihr Animateur als nächsten Programmpunkt servieren wird, damit nach Wasserball, Bingo oder Löffeltauchen nur keine Zeit der Unausgefülltheit entsteht. Aktionismus ist »in«. Müßiggang ist »out«. Besinnung ist Luxus.

Die einen wie die anderen sind von demselben Virus »Streß« infiziert, das längst nicht nur das Berufsleben beherrscht, sondern auch in der Freizeit um sich greift. Allen, die davon bereits befallen sind, scheint es vordergründig darum zu gehen, ihre freie Zeit bestmöglich zu nutzen. Tatsächlich aber – diese Vermutung liegt nahe – ist es für die meisten eine Flucht davor, einmal dazusitzen und sich mit sich selbst zu beschäftigen.

Es erscheint paradox: Wir schaffen kürzere Arbeitszeiten, um mehr Freizeit zu haben, wir wollen überall Zeit sparen und Zeit nutzen, damit mehr Lebensqualität dabei entstehe; das Ergebnis aber sind Streß und Frustration in der Freizeit.

Irgendwann kommt dann für viele der Punkt, an dem die Psyche sich gegen die Unterversorgung zur Wehr setzt. Diese Menschen bemerken plötzlich, daß sie sich selbst fremd geworden sind. Das äußert sich darin, daß sie sich selbst nicht mehr leiden mögen. Sie werden unleidlich für ihre Mitmenschen und verlieren den Kontakt zu ihrem Ich. Diejenigen, die glauben, diesen Zustand mit noch mehr Programm und Ablenkung auffangen zu können, landen – wie sich vielfach zeigt – noch tiefer in dem schwarzen Loch aus Überaktivität und entwickeln regelrecht Angst vor dem eigenen Selbst.

Da der Prozeß schleichend ist, lassen die daraus resultierenden Folgen für Kopf und Seele sich zu Anfang nur dumpf wahrnehmen. Deshalb gilt für alle, die mit sich selbst in Harmonie leben und ihre Persönlichkeit zur Entfaltung bringen möchten, sich prophylaktisch gegen den Streß in der Freizeit zu »impfen« und sofort bei den ersten Anzeichen allgemeiner Lustlosigkeit und sinkender Lebensfreude das Gegenmittel bereit zu haben. Schließlich ist Zeit unser kostbarstes Gut. Haben wir sie erst verloren, kann niemand sie uns zurückgeben.

Erinnern Sie sich? Wir sprachen im ersten Teil darüber, daß wir den Weg zu einem reichen, zufriedenen Leben selbst mitbestimmen. Sind wir unaufmerksam, verpassen wir die richtige Weggabelung und geraten ins Abseits. Haben wir jedoch alle Antennen ausgefahren und sind hellwach für die Dinge, die um uns herum geschehen, so lassen wir uns nicht von Trends beirren. Der Ausweg aus dem Dilemma der Schnellebigkeit unserer Tage heißt im Zweifelsfalle immer, den Weg der inneren Kraft, den Weg zu sich selbst zu gehen. Und die Kraft, die wir zu einem erfüllten Leben brauchen, beginnt bei innerer Ruhe und vitaler Gesundheit. Zahlen Sie also nicht den hohen Preis für die Schnellebigkeit, wie chic es in den Augen anderer auch sein mag. Lernen Sie, zu Freizeitaktivitäten, die nicht wirklich einen als angenehm empfundenen Ausgleich darstellen, nein zu sagen. Leben Sie etwas langsamer.

Merkregeln, wie Sie Ihre Freizeit sinnvoll nutzen

1. *Testen Sie sich selbst*
   Hat das, womit Sie gestern abend oder am Wochenende Ihre Zeit verbrachten, Ihnen wirklich Vergnügen bereitet? Hat es Sie innerlich bereichert, oder war es eher ein »Muß«? Konnten Sie – abgesehen von unvermeidbaren Alltagstätigkeiten, wie die Wohnung in Ordnung halten – aus dem, was Sie taten, Entspannung und Wohlgefühl gewinnen, oder blieb nur ein schaler Geschmack zurück? War das, womit Sie sich beschäftigten, ein sinnlicher, seelischer oder intellektueller Genuß, oder sind Sie dabei nur einem »Programm« gefolgt? Fallen Ihre Antworten eher verneinend als bejahend aus, sollten Sie etwas ändern und herausfinden, wie Sie mit Ihrer freien Zeit besser umgehen können. Vergessen Sie eines nicht: Ihre, meine, unsere Zeit ist begrenzt, das Leben ist kurz. Wer die Zeit sinnvoll für sich nutzt, hat mit Sicherheit mehr davon.

2. *Treffen Sie eine Wahl*
   Planen Sie nicht, gestalten Sie. Stellen Sie jedesmal bewußt heraus, was Ihnen während der freien Stunden wichtig ist. Setzen Sie auf diese Weise Prioritäten. Verfahren Sie dabei ruhig nach dem Genußprinzip: Das Angenehme ist das Primäre, das weniger Angenehme das Sekundäre, bekommt also weniger Raum. Schaffen Sie sich so den nötigen Ausgleich zum Beruflichen, in dem Sie sicherlich dazu gehalten sind, unangenehme Aufgaben vor den angenehmen zu erledigen. Nutzen Sie Ihre Freizeit, um ohne Druck zu sein. Lassen Sie sich nicht von anderen unter Druck setzen. Schaffen Sie sich selbst keinen, glauben Sie nicht, sich bei diesem und jenem unbedingt und unter allen Umständen beteiligen zu müssen. Selektieren Sie.

3. *Schaffen Sie sich Mußestunden*
   Setzen Sie Freizeit mit Freiheit gleich. Werden Sie nach Büroschluß immun gegen die allgemein verbreitete Sucht, Zeit zu sparen. Lassen Sie gesunden Menschenverstand walten, und versuchen Sie, wenn es sein muß, mit Disziplin Zeiten vorzusehen, in denen Sie einfach trödeln können. Erkennen Sie, wie heilsam und zugleich produktiv Zeiten sein können, die man planlos verlebt. Setzen Sie Unterhaltung und Zerstreuung nur dosiert ein. Lernen Sie, sich öfter bewußt zu sammeln. Nehmen Sie sich täglich etwas Zeit, um das, was Sie tun, ganz in Ruhe zu verrichten. Sich Zeit zu lassen bedeutet nicht, Zeit zu verlieren, sondern an Lebensqualität zu gewinnen.

Wie Sie die Harmonie mit sich selbst herstellen

Nehmen wir einmal an, das Energiepotential für einen Tag sei wie ein Liter Milch in einer Milchflasche. Wenn Sie am Morgen aufstehen und Ihren Tag beginnen, sollte die Flasche bis zum Rand gefüllt sein. Im Laufe des Tages braucht jede Anstrengung, jedes Problem, jeder Ärger, alles, was Sie fordert und Ihnen an diesem Tag zusetzt, den Energievorrat auf. Dann kommen Sie am Abend nach Hause, fühlen sich ausgepumpt und leer und haben das Bedürfnis, sich zu regenerieren, um für den nächsten Tag gleichsam aufzutanken.

Nun stellen sich die Fragen: Woher nimmt jeder die Energie, und wie erreichen wir ein Optimum an Regeneration? Die Nachforschung ergibt: Eine Vielzahl der Menschen heute hat zwar – nicht zuletzt auch aufgrund häufiger Thematisierungen in Zeitschriften und Büchern – ein ausgeprägteres Körperbewußtsein. Man legt allgemein mehr Wert als früher darauf, gesünder zu leben. Doch konzentrieren sich die meisten allzu einseitig darauf, den Körper fit zu halten und die Muskeln zu trainieren. Dem Aufbau von innerem Gleichgewicht und seelischer Gelassenheit wird weniger Bedeutung zugemessen.

So trifft man auf Schritt und Tritt allabendlich wie an Wochenenden auf ganze Heerscharen, die unermüdlich danach streben, Fitneß zu erlangen. Alle wollen schlank sein, einen gut funktionierenden und gesünderen Körper anstreben – was durchaus verständlich ist, denn viele sitzen den ganzen Tag im Büro. Doch leider widmen sich nur wenige mit dem gleichen Zeitaufwand der Harmonisierung ihrer Psyche. Geist und Seele werden häufig vernachlässigt.

Zum Fitsein gehört also mehr als Joggen, Bodybuilding und Mountainbike-Fahren, schrill-bunte Anzüge und Schweißtropfen auf der Stirn. Seelische Kraft und inneres Gleichgewicht, geistige Ausdauer und Beweglichkeit, Phantasie und Kreativität, Lebensfreude und Gelassenheit zählen nicht minder dazu. Fitsein beginnt tief im Inneren, im Geist und in der Seele. Erst wenn wir Harmonie und Übereinstimmung zwischen dem Innen und dem Außen erzeugen, können wir die Fähigkeiten und Lebenskräfte freisetzen, die wir zur Verwirklichung unserer Lebensziele brauchen. Die Harmonie von Körper, Geist und Seele ist der Schlüssel dazu.

In einer problematischen Welt erzeugt »Einklang mit sich selbst« Gelassenheit und neue Energiequellen. Die alltägliche Routine und die Anforderungen, die an uns gestellt sind, lassen uns oft vergessen, für inneren Einklang zu sorgen. Doch sollten wir erkennen: Dauerhafte Zufriedenheit können wir nur erreichen, wenn wir der einheitlichen Gesundheit von Körper, Geist und Seele Beachtung schenken und uns darauf verstehen, für ein harmonisches Zusammenspiel zu sorgen.

Von den Kulturen aus dem Fernen Osten haben wir gelernt, daß bestimmte Methoden uns helfen, die Harmonie mit uns selbst herzustellen, und welche Lebensweisen geeignet sind, als Mensch seine Mitte zu finden. Yoga und Meditation sind inzwischen jedem bekannt. Allerdings ist unsere westliche Welt eine andere, und fernöstliche Weisheiten lassen sich nicht so leicht in unseren Lebensalltag übertragen. Dennoch können wir von ihnen lernen. Gerade die ganzheitliche Betrachtungsweise ist geeignet, Erkenntnisse daraus in die persönliche Lebensphilosophie einfließen zu lassen. Profitieren Sie davon: Finden Sie zu mehr ganzheitlichem Wohlbefinden, und üben Sie den freundlicheren Umgang mit sich selbst – gerade heute, in der Schnelllebigkeit unserer Tage.

Im folgenden Teil zeige ich Ihnen einige Vorgehensweisen auf, wie Sie sich vor oder nach einem gewöhnlichen Arbeitstag in Harmonie mit sich selbst befinden können. Gehen Sie von ganz einfachen Wahrheiten aus, und verrichten Sie ganz einfache Handlungen, um sich auf den Tag vorzubereiten oder sich von den Strapazen des Tages zu erholen. Sie werden sehen, daß sich aus dieser »Einfachheit« ungeheure Kraft beziehen läßt. Nach der Lebenssicht der alten Chinesen ist eine Seele, die lächeln kann, der Garant für ein zufriedenes Leben.

Den Tag bewußt beginnen

»Fang jetzt zu leben an, und zähle jeden Tag als ein Leben für sich.«
LUCIUS ANNAEUS SENECA

Wie sehen Sie sich früh am Morgen im Spiegel – verschlafen, griesgrämig, ohne Lust auf den Tag? Leisten Sie sich an diesem Tag einmal einen besseren Start! Durchbrechen Sie die übliche Routine aus raschem Aufstehen, Duschen und hastigem Frühstück im Stehen. Versuchen Sie, die erste freie Stunde des neuen Tages einmal ganz bewußt zu verleben, Ihr Tag wird es Ihnen danken. Ich weiß, Sie mögen nicht früher aufwachen als unbedingt nötig. Doch glauben Sie mir, eine halbe Stunde eher als sonst aufgestanden, und Sie gehen wesentlich vergnügter aus dem Haus. Lassen Sie sich Zeit beim Aufstehen. Strecken und recken Sie sich, liegen Sie noch ein paar Minuten genußvoll im Bett, und lassen Sie den Tag langsam anfangen. Beginnen Sie ihn mit positiven Gedanken. Konzentrieren Sie sich nicht darauf, was gestern war, sagen Sie zu sich: »Heute wird alles besser.«

Nehmen Sie sich Zeit für ein Frühstück mit Stil. Bereiten Sie es in Ruhe vor, decken Sie (auch wenn Sie allein leben) den Tisch, mit Tischdecke, Kerzen und Blumen. Hören Sie etwas klassische Musik (zum Beispiel von WOLFGANG AMADEUS MOZART oder FRIEDRICH HÄNDEL). Essen Sie langsam, mit Bedacht und denken Sie dabei an etwas Erfreuliches.

Sehen Sie ein letztes Mal in den Spiegel. Atmen Sie noch einmal tief durch, und stimmen Sie sich ein. Sagen Sie zu sich: »Ich mag dich« und: »Heute ist dein Tag.« Seien Sie neugierig auf das, was der Tag Ihnen bringen wird, und gehen Sie mit der Devise ins Leben hinaus: »Nur Gutes wird mir heute begegnen.«

Kraft schöpfen aus der Schönheit

»Das Beste im Leben ist, Verständnis für alles Schöne zu haben.«
MENANDER

Was haben Sie tagsüber erlebt? Verlief alles gut oder gab es Ärger? Wenn Sie heute Unschönes hinnehmen mußten, sich gekränkt fühlen oder einfach nur einen grauen Tag zu einem guten Ende bringen möchten, treten Sie in die Welt der Schönheit ein.

Wurde Ihnen schon einmal klar, daß das Schöne überall anzutreffen ist? Auch wenn es für manches Ohr klischeehaft klingen mag, bin ich dennoch davon überzeugt: Die Natur bietet den größten Vorrat an. Vertiefen Sie sich in angenehme Sinneseindrücke aus der Natur. Selbst wenn Sie gerade mit dem Auto unterwegs sind: Fahren Sie einen Moment an die Seite, und halten Sie, um dem Schauspiel eines farbenprächtigen Sonnenunterganges zuzuschauen, oder gönnen Sie sich einen kleinen Spaziergang, und atmen Sie den Duft des Waldes. Berühren Sie einmal ganz bewußt die Borke eines dicken Baumes, und lernen Sie wieder zu staunen. Gehen Sie über eine Wiese, und riechen Sie den Geruch von frisch geschnittenem Gras. Denken Sie einen Moment lang an Sonne, Wind und Meer und daran, wie es wäre, dem Heranrauschen der Wellen zuzuhören oder den Sand unter den nackten Füßen zu spüren. Vielleicht besorgen Sie sich an diesem Tag ein Teleskop, um in klaren Nächten den Sternenhimmel betrachten zu können. Sie werden sehen, alles, was Sie zuvor bedrängt hat, wird relativiert und erhält eine ganz andere Dimension.

Tiere sind Teil der Natur; sie zu beobachten kann auf angenehme Weise ruhig und friedlich stimmen. Man braucht dazu nicht wie ein Förster mehrere Stunden am Hochstand zu verbringen, ein kurzer Besuch im nahe gelegenen Tierpark hat eine ähnliche Wirkung. Sollten Sie sich gerade heute über Ihre Mitmenschen geärgert haben, gehen Sie gezielt in den Zoo oder den Stadtpark, um den Tieren zuzusehen. Bereiten Sie sich dieses völlig unprätentiöse Geschenk: die Vögel, die Enten, die Ponys, die großen braunen Augen der Rehe – Tiere strahlen etwas aus, das Sie besänftigen wird.

Das Schöne und damit eine Zuflucht inmitten unangenehmer Alltäglichkeiten bieten auch Kunst und Kultur. Malerei, Literatur, Musik, Theater, Film, alles Schöngeistige zeigt Ihnen eine Welt der Ideen und Phantasien, in die Sie hineingehen können. Haben Sie schon einmal darüber nachgedacht, welchen Schatz Sie mit einem guten Buch in der Hand halten? Das gleiche gilt für ein großartiges Bild, eine Oper, ein Konzert, ein Theaterstück. Führen Sie sich vor Augen, wie viele Höhen und Tiefen ein Künstler wohl durchlaufen hat, bevor er sein Werk fertigstellen konnte, und wieviel Schweiß dafür von Menschen vergossen wurde, denen es alles bedeutet, das Ergebnis ihrer Arbeit mit Wohlgefallen betrachten zu können.

An diesem Tag haben Sie die Möglichkeit zu schauen, zu hören, zu lesen und sich an solchen Werken innerlich zu bereichern. Verzichten Sie heute auf die übliche Fernsehunterhaltung, verschonen Sie Ihre Seele mit Actionfilmen und Quizsendungen – gestalten Sie Ihr eigenes Programm. Wenn Sie nicht vorhaben, eine Ausstellung oder das Theater zu besuchen, machen Sie es sich zu Hause mit Schöngeistigem gemütlich. Schmökern Sie in Bildbänden, hören Sie gute Musik, nehmen Sie Gedanken, Geschichten und Gedichte aus Büchern auf, und lassen Sie schöne Formulierungen gleichsam genußvoll auf der Zunge zergehen. Lernen Sie das Wahre und Gute der Kunst hochzuschätzen. Gehen Sie an diesem »unbezahlbaren« und jederzeit zugänglichen Glück nicht vorüber. Benutzen Sie es, um die Welt für ein, zwei Stunden durch eine rosarote Brille zu sehen, um die Phantasie schwelgen zu lassen und um auf bessere Gedanken zu kommen.

Sich auf sich selbst zurückziehen

> *»Steht es dir doch frei, zu jeder Stunde dich auf dich selbst zurückzuziehen. Gönne dir recht oft dieses Zurücktreten ins Innere, und kräftige so dich selbst.«*
>
> MARC AUREL

Hatten Sie heute einen schweren Tag? Dann versuchen Sie diesen Tag auf besinnliche Weise zu beschließen!

Suchen Sie einen Ort auf, wo Sie mit sich allein sind und wo Ruhe herrscht. Jeder braucht einmal Zeit, um ganz für sich sein zu können, das ist ein natürliches Bedürfnis. Wählen Sie den Ort nach Lust und Laune. Es kann der Garten sein, ein schönes Zimmer oder die Bank am Ufer des Sees, an dem Sie sonst gerne spazierengehen. Nennen Sie diesen Platz »Ort der Kraft«. Setzen Sie sich. Machen Sie es sich bequem, schließen Sie die Augen, atmen Sie tief ein und aus. Während Sie ruhig und gleichmäßig atmen, ziehen Sie sich mehr und mehr in Ihr Innerstes zurück, wie an einen Zufluchtsort.

Konzentrieren Sie sich darauf: Alles, was Sie heute beschäftigt hat, Ärger, Probleme, Streit, erreicht Sie nicht mehr. Sie befinden sich sicher und geborgen in sich selbst. Stellen Sie sich vor, Ihre Stirn sei wie das Fenster zur Außenwelt. Sehen Sie vor Ihrem inneren Auge, wie die Gedanken des Tages draußen vorbeiziehen. Nach einer Weile schauen Sie dem Auf und Ab der Gedanken nicht länger zu, sondern steigen immer tiefer in sich selbst hinab. Genießen Sie diesen friedlichen Moment, in sich selbst zu ruhen. Jeder Zwang, jedes »Ich muß«, alles ist weit weg. Konzentrieren Sie sich nun allein auf Ihren Atem. Versuchen Sie mit jeder Ausatmung, Körper und Geist zu lockern. Sprechen Sie innerlich zu sich mehrfach die Worte: »Ich lasse alles los.« Spüren Sie dabei, wie Sie sich mehr und mehr entspannen, wie alles von Ihnen abfällt, Sie immer ruhiger und gelassener werden.

Wenn Sie das Gefühl haben, Ihre innere Anspannung sei genügend abgebaut und Ruhe sei eingekehrt, öffnen Sie die Augen. Die Welt sieht nun viel freundlicher aus. Verdeutlichen Sie sich, daß Sie jederzeit an diesen wunderbaren Ort in sich selbst zurückkehren können, wenn Sie sich von den Tagesgedanken zu verabschieden wünschen, um Chaos und Sorgen loszulassen.

Die Sinne auf Genuß einstellen

> *»Alle Vergnügen auf alle Weise genießen zu wollen, ist unvernünftig; alle ganz vermeiden, gefühllos.«*
> PLUTARCH

Wie gingen Sie heute mit sich selbst um? Haben Sie sich sehr gefordert und dabei vergessen, sich auch einmal zu verwöhnen? Dann gönnen Sie an diesem Tag Ihrem Sinneserleben ein paar Streicheleinheiten mehr als gewöhnlich, und streichen Sie so Balsam auf das gereizte Gemüt.

Vielleicht mögen Sie mit der Haut beginnen: Die Haut ist die sensible Grenze zwischen der Außenwelt und der Innenwelt. Auf einer Fläche von bis zu zwei Quadratmetern nehmen Sie über die Haut Umweltreize auf. Die winzig kleinen Tastkörperchen der Hautoberfläche haben gleichsam einen direkten Draht zu Ihrem Inneren und werden sogleich für ein wohliges Gefühl sorgen, wenn Sie sich als erstes ein ausgedehntes *Wannenbad* gönnen. Stellen Sie, während das Wasser einläuft, einige Kerzen im Bad auf, und treiben Sie ein wenig Körperkult. Stellen Sie sich innerlich ganz auf Genuß ein, während Sie die Kerzen anzünden und in das wohlig warme Wasser eintauchen. Denken Sie nicht mehr an den Tag. Schließen Sie die Augen, und richten Sie Ihre Aufmerksamkeit allein auf Ihren Körper.

Dies kann der Moment sein, in dem man bewußt erfährt, daß Worte wie »Genuß« oder »Lust« am eigenen Körper, hier in Europa, wo viele Bereiche unserer Kultur von christlicher

Denkweise geprägt sind, zuweilen negativ besetzt sind. Manch einer bringt damit immer noch etwas Unfeines, Unschickliches, wenn nicht sogar Unanständiges in Verbindung. Doch geben uns andere Kulturen ein Beispiel dafür, daß etwas mehr Lust an den wohltuenden Empfindungen des eigenen Körpers nicht schaden kann. Denken Sie nur einmal an die Badezeremonie in Japan oder an Badehäuser im Orient.

Finden Sie im warmen Wasser zu sich, und versöhnen Sie sich mit sich und der Welt. Beenden Sie die Wonnestunde Ihres kleinen Badefestes, indem Sie sich in einen weichen Bademantel hüllen und sich noch ein wenig hinlegen, um zu entspannen und schönen Gedanken nachzugehen.

Nach diesem Wohlgefühl könnten Sie sich nun mit etwas Wohlklang verwöhnen: Gewiß ist Ihnen der Ausspruch »Mit Musik geht alles leichter« bekannt. Tatsächlich stellt unser Hörnerv eine weitere hochempfindliche Leitung dar, die bis in die Tiefen des Bewußtseins hineinwirkt. Schöne *Musik* schmeichelt nicht nur den Ohren, sondern ist imstande, direkt auf die momentane Stimmungslage Einfluß zu nehmen. Deshalb hören Sie an diesem Tag, an dem Sie ein Bedürfnis nach Streicheleinheiten haben, einmal ganz intensiv klassische Musik. Die Klassik stellt im Gegensatz zur modernen Unterhaltungsmusik einen wahren Schatz an positiver Energie, an Spannung und Entspannung, Harmonie und Wohlklang dar. Nehmen Sie die Gelegenheit wahr: Fahren Sie mit MOZARTS *Jupiter-Sinfonie* am Morgen in den Tag hinein oder mit dem *Klavierkonzert Nr. 22* und *Nr. 23* am Abend nach Hause. Lassen Sie sich auf Reisen im Zug oder Flugzeug von ANTONIO VIVALDIS *Vier Jahreszeiten* begleiten, die Ihr Walkman Ihnen serviert, oder je nach Landschaft und Geschmack von LUDWIG VAN BEETHOVENS *Klavierkonzert Nr. 5*. Lassen Sie sich am Abend zu Hause nach einem aufregenden Tag mit ROBERT SCHUMANNS *Träumerei* besänftigen, und fühlen Sie Ihre Seele gestreichelt bei ANTONÍN DVOŘÁKS *Sinfonie Nr. 9* in e-Moll. Gebrauchen Sie den schöpferischen Reichtum klassischer Kompositionen, und nutzen Sie die Heilkräfte, die darin liegen, um sich zu harmonisieren.

Einen weiteren sensiblen, aber nicht zu unterschätzenden Sinngesgenuß hält Ihre Nase für Sie bereit. Sicherlich kennen Sie das: Der *Duft* einer bestimmten Seife oder Blume erzeugt in Ihnen eine Welle der Aversion, und Sie wenden sich ab. Andere Gerüche dagegen empfinden Sie als so angenehm, daß Sie nicht genug davon bekommen können. Meist nehmen wir gar nicht wahr, welche Geruchssignale wie auf uns wirken. Daher beschäftigen Sie sich einmal ein bißchen damit, was Sie gerne riechen. Warum sollten Sie sich nach Feierabend die schönsten Stunden des Tages neben den anderen Bequemlichkeiten nicht noch mit wohlriechenden Düften versüßen (an Duftträgern bieten sich getrocknete Blütenblätter, Parfüms, Öle und anderes mehr an). Finden Sie heraus, wie anregend oder beruhigend ein Duft auf Sie wirkt. Setzen Sie danach die Düfte wunschgemäß ein. Da unsere Nase ein Organ ist, das gleichfalls gute Kontakte zu unserem Seelenleben hat, verhelfen Ihnen die als wohltuend empfundenen Düfte zu guter Laune.

Wenn Sie nun den Tag mit einem *Abendessen* beschließen möchten, finden Sie hier ebenfalls durch Bewußtheit zum Genuß. Gaumenfreuden sind uns allen wohlvertraut. Aber oft kommt es vor, daß man ein Mahl zu sich nimmt, dabei fernsieht oder die Zeitung liest. Das mag praktisch sein, doch betrügt man sich um das Sinnenvergnügen, das man haben könnte, würde man genußvoll in Ruhe essen. Nehmen Sie an diesem Tag daher ohne Hast eine schmackhafte, gesunde Mahlzeit zu sich, und lassen Sie sie zu einem intensiven Lusterlebnis werden. Nehmen Sie keine Rücksicht auf vermeintliche Schlankheitsmaximen, stellen Sie sich auf das Vergnügen an einem guten Essen ein. Verdeutlichen Sie sich, daß Genußentzug inneren Kampf erzeugt, da dem nicht nachgegeben wird, was der Körper verlangt. Darum sollten Sie sich in diesem Augenblick fragen, was Ihnen mehr bedeutet: Ihr Idealgewicht oder der Frieden mit sich selbst. Bedenken Sie, daß Genußverzicht in Zeiten, in denen Sie einem Übermaß an Alltagsbelastung standhalten müssen, die allgemeine Frustration fördert und seelische Tieflagen verstärkt. Werfen Sie ebenfalls mit in die Waagschale, daß ein

Zuviel an Verzicht Ihre Ausstrahlung als Mensch nicht optimiert. Fragen Sie sich heute ein bißchen weniger nach äußerlicher Schönheit und dafür etwas mehr nach innerem Wohlbefinden, und genießen Sie.

Sich selbst beschenken

Haben Sie für heute alles geregelt, erledigt, an alles gedacht? Dann sollten Sie sich heute einmal bei sich selbst bedanken und mit einer kleinen Aufmerksamkeit belohnen, denn »kleine Geschenke erhalten die Freundschaft«.

Wer diese alte Volksweisheit hört, denkt unwillkürlich an die Beziehung zu Freunden, Bekannten oder Geschäftspartnern. Doch nicht allein die Freundschaft mit anderen Menschen möchte gepflegt sein. Pflegen Sie auch das Verhältnis zu sich selbst. Sprechen Sie sich selbst einmal ein »Dankeschön« aus und festigen Sie auf diese Weise die Bande zu Ihrem Ich.

Was spricht dagegen, das in Form von Präsenten zu bewerkstelligen. Entgegen der Ansicht vieler Gesellschaftskritiker, die den Konsum als verwerflich bezeichnen, vertrete ich die Auffassung, daß etwas Gekauftes, an dem man Freude hat, etwas Gutes ist. Wichtig ist nur, daß wir diesen Vorgang bewußt reflektieren. Nur wer wahllos kauft, läuft Gefahr, das Kaufen zum Selbstzweck zu erheben und das Konsumieren für etwas zu benutzen, das sich mit Geldausgeben aber nicht erreichen läßt. Denn Glück und Zufriedenheit sind mit Geld nicht zu erwerben. Sie können sich selbst positiv beeinflussen, indem Sie den Wertmaßstab für Ihr Leben so ansetzen, daß Sie mit wenigem ebenfalls glücklich sind. Kultivieren Sie für sich daher ein wenig die Bescheidenheit. Sie ist ein Stück Lebenskunst. Wehren Sie sich gegen jede Form von Kaufrausch. Bedanken Sie sich an diesem Tag bei sich selbst, und bereiten Sie sich das große Vergnügen eines kleinen Geschenks.

Schenken Sie nicht nur Ihren Freunden und Bekannten Blumen, sondern ebenso sich selbst. Schenken Sie sich ein hervorragendes Diner in einem guten Restaurant. Schenken Sie sich ein Wochenende in einem Hotel mit Meerwasseranlage, wenn Sie wissen, daß in diesem Jahr kein längerer Urlaub möglich ist, und genießen Sie es um so mehr, an zwei Tagen die Seele baumeln zu lassen. Lernen Sie – gerade dann, wenn Sie es gewohnt sind, ständig für andere zu sorgen – zu sagen: »Ich habe mir das verdient.« Bekennen Sie sich zu dem, was Sie sich leisten, und haben Sie kein schlechtes Gewissen. An diesem Tag sollten Sie sich, im Rahmen des Möglichen, geben, was Sie brauchen.

Noch ein Tip: Lehnen Sie drei Wochen lang jedes Vergnügen ab, das teuer ist, und sagen Sie ja zu allem, mit dem Sie sich selbst beschenken können und das dabei wenig oder gar nichts kostet.

Zwiesprache mit sich halten

»Das Glück des Lebens hängt von der Beschaffenheit deiner Gedanken ab.«
MARC AUREL

Mit welchen Gedanken beenden Sie den Tag? Führen Sie kurz ein inneres Selbstgespräch, um sich vom Tag zu verabschieden, um negative Denkmuster abzustellen und positive Gedanken aufzubauen.

Die Harmonie von Geist und Seele ist unter anderem das Ergebnis eines mit Bedacht geführten Dialogs mit sich und seinem Ich. Selbsterfahrung und Selbstdialog stellen die effektivste Möglichkeit dar, mit der eigenen Innenwelt in Kontakt zu treten. Durch die Zwiesprache mit sich selbst können Sie Fragen stellen und Antworten erhalten, Sie können Bedürfnisse und Unzulänglichkeiten besser erkennen und das innere Gleichgewicht wiederherstellen.

Der Dialog beginnt stets mit der Bewertung dessen, was wir erleben. Reagieren wir auf die täglichen Ereignisse gewohnheitsgemäß mit negativen Gedanken, ist unser Gesamtbefinden dadurch bestimmt. Wir sind am Abend abgekämpft, fühlen uns abgespannt und sehen nur noch das, was uns an den Nerven zerrt. Sind wir aber in der Lage, den Unwägbarkeiten des Alltags im gedanklichen Selbstgespräch entgegenzutreten, so schaffen wir uns innerlich Spielraum dafür, die Gefühle positiv zu beeinflussen.

Probieren Sie es gleich heute aus: Sie brauchen sich von Ereignissen, Menschen, Situationen nicht länger belasten oder einschüchtern zu lassen, sondern können über den inneren Dialog agieren, deutlich »stop« sagen und negative Gedanken blokkieren. Nehmen Sie sich ein paar Minuten für die bewußte Zwiesprache mit Ihnen selbst Zeit. Das kann in Form eines kurzen Gebets geschehen. Gebete lassen unbewußte und bewußte Geisteskräfte gemeinsam wirken. Im Gebet können Sie die Turbulenzen und Gegebenheiten des Tages über den Glauben an eine höhere Macht besprechen. Sollten Ihnen Gebete fremd sein, kann die Zwiesprache natürlich auch in gedanklicher Meditation erfolgen. Hauptsache ist, Sie erkennen, daß alles, was Sie denken, alles, was Ihnen am Herzen liegt, jede Vorstellung, die Sie hegen, jede Idee, jeder Dialog, den Sie mit sich führen, am Anfang einer Kette von Verknüpfungen steht, die das, was Ihnen in Ihrem Leben begegnet, beeinflußt und mitbestimmt.

Sicherlich haben Sie es an sich selbst schon erlebt: Gingen Sie mit einer positiven Einstellung an eine Sache heran, gelang sie Ihnen mühelos. Bei negativer Grundeinstellung war der Mißerfolg dagegen schon vorprogrammiert. Der Grund dafür ist, daß Gedanken eine ungeheure Macht haben. Sie können die Ursache für vieles sein, das uns im Leben widerfährt. Wer mit sich selbst in gutem Kontakt ist, arbeitet aktiv für seine Zufriedenheit. Noch etwas sei hinzugefügt: Im Augenblick der Not, dann, wenn die Vernunft des Alltagsdenkens aufgebrochen ist, wir nicht mehr ein noch aus wissen, besinnen wir uns oft der Kraft und Macht von Gedanken. Wir beten und hoffen, daß unsere Gebete erhört werden – weil wir mehr oder weniger intuitiv davon überzeugt sind, daß wir durch Aufbieten seelischer Kräfte auf die Geschehnisse des Lebens Einfluß nehmen können.

Warum also sollten wir warten und das Gebet als letzte Möglichkeit nutzen?

Greifen Sie heute auf die Zwiesprache mit sich selbst zurück. Sagen Sie zu sich am Abend: »Ich bin dankbar für diesen Tag, denn es war ein Tag in meinem Leben. Alles Schöne, das ich heute erlebte, schließe ich in mein Herz mit ein. Alles Unschöne, das ich erfuhr, ist Ballast, darum löse ich mich nun davon.« Lenken Sie Ihre Konzentration anschließend nur auf die erfreulichen Tageserlebnisse. Legen Sie sich ins Bett, und fragen Sie sich: »Was war heute schön?« Zählen Sie an diesem Abend mindestens drei Eindrücke auf, selbst wenn sie nur unscheinbar waren: Ein Freund oder eine Freundin rief an, ein Kollege hat Ihnen geholfen, oder die Bäckersfrau war freundlich. Will Ihnen gar nichts Erfreuliches einfallen, dann freuen Sie sich darüber, daß dieser Tag ohne Zahnschmerzen verlief oder ohne Kopfweh.

Schlafen Sie mit den Gedanken an die schönen Augenblicke des Tages ein.

Die Besinnung auf das Wesentliche

»Trachte mit heiterer Freude und in stiller Gelassenheit danach, dich voll Ruhe in dir selbst zu behaupten, und wende dein Auge ab von allen inneren Bildern, die dein aufgereizter und noch nicht selbstgeeinter Sinn dir zeigen möchte.«

BÔ YIN RÂ

Haben Sie heute so gelebt, wie Sie es sich vornahmen? Ein Symbol oder Leitgedanke kann Sie darin unterstützen, sich wieder auf das zu besinnen, was Ihnen wirklich wichtig ist.

Man kann mit Recht behaupten: Unser Alltag fordert viel von uns. An manchen Tagen ist es nicht leicht, sich seinen Optimismus zu bewahren. Wie schnell lassen wir uns dazu hinreißen, all die guten Vorsätze, »besser zu leben«, zu vergessen.

Damit ich mir selbst und den eigenen Vorsätzen nicht untreu werde, steht auf meinem Schreibtisch wöchentlich eine frische Rose. Sie ist für mich das Symbol dafür, mich täglich mehr auf das Wesentliche zu besinnen, anstatt mich in Problemen und Problemchen zu verlieren. Das Verwelken der Blume, das Verdunsten des Wassers zeigen mir an, wie die Zeit vergeht. Sie geben mir immer wieder Anlaß, einen Moment darüber nachzudenken, ob ich den Tag oder die Woche so vergnüglich und unbeschwert verlebte, wie ich es mir vorgenommen hatte. Auf diese Weise nehme ich täglich die Gelegenheit wahr, das Gewesene kurz zu reflektieren, hinter allen Ärger einen Punkt zu setzen und am nächsten Tag gleichsam eine neue Seite aufzuschlagen.

Können Sie sich vorstellen, sich etwas Ähnliches zu schaffen, um Ihren Vorsätzen treu zu bleiben? Ein Foto, ein Souvenir oder ein altes Erbstück mögen vielleicht dazu dienen. Falls ja, richten Sie nun Ihre Gedanken darauf. Benutzen Sie Ihr Symbol, um sich selbst daran zu erinnern, gesünder zu leben, weniger zu rauchen oder gelassener auf Alltagsprobleme zu reagieren. Sie werden es bemerken: Jedesmal, wenn Sie es ansehen, wird Ihre Konzentration auf das gelenkt, was Ihnen wichtig ist. Haben Sie sich an diesem Tag an Ihre Vorsätze gehalten, so können Sie sich selbst auf die Schulter klopfen und dafür loben. Ist es Ihnen heute nicht gelungen, dann versuchen Sie es morgen mit Bedacht aufs neue.

Sie haben auch die Möglichkeit, sich zu diesem Zweck so etwas wie einen räumlichen Zufluchtsort einzurichten, an den Sie sich einmal am Tag für eine halbe Stunde zurückziehen können, um ein wenig zu meditieren und so Seele und Geist in harmonischen Einklang zu bringen. Manche Menschen schaffen sich hierfür sogar ein aufwendiges Refugium, wie beispielsweise eine Holzhütte am Ende des Gartens. Andere gestalten eine kleine Altarecke innerhalb des Wohnbereiches, mit Kerzen, Blumen und persönlichen Gegenständen. Wieder andere benötigen weder Orte noch Symbole, um sich darauf zu besinnen, was wirklich zählt. Ihnen dient dazu lediglich die Erinnerung an etwas. Das kann eine Krankheit sein oder das schicksalhafte Glück, das ihnen im Leben einmal widerfuhr. An Tagen, an denen Sie unzufrieden sind und alles nur noch grau sehen, hilft Ihnen ein bewußter Moment der Erinnerung wiederzuerkennen, was wahrhaft von Bedeutung ist.

Ein persönlicher Rat: Blättern Sie in den Werken Ihrer Lieblingsautoren, und finden Sie einen Ausspruch, der Ihnen als Leitgedanke dafür dienen könnte, sich an diesem Tag auf das Wesentliche zu besinnen. Notieren Sie sich einen Satz, der Ihrer Lebenseinstellung entspricht, und hängen Sie ihn (in Schönschrift) an prädestinierter Stelle auf. Werfen Sie täglich einen Blick darauf, und formen Sie aus dem, was die Worte Ihnen sagen, ein Stück Ihrer persönlichen Lebensphilosophie.

Die Kunst des »Zelebrierens«

Stellen Sie sich bitte folgende Situation vor: Es ist Montag früh, kurz nach acht Uhr, und Sie stehen im allmorgendlichen Verkehrsstau. Es ist einer dieser naßkalten Tage. Unter grau verhangenem Himmel bewegt die Autoschlange sich nur Zentimeter um Zentimeter voran. Trotzdem nehmen Sie den Stau, den Montag, die Nässe gelassen hin. Sie zehren noch von einem wunderschönen Wochenende, an dem Sie alles, was Sie taten, wie in einem feierlichen Ritual zelebrierten und dadurch jede einzelne Stunde viel mehr genießen konnten als sonst. Der Fahrer im Auto neben Ihnen schaut verbissen drein. Er hat die kostbare Zeit am Wochenende mehr oder minder verstreichen lassen, ohne für sich etwas wirklich Gutes daraus zu gewinnen. Er kommt an diesem Tag unausgeglichen und angespannt ins Büro. Sie hingegen beginnen Ihre Woche froh und heiter.

»Zelebrieren« – das bedeutet, schöne Momente zu erkennen und zu feiern. Das können Stunden sein, in denen wir zu Hause allein sind, oder ein Abendessen mit guten Freunden. Selbst den Stunden unterwegs zu Einkäufen und Erledigungen läßt sich auf diese Weise mehr Angenehmes abgewinnen. Vor allem aber bedeutet es, ganz aus sich selbst heraus, ohne fremde Hilfe – allein durch die Veränderung der eigenen geistigen Einstellung – in der Lage zu sein, den Tag und seine Abschnitte so zu gestalten, daß daraus eine Quelle der schönen Gefühle und erfreulichen Eindrücke wird.

Das ist heute, im Zeitalter der Unterhaltungsprogramme, nicht immer naheliegend, im Gegenteil. Wohl jeder von uns kennt Tage, an denen er nach Hause kommt und nichts weiter will, als mit der Fernbedienung zwischen den verschiedenen Fernsehkanälen zu wählen, um sich vom Fernsehprogramm berieseln zu lassen. Das Fernsehen übt für viele immer noch die stärkste Anziehungskraft aus. Es bietet die schnellste Möglichkeit, sich abzulenken, und verführt am ehesten dazu, die Freizeit passiv zu verbringen.

Aber auch Amüsierwelten, wie jene in Video- und Computerspielen, werden in zunehmendem Maße genutzt, um die freie Zeit zu füllen. Das Verlangen zahlloser Menschen nach schneller, ebenso nach elektronisch gesteuerter Unterhaltung ist groß, nicht nur bei Jugendlichen. Die immer ausgeklügelteren Methoden, die Gestaltung seiner Freizeit per Knopfdruck mitbestimmen zu können, lassen den Eindruck von Aktivität entstehen. Doch sind solche Freizeitbeschäftigungen ebenso wie das Fernsehen nur »One-way«-Kommunikation. Als kurzweiliger Spaß und vorübergehende Ausstiegsmöglichkeit aus dem Alltagsgeschehen haben sie durchaus ihre Berechtigung. Aber um ein Lebensgefühl der Zufriedenheit aufzubauen, ist Freizeitgestaltung dieser Art kein geeignetes Mittel. Denn sie hat den unangenehmen Nebeneffekt, daß das sinnliche Lebensgefühl dabei unberücksichtigt bleibt.

Nun werden Sie sich gewiß fragen: Wie können wir unsere geistige Einstellung dahingehend verändern, daß aus jeder Stunde »Freizeit« jene besagte Quelle der Lebensfreude wird, die uns sogar an einem verregneten Montagmorgen fröhlich sein läßt? Vermutlich befürchten Sie im Augenblick, daß die Einstellung, alles zu feiern, was da kommt, ein wenig wirklichkeitsfremd und etwas überzogen sei. Doch führen Sie sich vor Augen: Das Leben ist voller Wunder. Und die Wirklichkeit sieht immer nur so aus, wie Sie sie sich ausmalen. Es wäre doch bedauerlich, wenn Sie sich eine Begegnung mit dem Wunderbaren versagten.

Nutzen Sie daher jede Chance, Ihre Ansicht von der Wirklichkeit zu erweitern, um das Leben in seiner ganzen Fülle auskosten zu können.

Schauen Sie einmal mehr mit Neugier in die Welt, und verhelfen Sie sich anhand der nachfolgenden Anleitungen selbst zu einem gelungenen Tag, indem Sie aus jeder Stunde das Beste machen und alles, was schön, angenehm und interessant ist, wie ein Lebenskünstler »feiern«.

Eines steht fest: Die Lebensfreude, die Sie daraus gewinnen, verschönert nicht nur Ihre freien Stunden. Sie kann sogar dahin führen, daß es Ihnen in Zukunft kein Ärgernis mehr ist, Montag morgens im Stau zu stehen.

Ritual 1: Den Müßiggang üben

Haben Sie für Ihren nächsten freien Tag oder das Wochenende schon etwas Bestimmtes vor? Auch wenn Sie die Zeit allein verbringen, weil Ihr Partner oder Ihre Familie nicht da sind oder weil Sie vom Zusammenleben einfach einmal ein wenig Abstand brauchen – mit dem Bewußtsein, den Tag wie ein Lebenskünstler verbringen zu wollen, wird aus diesen Stunden etwas ganz Besonderes.

Es ist anzunehmen, daß es Ihnen manchmal ähnlich ergeht wie vielen anderen Menschen: In den Lebensphasen, in denen Sie besonderer Belastung ausgesetzt sind, verlieren Sie zuweilen den Bezug zu sich selbst und agieren an manchen Tagen nur noch automatisch. Das ist kein Wunder. Die heutige Zeit, die schnelle Aufeinanderfolge der Ereignisse und Lebenssituationen, die Erledigung der Tagesarbeit, die geistige Fixierung auf Aufgaben und Probleme begünstigen das. Und wenn wieder Phasen der Ruhe eintreten, Sie also wieder mehr Zeit hätten, sich um sich selbst zu kümmern, wissen Sie überhaupt nichts mit sich anzufangen. Manche Menschen fallen dann geradezu in ein »Loch«, nehmen ihr Adreßbuch zur Hand, telefonieren sich durch den Bekanntenkreis und versuchen möglichst viele Verabredungen zu treffen. Sie können den Zustand des Nichtstuns nicht akzeptieren.

Ob an diesen oder an anderen Tagen: Lassen Sie sich nur von Ihrem Gefühl leiten und sich treiben. Zelebrieren Sie ganz einfach nur Ihr Dasein und Ihre Lebendigkeit, indem Sie sich möglichst viele Augenblicke schaffen, in denen Sie nichts weiter tun, als »die Welt fühlen«.

Es wäre falsch zu glauben, daß Sie an solchen Tagen etwas »Großartiges« vollbringen müßten. Zwingen Sie sich ausschließlich dazu, sich zu nichts zu zwingen.

Es mag sein, daß Ihnen das nicht schwerfällt. Vielleicht warten Sie schon lange darauf, endlich ein paar Stunden für sich zu haben, ohne Programm, ohne Störung, weit weg von allem. Vielleicht wünschen Sie sich den Luxus, wieder einen ganzen Tag lang im Bett liegenbleiben zu können, in Ruhe alle Zeitungen zu studieren und für nichts und niemanden aufstehen zu müssen. Es könnte aber auch sein, daß Ihnen auf Anhieb nichts einfällt, womit Sie diesen Tag gestalten würden. Sollte dem so sein, dann liegt die Vermutung nahe, daß Sie, wie zahlreiche andere Menschen in unserer Gesellschaft, überwiegend leistungsorientiert sind. Gerade dann möchte ich Ihnen ans Herz legen, sich Zeit zu nehmen, um wieder einmal näher mit sich selbst in Kontakt zu kommen. Betrachten Sie diese freien Stunden als einen Freiraum, sich selbst wichtig zu nehmen. Erheben Sie ihn zu Ihrem persönlichen »Luxus-Tag«.

So werden Sie zum Lebensgenießer

Sagen Sie früh am Morgen zu sich: »Das ist mein Tag – den will ich einmal ohne etwas Bestimmtes zu tun genießen.«

Vielleicht lassen Sie sich von einem Frühstücksservice bedienen und tafeln erst einmal ausgiebig. Dann träumen Sie ein bißchen vor sich hin. Schauen Sie aus dem Fenster, und hängen Sie Ihren Gedanken nach. Überlegen Sie nur, wonach Ihnen heute der Sinn steht. Treffen Sie für sich die Entscheidung, während der folgenden Stunden ausschließlich die schönen Seiten des Lebens aufspüren zu wollen. Stellen Sie sich mehr und mehr innerlich darauf ein, an diesem Tag keine Erwartungen zu haben, keine Strategien zu leben, sondern sich gänzlich absichtslos den kleinen Glücksmomenten zu widmen, die Ihnen begegnen und sich anbieten werden.

Es wäre doch gut möglich, daß Sie Lust zu einem Stadtbummel verspüren. Oder es entspricht Ihrer Laune, ein Museum zu besuchen, Bilder und Skulpturen zu betrachten und sich anschließend mit dem Ausstellungskatalog in ein Café zurückzuziehen. Vielleicht ist Ihnen danach, durch Gärten und Parkanlagen zu schlendern. Wie auch immer: Zuvor sollten Sie sich voller Genuß der Pflege Ihres Körpers hingeben, sich bewußt die Kleidung auswählen, in der Sie sich wohl fühlen und die Ihre Persönlichkeit vorteilhaft betont.

Gehen Sie ohne festen Plan in den Tag hinein, um die Lungen mit frischer Luft aufzufüllen und sich treiben zu lassen. Genießen Sie irgendwo den Vormittag, weil der Tag noch jung, quirlig und aussichtsreich ist und man den Puls des Lebens hautnah spürt. Genießen Sie den Nachmittag, weil der Tag stiller wird und die ruhige Atmosphäre und Besinnlichkeit des Abends sich von überall her langsam ankündigt.

Was Sie in diesen Stunden auch unternehmen oder wo immer Sie hingehen, versuchen Sie nichts weiter, als dem Leben auf der Spur zu sein. Zelebrieren Sie die Lust zu leben, indem Sie sich allein, nur aus sich selbst heraus, wohl fühlen können. Seien Sie offen für alles Geheimnisvolle und Überraschende. Und seien Sie bereit für jede unerwartete Begegnung, die auf Sie zukommen mag.

Schließen Sie Frieden mit allem

Ganz sicher konnten Sie es schon beobachten: In südlichen Ländern sieht man sehr häufig Männer und Frauen stundenlang vor dem Haus sitzen, ein wenig vor sich hindämmernd und oft auch erwartungsvoll, wer wohl vorbeikommen werde. Auch für leistungsorientierte Menschen, wie wir es sind, können solche Momente, in denen sich nichts bewegt, eine Möglichkeit darstellen, sich einmal nur wie ein Korn des Ganzen zu fühlen.

Daher wählen Sie für Ihre freien Stunden einen Ort, wo Sie dem reinen Vergnügen, »bloß in die Gegend zu schauen«, eine Zeitlang nachhängen können. Ist es Ihr Lieblingscafé? Gut! Ist es eine Mauer mit Blick auf das Wasser? Auch gut! Ob Sie von einem Straßencafé die vorbeigehenden Leute betrachten oder sich irgendwo in der Landschaft befinden, um den Vögeln am Himmel, den Fischen im Teich oder dem Hin- und Herwiegen der Baumwipfel im Wind nachzuschauen – wichtig ist nur, daß Sie diese Untätigkeit und Aufnahmebereitschaft mit Bedacht zelebrieren.

Lassen Sie es auf diese Weise zu einem kleinen Ritual werden, den Tee oder Kaffee zu trinken. Vielleicht rauchen Sie währenddessen in aller Ruhe eine Zigarette oder eine gute Zigarre. Verwandeln Sie auf diese Art einmal Passivität und Langsamkeit in außerordentlich kostbare Freizeit. Sitzen Sie sinnend und voll der Bereitschaft, die Dinge geschehen zu lassen. Fühlen Sie sich ruhig und inmitten dieser Welt. Sagen Sie in diesem Moment zu sich: »Alles ist gut so, wie es ist«, und begreifen Sie diese Worte nicht als ein Abfinden mit den Verhältnissen der Weltlage, sondern als innere Notwendigkeit, um mit sich und allem, was Sie in diesem Augenblick umgibt, Frieden zu schließen. Es wird Ihnen gelingen, in diesen Stunden sich selbst und die Welt zu umarmen.

Ritual 2: Die Freundlichkeit leben

Waren Sie heute unterwegs? Nutzen Sie Ihre freien Stunden oft, um Einkäufe zu tätigen oder etwas zu erledigen? Lassen Sie an solchen und anderen Tagen die Freundlichkeit zu Ihrer Lebensart werden. Sie haben mehr von jedem Tag, an dem Sie auf Reisen sind, Veranstaltungen besuchen oder Ämtergänge unternehmen, wenn Sie beim Umgang mit anderen Menschen das Freundlichsein zelebrieren. Sie profitieren unmittelbar (direkt) davon: durch ein besseres Selbstwertgefühl und mehr Selbstbestätigung. Und Sie gewinnen indirekt: durch jede kleine Anerkennung, jedes »Dankeschön«, jeden begrüßenswerten Kontakt, der sich ergeben kann.

Zweifellos leben wir in einer Zeit, in der das tägliche Leben – im Beruf, in Kaufhäusern, Gaststätten, öffentlichen Verkehrsmitteln oder im Straßenverkehr – nicht gerade von auffallender Höflichkeit gekennzeichnet ist, im Gegenteil. Viele Menschen unserer Gesellschaft scheinen der fehlgeleiteten Auffassung verfallen, daß man mit Ellbogen und Frechheit weiter komme als mit »guten Manieren«. Um diese Beobachtung nachzuvollziehen, braucht man nicht weit zu schauen. Auf Gehsteigen werden

Fußgänger von Radfahrern gefährdet, parken Autos behindernd, rempeln die einen die anderen an, weil kaum jemand mehr höflich zur Seite ausweichen möchte. Nicht viel anders erfährt man es beim Einkauf oder unterwegs zu Erledigungen. Selten hört man ein »Guten Tag!« oder »Verzeihen Sie bitte!«, dafür spürt man oft Drängelei und Ruppigkeit. Selbst im Vorbeigehen kann man die Ohren vor der Gereiztheit mancher Leute zuweilen kaum verschließen, die harschen Tones miteinander umgehen. Und auf Autobahnen könnte man meinen, einige Fahrer führten »Krieg« gegeneinander, so gefährlich nah wird aufgefahren, so aggressiv wird gestikuliert, gehupt, mit den Scheinwerfern aufgeblendet, vor allem von denen, die sich im besseren Auto wähnen.

Möglicherweise haben Sie sich schon oft über unhöfliche Zeitgenossen geärgert. Doch bestimmt widerfuhren Ihnen auch völlig unerwartete Begegnungen mit unbekannten, auffallend freundlichen Personen. Sicherlich begegneten Ihnen Menschen, die aufmerksam waren und Ihnen spontan vom Boden aufhoben, was Ihnen aus der Hand geglitten war, die höflich die Tür aufhielten oder sich Zeit nahmen, um Sie in einer fremden Stadt ein Stück zu Ihrem Zielort zu geleiten – Menschen, die, ohne Sie zu kennen, sogleich herzlich auf Sie zukamen, ein paar erheiternde Worte für Sie übrig hatten und sich Ihnen vertrauensvoll widmeten.

Vermutlich haben Sie sich an Tagen, an denen Sie von einem Fremden ein wenig Freundlichkeit erfuhren, gefragt: Was wäre die Welt ohne diese Menschen? Was wäre unser Alltag, würden wir nicht hin und wieder auf Leute dieses Formats treffen? Was würden wir dafür geben, wenn alle zueinander freundlicher wären?

Freundlichsein als innere Haltung

Verhelfen Sie sich zu einem besseren Lebensgefühl, indem Sie höflich und freundlich sind – auch dann, wenn Ihr Gegenüber unaufmerksam ist. Denn Freundlichkeit ist etwas, mit dem Sie sich selbst einen Gefallen erweisen. Gehen Sie also in den Tag mit dem Vorsatz, »freundlich zu sein«, und zelebrieren Sie auf diese Weise Ihren kultivierten Lebensstil.

Stellen Sie den Tag unter das Motto »Lachen und Humor«. Werfen Sie einen Blick in den Spiegel, und kontrollieren Sie die Stellung Ihrer Mundwinkel, ehe Sie hinausgehen und anderen Menschen begegnen. Lassen Sie nicht außer acht, daß wir für unsere Ausstrahlung, ja zum Teil auch für unser Aussehen mitverantwortlich sind. JOHANN WOLFGANG VON GOETHE hat es einst treffend formuliert: »Nichts ist drinnen, nichts ist draußen. Denn, was innen, das ist außen.« Deshalb ziehen Sie die Mundwinkel hoch, und lächeln Sie ein bißchen. Sie werden feststellen, das allein vermag schon das Lebensgefühl zu heben. Nehmen Sie sich vor, zu allen freundlich zu sein, weil es Ihnen heute gutgehen soll und Sie Ihre Stunden aufwerten möchten.

Ein Lächeln ebnet den Weg zu einem Gespräch

Sollten Sie heute unterwegs sein, vielleicht in der Untergrundbahn, im Zug fahren, im Flugzeug sitzen, oder sollten Sie zu einer Veranstaltung gehen, einen Kurs, ein Konzert, eine Lokalität besuchen, dann versuchen Sie kontaktfreudig zu sein. Sehen Sie, was sich daraus ergibt, und messen Sie den Erfolg nicht daran, wie Ihre Mitmenschen sich dafür erkenntlich zeigen, sondern daran, wie Sie sich selbst dabei und danach, wenn Sie wieder zu Hause sind, fühlen.

Lächeln und grüßen Sie, bevor Sie neben der mitreisenden Dame im Zug oder dem Herrn in der Sitzreihe des Saales Platz nehmen. Bedanken Sie sich mit demselben Lächeln, wenn Ihnen zu Ihrem Abteil oder Sitzplatz der Weg freigegeben wird, und schenken Sie auch den Bediensteten einen freundlichen Blick, wenn sie Ihnen das Programmheft zur Veranstaltung oder ein Getränk reichen. Begegnen Sie allen mit ein wenig Herzlichkeit. Um nicht in Zweifel zu geraten, was manch einer hinter unbewegter Miene über Ihr Verhalten denken könnte, sollten Sie nach der Devise verfahren: Menschen, die selbst nicht in der Lage sind, freundlich zu sein, benötigen Ihr Lächeln um so mehr.

Geben Sie den Menschen, mit denen Sie in Kontakt kommen, durch ein paar nette Gesten zu verstehen, daß Sie zu einem Gespräch bereit sind. Überlassen Sie dem Kursteilnehmer oder Konzertbesucher neben sich Ihre Programmvorschau, damit er einen Blick hineinwerfen kann, und ebnen Sie so den Weg zu einem Gespräch. Bieten Sie Ihrem Gegenüber bei längerem Zusammensein Ihre Zeitschriften an, oder reichen Sie Ihre Bonbontüte weiter. Drücken Sie durch ein wenig Rücksichtnahme und gute Umgangsformen Menschlichkeit und kommunikative Bereitschaft aus, und signalisieren Sie auf diese Weise: »Ich isoliere mich nicht, sondern bin zu einem Austausch bereit.«

Nutzen Sie jede Gelegenheit

Nehmen wir an, Sie wollen heute das Haus verlassen, um nötige Besorgungen zu erledigen, zum Friseur, zur Post oder Bank zu gehen. Motivieren Sie sich dazu, den Tag von Ihrer Freundlichkeit, und damit Ihrem Wunsch nach Harmonie und Austausch, beherrschen zu lassen. Entspannen Sie sich, und lassen Sie sich durch die Witze in Ihrer Tageszeitung oder durch ein humorvolles Rundfunkprogramm anregen. Konzentrieren Sie sich auf erheiternde Gedanken. Sagen Sie zu sich: »Heute mache ich aus allem das Beste, und niemand kann mir meine gute Laune verderben.«

Dieser Tag ist gut, um kurz mit dem Nachbarn ein paar Worte zu wechseln oder ihn schon einmal vorsichtig darauf vorzubereiten, daß es übernächstes Wochenende aufgrund einer kleinen Feier etwas lauter werden könnte, Sie sich aber freuen würden, wenn sie oder er auf ein Gläschen vorbeikäme.

Dieser Tag ist gut, um sich im Straßenverkehr defensiv zu bewegen und jemandem mit Handzeichen die Vorfahrt zu gewähren, kurz anzuhalten, um einen alten Menschen über die Straße zu geleiten und ein liegengebliebenes Fahrzeug mit anzuschieben oder den Pannendienst zu rufen.

Dieser Tag ist gut, um an der Kasse des Supermarktes einen anderen Kunden oder ein Kind mit nur wenig Eingekauftem vorzulassen, um mit der Bedienung an der Theke oder der Kassiererin einige freundliche Worte auszutauschen, um den Blumenhändler nach seinem fachlichen Rat für die Farbkomposition des Straußes zu fragen oder eine fremde Person anzusprechen, wo sie diesen heißbegehrten Champagner gekauft habe oder was sie doch für ein auffallend hübsches Kleid trage.

Dieser Tag ist gut, um eine Politesse auf der Straße mit einer spaßigen Bemerkung davon zu überzeugen, den Strafzettel für die Parkzeitüberziehung eines anderen zu vernichten, um im Vorbeigehen einem Menschen, der die Straßen reinigt, ein heiteres Wort zu schenken.

Dieser Tag ist gut, um dem Postbeamten oder Bankberater hinter der Glasscheibe einen freundlichen Satz zu gönnen, und falls dieser heute wortkarg und mißmutig ist, lieber mit einer humorvollen Bemerkung zu reagieren, anstatt sich zu ärgern und sich die gute Laune trüben zu lassen.

Dieser Tag ist gut, um Glückwunsch- und Dankeskarten zu kaufen, sich hinzusetzen, Freunden, Bekannten, Verwandten und all jenen, die Ihnen einfallen, zu schreiben – die besten Grüße zu übersenden, sich für einen schönen Abend zu bedanken oder mit ein paar netten Worten ein Mißverständnis aus der Welt zu schaffen.

Und dieser Tag ist gut, um nicht erwartungsvoll danach zu fragen, wann Ihnen ein anderer Mensch soviel Aufmerksamkeit geschenkt hat. Denn durch Ihre freundliche Ausstrahlung wird der Tag bunter, lebendiger, kommunikativer, und Sie erlangen auf diese Weise das beglückende Gefühl, als Mensch unter Menschen anderen etwas geben zu können.

Ritual 3: Den Tag in Gemeinschaft verbringen

Haben Sie zum Abend Gäste geladen? Planen Sie einen gemeinsamen Nachmittag mit Freunden, Bekannten, Verwandten? Möchten Sie das, was Ihnen gefällt und Freude bereitet, gerne mit anderen Menschen teilen? Mit der entsprechenden Einstellung können Sie erheblich dazu beitragen, daß es ein schöner Tag wird. Stellen Sie sich innerlich ganz darauf ein, den Tag in Gemeinschaft zu zelebrieren – miteinander zu reden, zu lachen, zu schmecken, zu schauen –, einfach Spaß zu haben und sich wohl zu fühlen. So tun Sie Ihren Teil dazu, daß die Momente mit anderen Menschen so erfreulich wie möglich werden, und bereiten sich damit eine Zukunft, in der Sie von den geselligen Stunden der Vergangenheit zehren können.

Auf der Insel Bali zelebrieren die Einwohner ihren Dank zur Reisernte in einem fröhlichen Ritual ohne Streit und Mißgunst. Andere Völker feiern ihre Feste ebenfalls ganz im Zeichen gemeinsamer Freude und gewinnen daraus sehr viel Selbstverständnis und Wohlbefinden. Viele Menschen empfinden ihre Lebensfreude am intensivsten in freundschaftlicher Runde. Freundschaft, Sympathie, Sich-gut-Verstehen sind kostbare Erfahrungen. Die gemeinsame Radtour über Land, die Partie Boule im Park, das Abendessen mit Gästen zu Hause oder das Picknick draußen im Grünen wird erst richtig schön, wenn Harmonie den Tag beherrscht. Gewiß besteht kein Patentrezept dafür, als Mensch unter Menschen, als Gast oder Gastgeber harmonische Stunden mit anderen zu verleben, denn die Menschen sind verschieden und ihrem Verhalten nach manchmal unbegreifliche Wesen. Jede Begegnung wird von Sympathien und Antipathien mitgeprägt. Dennoch ist die eigene Haltung beim Umgang mit anderen Menschen für die Harmonie einer Begegnung ebenso entscheidend wie die Atmosphäre, in der diese stattfindet. Die folgenden Anregungen mögen Ihnen helfen, die Stunden in Gesellschaft mehr zu genießen und den gemeinsam mit anderen verbrachten Tag einen gelungenen Tag in Ihrem Leben werden zu lassen.

Wie Sie Menschen positiv begegnen

Stimmen Sie sich gedanklich darauf ein, einem Ausflug oder gemeinsamen Essen viele schöne Momente abzugewinnen. Nehmen Sie sich vor, diese Stunden einmal ganz unter dem Motto von Austausch und freundlicher Begegnung zu verleben. Ist die

Zusammenkunft, zu der Sie einladen oder eingeladen werden, zwanglos gewählt, sollte Ihnen dies nicht schwerfallen. Denken Sie in dieser Zeit bewußt positiv, und gehen Sie offen auf die Menschen zu, auch wenn Ihnen diese noch fremd sind. Lösen Sie sich vor allem von Vorurteilen gegenüber Personen, die ihrem Aussehen nach nicht dem entsprechen, was Sie gewohnt sind. Zeigen Sie, daß Ihnen Menschen nicht wegen ihrer »Verpackung« oder beruflichen Stellung wichtig sind, indem Sie an diesem Tag die Gelegenheit nutzen, jeden anzusprechen, der in Ihre Nähe kommt. Vergessen Sie nie, daß eine gute Portion Offenheit dazugehört, miteinander in Kontakt zu kommen und die Sympathie anderer auf sich zu ziehen. Bringen Sie Ihre Offenheit zum Ausdruck, indem Sie jedem eine Chance geben, sich Ihnen zu nähern.

Setzen Sie dazu Ihre Körpersprache mit ein: Schauen Sie Ihrem Gegenüber offen und freundlich in die Augen und während des Gesprächs nicht auf den Boden, zur Decke oder zum Fenster hinaus. Seien Sie stets höflich und zuvorkommend, schütteln Sie zur Begrüßung mit festem Griff die dargebotenen Hände, und schenken Sie jedem hin und wieder ein Lächeln. Wenden Sie sich Ihren Gesprächspartnern mit der Herzseite des Körpers offen zu, sprechen Sie möglichst nicht von der Seite, über die »kalte« Schulter oder mit dem Blick von oben herab. Zeigen Sie sich als guten Zuhörer, und gehen Sie auf das ein, was ein anderer Ihnen mitteilt. So unterstreichen Sie Ihr Interesse an Ihrem Gegenüber und demonstrieren eine menschenfreundliche Grundeinstellung, ohne es mit Worten darlegen zu müssen.

Höchstwahrscheinlich werden Sie an diesem Tag manche Begegnung haben. Bestimmt wird auch Ihr Selbstgefühl und das Gefühl, das Sie den anderen vermitteln, ein besseres sein. Mit Sicherheit werden Ihre guten Gefühle dazu führen, daß Sie mit einigen Menschen ins Gespräch kommen. Sie werden es erleben: Jeder Fremde kann eine neue Bekanntschaft bedeuten, Sie brauchen sich den Menschen nur mit einer positiven Einstellung zu nähern.

Schaffen Sie eine Atmosphäre für den Genuß
Konzentrieren Sie sich in Geselligkeit auf das elementare Sinnenvergnügen zu essen, denn in Gemeinschaft ein Mahl zu sich zu nehmen, gehört mit zu den größten Freuden. Essen Sie daher nicht beiläufig, sondern bereiten Sie Ihre Geschmacksnerven darauf vor, sich ins reine Geschmacksvergnügen zu stürzen und jeden Bissen einer mit Liebe zubereiteten Speise wie auch jeden Schluck eines guten Weines wie ein Bonvivant zu zelebrieren.

In entspannter Atmosphäre genießt es sich am besten. Deshalb gehört etwas Einfühlungsvermögen dazu, einer gastlichen Runde diesen geborgenen Raum zu sichern. Als Gastgeber, Gast oder Mitglied eines Freundeskreises, der am gedeckten Tisch Platz genommen hat, können Sie durch Ihren Einfluß mit darauf achten, daß das gemeinschaftliche Sinnenerlebnis gelingt.

Dem Genuß ist es nicht zuträglich, wenn heiß diskutiert oder über die Köpfe anderer hinweg debattiert wird. Falls die Verursacher nicht selbst bemerken, wie sie die Atmosphäre trüben, sollten Sie höflich einschreiten, denn schließlich geht es darum, daß Sie Ihre freien Stunden genießen möchten. Deuten Sie vorschlagsweise auf die Zeit nach dem gemeinsamen Essen hin. Nach kulinarischen Genüssen sind die Gemüter in der Regel besänftigt, und Meinungsverschiedenheiten lassen sich kompromißbereiter klären.

Nicht unwichtig für die positive Atmosphäre ist auch das Lob für die Köchin oder den Koch. Schließlich bereitet jeder das Mahl für seine Gäste in der guten Absicht, die Anwesenden zu verwöhnen. Für andere zu kochen, ist eine Geste der Zuneigung. Gehen Sie mit gutem Beispiel voran, und zeigen Sie Ihre Dankbarkeit, indem Sie das Essen wahrhaftig genießen. Sie animieren alle Anwesenden ebenfalls dazu, wenn Sie das Gespräch auf Themen lenken, die wiederum mit Genuß zu tun haben. Was bietet sich da mehr an und was bereitet mehr Vergnügen, als bei einem guten Essen über gutes Essen zu sprechen?

Zum gemeinschaftlichen Genuß und zum Fröhlichsein gehört oft auch der Alkohol. Er hebt die Stimmung, löst Hemmungen und Blockaden und begünstigt Ausgelassenheit und gute Laune.

Doch wie leicht kann bei »zuviel des Guten« die Stimmung umkippen. Wie schnell sagt jemand etwas Unangebrachtes, und die fröhliche Atmosphäre ist gestört. Bewahren Sie sich davor, weil Sie darauf vorbereitet sind, daß wahrer Genuß begrenzt ist und Sie als Genußmensch in jedem rauschenden Fest und üppigen Gelage den Augenblick erkennen, an dem man bei alkoholischen Getränken aufhören sollte zu trinken. Dieses Gefühl für den richtigen Moment wird Ihnen die vergnüglichen Stunden mit Freunden, Bekannten, Verwandten, Kollegen oder Geschäftspartnern sichern. Sie wissen:

> *»Genieße mäßig Füll' und Segen!*
> *Vernunft sei überall zugegen,*
> *Wo Leben sich des Lebens freut.*
> *Dann ist Vergangenheit beständig*
> *Das Künftige voraus lebendig,*
> *Der Augenblick ist Ewigkeit.«*
> JOHANN WOLFGANG VON GOETHE

Phantasie bringt frohe Stunden

Bereichern Sie die Stunden in Gemeinschaft ab und zu durch ein kreatives Element. Lockern Sie den gemeinsamen Nachmittag, die bäuerliche Kaffeetafel oder das stilvolle Dinner durch phantasievolle Gestaltung ein wenig auf.

Wenn wir ehrlich sind, so nehmen wir uns in der Regel nur im Urlaub Zeit, spontan zu sein oder »verrückte« Ideen zu realisieren. Manch einer hat vielleicht ein ausgefallenes Hobby oder übt einen ungewöhnlichen Sport aus. Doch in vielen unserer Lebensbereiche geschieht wenig »Außergewöhnliches«. Dies halte ich für einen Grund mehr, an einem freien Tag mit lieben Freunden oder vertrauten Gästen ein spielerisches Element miteinzubeziehen. Gestalten Sie den Tag in fröhlicher Gesellschaft einmal ganz nach dem Prinzip, aus weniger mehr zu machen, einer Form der Lebenskunst.

Wählen Sie beispielsweise einen besonderen Titel für eine Feier. Luden Sie im vergangenen Jahr anläßlich eines runden

Geburtstages zum Kostümfest unter dem Motto »Eine Nacht in Venedig«, so probieren Sie in diesem Jahr ein neues Thema aus. Bestimmt geraten Sie wieder ins Schwärmen, wenn Sie erleben, wie sich alle Ihre Bekannten bemühen, nähen, leihen, basteln, um originell ausstaffiert zu erscheinen und einen zauberhaften Abend als Andenken nach Hause zu nehmen. Genausoviel Spaß können Sie miteinander haben, wenn Sie für Ihren Freundeskreis einen ungewöhnlichen Ort ausersehen. Das gemeinsame Picknick am langen Tapeziertisch an lauschiger Uferböschung oder oben auf dem Hügel mit Blick über die Szenerie des Tals kann alle Teilnehmenden beflügeln und wird sicherlich unvergeßlich bleiben.

Sollten Sie an diesem Tag vor die Situation gestellt sein, eine Gruppe von einander unbekannten Menschen untereinander in Kontakt zu bringen, so versuchen Sie es mit einem Trick: Äußern Sie allen gegenüber den Wunsch, ein »gelbes Picknick« veranstalten zu wollen, und bitten Sie jeden, dazu etwas beizutragen und den Tisch mitzugestalten. Sie werden staunen, die Beschränkung auf die Farbe Gelb und Gelbtöne läßt außergewöhnliche Speisenzusammenstellungen (etwa Curryhuhn, Maissalat, Zitronencreme) entstehen, und die einander fremd waren, kommen auf diese Weise schnell miteinander ins Gespräch.

Möchten Sie die festlich gedeckte Tafel zum gemeinsamen Gaumenschmaus mit ein wenig Originalität bereichern, so lassen Sie sich vom Anlaß inspirieren. Warum sollte man nicht anläßlich des Jubiläums eines Journalisten den Tisch mit einer feierlich geschmückten Schreibmaschine verzieren? Vielleicht reicht man den Tischgästen nach dem Mahl Buntstifte, um für einen ausscheidenden Kollegen in einer gemeinsamen Aktion ein Bild mit guten Wünschen anzufertigen oder gar die Tischdecke zu bemalen? Die Stunden eines Tages in Gemeinschaft können Ihnen leicht zur Quelle des Vergnügens werden, wenn neben Austausch und Genuß außergewöhnliche Eindrücke geschaffen werden, die allen Gästen freudig im Gedächtnis bleiben. Und Sie selbst bleiben reich an beglückenden Erinnerungen.

Ritual 4: Den Optimismus kultivieren

In welcher Stimmung sind Sie heute? Bereitet Ihnen das, womit Sie sich gerade beschäftigen, Freude? Verbringen Sie den Tag mit angenehmen, aufbauenden Gedanken. Entdecken Sie, wieviel Lebensfreude und Lebenskraft Ihnen durch ein bißchen mehr »Optimismus in allen Lebenslagen« beschert werden. Freuen Sie sich jetzt schon auf jede Stunde, die Sie damit verbringen, den Optimismus in sich zu nähren, ihn zu kultivieren, zu zelebrieren. Erfahren Sie es an sich selbst: Was Ihnen gestern noch alltäglich erschien, wird plötzlich wertvoll, und jeden Tag leben Sie ein bißchen unbeschwerter.

Schon in aller Frühe überfallen uns mit dem Aufschlagen der Tageszeitungen die Meldungen von Mord und Totschlag, die Schlagzeilen über Unfälle und Katastrophen. Wer kennt das Gefühl der Machtlosigkeit nicht, das einen angesichts des Elends der Welt überkommt, und wer versucht nicht, die traurigen Nachrichten zu verdrängen, um nicht selbst verzagt zu werden?

In einer unruhigen Zeit wie unserer sind viele Menschen geneigt, nur noch das Negative zu sehen, sich dem Pessimismus zu verschreiben und dabei völlig zu vergessen, wie unverzichtbar Optimismus ist und wieviel Anlaß dazu besteht. »Doch wie gelingt bei den heutigen Verhältnissen eine optimistische Einstellung?« mögen diejenigen fragen, denen neben den Schreckensmeldungen aus aller Welt noch die vielen kleinen, aber nicht weniger zermürbenden Sorgen und Konflikte aus dem Alltag das Leben erschweren: der tägliche Ärger im Büro, heute eine Auseinandersetzung mit dem Partner, morgen mit den pubertierenden Sprößlingen, übermorgen der Beschwerdebrief des kleinlichen Nachbarn, dann die hohe Handwerkerrechnung und überhaupt die wirtschaftlichen Verhältnisse, die permanent steigenden Lebenshaltungskosten, die gängelnden Gesetzesänderungen, die dauernden Steuererhöhungen, die steigende Arbeitslosigkeit und vieles mehr.

Sie, liebe Leserin, lieber Leser gehören vermutlich nicht zu den Menschen, die nur ein Auge auf die Schattenseiten des Lebens haben und alles in hoffnungslosem Schwarz ausmalen. Doch bestimmt fällt es Ihnen auch nicht immer leicht, sich eine positive Grundeinstellung zu bewahren. Sicherlich erleben Sie manchmal Tage, an denen die schlechten Botschaften sich wie in einer Gedankenmühle dauernd im Kopf herumdrehen und sich kaum abstellen lassen.

Wie leicht gewöhnen Sie sich daran, täglich all die Dinge aufzuzählen, die Ihnen zuwider sind, die Sie nur als Belastung empfinden und die Sie ängstigen und schmerzlich berühren.

Menschen, denen es bereits zur Gewohnheit geworden ist, schwarzzusehen und sich damit selbst alles zu verderben, was positiv und schön ist, brauchen nicht nur ihre wichtigsten Energien auf, sondern behindern sich darin, aus ihrem Leben das Beste zu machen.

Mit einer optimistischen Haltung läßt sich vieles bewirken. Optimismus setzt Kräfte frei, gibt Mut, wirkt befreiend, fördert die Lebenslust und ist so eine echte Lebenshilfe. Optimismus bedeutet, sich niemals aufzugeben, sondern immer wieder aufzustehen. Optimismus verbreitet Frohsinn und Leichtigkeit und sorgt noch im tiefsten Dunkel für ein Licht, auf das jeder Mensch, »der Augen hat zu sehen«, bauen kann.

Denken Sie optimistisch

Reden Sie mit dem »kleinen Mann im Ohr« in einem erbaulichen Dialog, denn alles, was Sie zu sich sagen, beeinflußt nicht nur Ihr Gefühl, es hat auch im alltäglichen Leben seine Wirkung. Negative Gedanken schaffen ungute Gefühle, nähren Sorgen und Ängste und können Ihre seelische Innenwelt so sehr schädigen, daß Sie nur noch unschöne Erfahrungen sehen. Gerade Gedanken wie: »Es wird noch schlimm ausgehen«, »Es ist doch alles sinnlos«, »Es gibt soviel Ungerechtigkeit in der Welt« sind eine Art »seelischer Umweltverschmutzung«, mit der Sie sich selbst Ihrer natürlichsten Energien berauben.

Negative Selbstgespräche, in denen Sie sich mehr oder minder bewußt all jenes vorsagen, das Sie stört, können wie die

Endlosschleife eines Tonbands sein, das beim geringsten Impuls anfängt, seinen Text zu repetieren, ob man ihn hören möchte oder nicht. Läßt sich das pessimistische Gerede nicht zumindest in den wertvollen freien Stunden abstellen und durch erhellende Inhalte ersetzen, nimmt nicht nur die Einstellung zum Leben daran Schaden, auch Ihre Gesundheit kann gefährdet sein.

Achten Sie darauf, was Sie täglich zu sich sagen. Will Ihnen »der kleine Mann im Ohr« mitteilen: »Siehst du, die Welt ist schlecht, die Menschen sind habgierig und feindselig«, gehen Sie in die positive Offensive, kultivieren Sie die Gegenstimmen in sich, und sagen Sie: »Es gibt genauso viele gute Geschehnisse und begrüßenswerte Entwicklungen«, »Ich will mich von negativen Vorstellungen nicht erdrücken lassen, denn ich bin entschlossen, aus jedem Tag das Beste zu machen.« Traktiert die Stimme des »kleinen Mannes« Sie mit Worten über Mißerfolge oder Versagen – »Siehst du, das alles passiert nur, weil du unfähig bist« –, dann entschärfen Sie drangsalierende Gedanken mit: »Was soll es, in hundert Jahren kräht kein Hahn mehr danach«, »Was trauerst du deiner Liebe nach, andere Mütter haben auch schöne Töchter und Söhne«, »Wozu ärgerst du dich über verpaßte Chancen – die besten kommen erst noch.«

Zelebrieren Sie an einem solchen Tag Ihre lebensbejahende Grundhaltung, und seien Sie bereit, sich selbst nicht allzu ernst zu nehmen. Sagen Sie: »Ich will mich ab heute nicht mehr damit befassen, nicht perfekt, nicht schön, nicht reich oder nicht gebildet genug zu sein, sondern will lernen, auch einmal über mich lachen zu können«, »Ich will künftig alles etwas leichter nehmen und das Leben mehr als ein Spiel betrachten, denn schließlich bin ich das Beste, was ich habe.«

Alltagsärger ist relativ

Entwickeln Sie die Fähigkeit, jedes auf den ersten Blick ungute Ereignis zum Anlaß zu nehmen, auf »Optimismus« umzuschalten und es auf diese Art freudig zu begrüßen.

Vielleicht denken Sie angesichts des trüben Regenwetters an

einem Sonntagmorgen im ersten Moment: »So ein Ärger! Die ganze Woche war herrlicher Sonnenschein, und ausgerechnet wenn ich frei habe, kann man nicht vor die Tür gehen!« Münzen Sie den griesgrämigen Impulsgedanken in einen optimistischen Ersatzgedanken um. Relativieren Sie die Situation, und formulieren Sie neu: »Auch gut – ich wollte zwar aufs Land fahren, doch so habe ich Gelegenheit, mich den ganzen Tag zu Hause zu entspannen.«

Falls Ihnen das Sorgen um Haus und Familie zuviel wird und Gedanken wie »Jeden Tag dieses Einerlei aus Einkaufen, Kochen, Kinder und Küche« Sie plagen, so versuchen Sie zu einer optimistischen Sichtweise umzuschalten. Halten Sie kurz inne, legen Sie für einen Augenblick Ihre Arbeit beiseite, gehen Sie in den Garten oder auf den Balkon, um über Ersatzgedanken Ihren Unmut zu relativieren. Erinnern Sie sich: »Wie habe ich mich gefühlt, als mein Partner mir fehlte und ich für niemanden dasein mußte?«

Auf diese Weise kultivieren Sie Ihren Optimismus. Kein Moment braucht mehr zu vergehen, den Sie nicht auskosten möchten – kein Tag neigt sich, an dem Sie nicht probiert haben, Ihr Leben mit einer Handvoll Optimismus zu verbessern. Und mit einemmal hat jede Tasse Kaffee, die man trinkt, jeder Apfel, den man ißt, einen viel besseren Geschmack, jede alltägliche Kleinigkeit, die zuvor selbstverständlich oder lästig war, läßt sich ganz anders genießen – sogar Tätigkeiten wie Aufräumen und Putzen können plötzlich Freude bereiten.

Bauen Sie auf die Dankbarkeit

Um Optimist zu werden, kann Ihnen ein wenig Dankbarkeit Unterstützung leisten. Falls Sie fragen: »Wofür soll ich mich bedanken?«, so betrachten Sie Ihr Leben einmal in seiner Ganzheit. Sicherlich fällt Ihnen eine Reihe angenehmer Erlebnisse, glücklicher Zufälle und interessanter Begegnungen ein, die Sie bis heute verzeichnen konnten. Zählen Sie auf: »Was habe ich schon alles erreicht?«, »Welche schönen Momente habe ich schon erlebt?«, »Welche Glücksfälle durfte ich bereits erfahren?«

Zelebrieren Sie diese Minuten des Nachdenkens. Üben Sie sich ein wenig in der Tugend der Dankbarkeit, zu deren Gebrauch schon die großen Lehrmeister der Menschheit, wie KONFUZIUS und LAOTSE, rieten, wenn es darum ging, schwere Zeiten zu überstehen oder traurige Tage etwas aufzuhellen. Bringen Sie in Dankbarkeit über das Schöne, das Ihnen widerfahren ist, Abwechslung in Ihren Alltag, und seien Sie voller Vertrauen gegenüber den freudigen Ereignissen, die noch auf Sie warten. Mit jedem Tag, an dem Sie dankbar auf etwas schauen können, werden Sie zum Meister optimistischer Lebensphilosophie.

Ritual 5: Die Träume bewahren

Welchen Traum wollten Sie sich schon immer erfüllen? Lösen Sie sich von dem Gedanken, daß Wunschträume und Visionen etwas für Tagträumer seien und im Alltag eines Erwachsenen keine Existenzberechtigung hätten. Praktizieren Sie das »nicht Alltägliche«. Zelebrieren Sie es, indem Sie alle Ihre Träume ernst nehmen. Pflegen Sie Ihr Wunschpotential wie einen wertvollen Schatz. Damit stärken Sie Ihr Lebensgefühl durch neue Freudenkräfte und erspüren, was in Ihnen steckt.

Viele Menschen erübrigen heute neben ihrem Beruf noch Zeit, anderen Interessen nachzugehen. So ist es nichts Ungewöhnliches, wenn eine Ärztin sich in ihrer Freizeit als Bildhauerin betätigt, wenn ein Richter, nachdem das letzte Machtwort gesprochen ist, in einem Musical singt und tanzt oder ein Steuerberater nach Feierabend Autorennen fährt. Das breite Spektrum der Freizeitbetätigungen und Chancen unserer Tage hat es ermöglicht, daß wir uns intensiver ausleben und jene Neigungen in uns zur Entfaltung bringen können, die durch die Ausübung unseres Berufs nicht abgedeckt werden.

Sollte Sie manchmal das Gefühl beschleichen, daß Ihnen etwas fehlt, das die andere, zuwenig ausgelebte Seite in Ihnen betrifft, dann versuchen Sie sich in einer freien Stunde daran zu erinnern, was Sie immer schon gerne getan hätten. Vergessen

Sie eine Zeitlang alle sachlichen und materiellen Erwägungen. Beschäftigen Sie sich nur mit Ihren Wunschträumen – vielleicht auch Kindheitsträumen –, und pflegen Sie diese Momente. Es mag ja sein, daß es sich um scheinbar schwer Erreichbares handelt – zum Beispiel mit einer Luxusjacht um die Welt zu segeln oder im Sport Rekorde zu brechen. Unter Umständen fallen Ihnen aber ebenso Träume ein, die leichter in die Tat umzusetzen wären.

Träume werden Wirklichkeit
Legen Sie doch für einige Minuten das Buch, das Sie gerade lesen, zur Seite, und denken Sie darüber nach, welchen Wunschtraum Sie schon lange hegen. Diese Überlegung können Sie auch zusammen mit Ihrem Partner, einem Freund oder einer Freundin gemütlich bei einem Glas Wein anstellen. Denn im gemeinsamen Gespräch mit einem vertrauten Menschen kommt man den Plänen und Ideen von gestern oft schneller auf die Spur. Malen Sie sich aus, welche abenteuerlichen, verspielten oder romantischen Wünsche das wären. Wecken Sie Ihre schlummernden Vorstellungen, und begehen Sie nicht den Fehler, sich mit behindernden Gedanken wie »Dafür ist es zu spät«, »Dafür bin ich zu alt« oder »Dafür bräuchte man erst einmal genug Geld« den Zugang zu Ihren Wurzeln zu versagen. Denn in Ihren Wunschträumen liegen Wurzelstränge Ihrer Persönlichkeit verborgen, die Sie nicht übergehen sollten. Lassen Sie sie zu, und überlegen Sie, was Sie konkret dazu beitragen können, damit der eine oder andere Plan Wirklichkeit wird.

Sollte es immer schon Ihr Wunsch gewesen sein zu reiten, mit einem Fesselballon zu fahren, in einer Kutsche zu reisen, per Fahrrad durch die Provence zu radeln, mit dem Zug durch China zu fahren, einen Viertausender zu besteigen oder mit Delphinen zu schwimmen, dann finden sich mit ein bißchen Phantasie und gutem Willen gewiß Möglichkeiten. Allein die Planung macht Spaß und tatendurstig. Es eröffnet Ihnen neue Perspektiven, wie Sie das, was Sie bisher verdrängt und vertagt haben, doch noch mit Lust in Angriff nehmen können. Damit geben Sie sich selbst eine Chance, Ihre Wünsche wahr werden zu lassen.

Hüten Sie die großen Träume

Auch die großen Träume müssen keine Utopien bleiben. Es wäre doch denkbar, daß Ihnen bewußt wird, wie sehr Ihr Leben den kühnsten Träumen aus der Kinderzeit entspricht. Vielleicht stellen Sie aber fest, daß Sie noch manchen Traum in sich tragen, der Ihnen sehr wichtig ist. Möglicherweise sind es Wunschträume, die von einem ursprünglichen Berufswunsch geprägt sind, wie Ägyptologie oder Psychologie zu studieren. Es mögen Wunschvorstellungen sein, eines Tages in einem Haus in der Toscana zu leben, eigenen Wein herzustellen oder den Pilotenschein zu erlangen. Vielleicht ist es Ihr größter Wunsch, Märchen zu schreiben oder Kinderbücher zu illustrieren. Was es auch sei, die Hauptsache ist, Sie entwickeln in sich die Bereitschaft, sich diesen Wunschträumen wieder einmal zu widmen, ohne den Gedanken zu haben: »Das ist doch alles Unsinn.« Zelebrieren Sie in diesen Stunden den Umgang mit Ihren ureigenen Vorstellungen, indem Sie jeden Gedanken in Ruhe ausschmücken, anschauen, mit Bedacht hegen und pflegen und vor allem nicht verwerfen. Verstehen Sie, daß es nicht unbedingt wesentlich ist, daß Ihre Träume sich von heute auf morgen erfüllen. Verdeutlichen Sie sich, daß jede Idee, jeder Wunsch und jeder Traum eine Urkraft unseres Lebens ist. Menschen, die keine Träume mehr in sich tragen, haben ein Stück von sich selbst aufgegeben. Sie laufen Gefahr, an den größten Chancen ihres Lebens vorbeizugehen, weil sie die Beziehung zu ihren Wurzeln verloren haben.

Hüten Sie deshalb die großen Träume wie ein Schäfer seine Schafe. Lernen Sie auf diese Weise mit Ihren Plänen und Visionen zu leben, ohne Angst davor zu haben, als Traumtänzer zu gelten. Sie werden feststellen: Wenn Sie Ihre Träume pflegen, erobern Sie sich ein Stück von sich selbst und können daraus Zuversicht und Stärke gewinnen.

Ritual 6: Die Vitalität fördern

Haben Sie manchmal das Gefühl, die Wochen, Monate und Jahre vergingen rasend schnell? Schauen Sie mitunter etwas wehmütig auf das Vergangene, und befallen Sie dann leise Ängste vor dem Älterwerden? Fühlen Sie sich oft niedergeschlagen, wenig unternehmungslustig, und glauben Sie, die Zeit des jugendlichen Elans sei vorüber? Es ist kein Alter bekannt, in dem es zu spät wäre, die geistige Beweglichkeit anzukurbeln und die Vitalität zu fördern. Dies gilt es zu verstehen. Durch das Zelebrieren Ihrer lebendigsten Energien beugen Sie Schwunglosigkeit und seelischen Tieflagen vor und bleiben länger jung.

Wie sehr die Zeit vergeht, registrieren Frauen entsprechend ihrer inneren biologischen Uhr bereits um den Wendepunkt zum dreißigsten Lebensjahr. Männer werden dagegen häufig erst ab Mitte Dreißig, wenn sie auf die Vierzig zugehen, darauf aufmerksam. Die meisten Frauen und Männer beginnen genau zu diesem Zeitpunkt, da ihnen erstmalig bewußt wird, daß das »Lebenskapital« zeitbemessen ist und die unbeschwerten »zwanziger Jahre« vorüber sind, ihr Leben zu überdenken, sich neu zu orientieren und sich zu fragen: »Wofür habe ich noch Zeit, was sollte während der nächsten vier bis fünf Jahre geschehen, wo möchte ich in zehn oder zwanzig Jahren stehen?«

An jenem Punkt des Lebensweges, an dem wir den Verlust der Lebenszeit bedenken, ändert sich oft nicht nur die Einstellung zu vielem, wir spüren auch unsere Grenzen. Man lernt, daß sich aus dem einst übervollen »Energiebottich« nicht mehr immerzu aus dem vollen schöpfen läßt. Pausen und Erholungsphasen werden immer wichtiger, und das Auf und Ab, »gute« und »schlechte« Tage werden intensiver wahrgenommen als früher.

Wenn sich allerdings Tage häufen, an denen Sie sich niedergeschlagen und lustlos fühlen, so muß das nicht unbedingt an der Tatsache liegen, daß Sie älter werden. Zweierlei dürfen Sie nicht übersehen: Zum einen ist das Befinden von Körper, Seele und Geist niemals eine Konstante. Bereits der griechische Arzt

Hippokrates sprach von Hochs und Tiefs des Menschen. Seien Sie also beruhigt, daß nicht Ihr Lebensalter dafür verantwortlich ist, daß Sie »ausgepowert« sind. Tiefphasen gehören zu jedem Alter. Am besten ist es, Sie gestehen sich ein, daß Sie nicht immer »topfit« sein können. Nehmen Sie die schwächeren Tage einfach an, anstatt dagegen anzukämpfen. Auf diese Weise lassen Sie Ihrem biologischen Lebensrhythmus freien Lauf, und Körper, Seele und Geist vermögen sich neu zu zentrieren.

Niedergeschlagenheit, geringe Belastbarkeit oder das Gefühl zu altern haben manchmal auch damit zu tun, daß man es sich auf seinem »Lebensplateau« zu bequem eingerichtet hat. Die Zeit von Ausbildung und Studium ist vorbei. Der Berufsweg ist festgelegt. Der eine oder andere ist längst etabliert. Gewohnheiten und Routine haben sich in alle Lebensbereiche eingeschlichen. Manche empfinden die tägliche Arbeit so sehr als »Tretmühle«, daß sie sich in der Freizeit nur noch gehenlassen. Viele sagen: »Mein anstrengender Beruf, der Alltag, die Familie lassen mir kaum Zeit und Energie für anderes; wenn ich erst im Ruhestand bin, hole ich alles nach.«

Ob Sie nun »Single« sind oder in einer Partnerschaft leben – ob als Mensch mittleren Alters oder als Pensionist –, es liegt allein an Ihnen und Ihrer Einstellung, wie vital und lebendig Sie sich fühlen und wie aktiv und ausdauernd Sie im täglichen Leben sind. Vergessen Sie nicht, daß das Berufsleben eines schönen Tages endet. Und deshalb sollten Sie heute schon dafür sorgen, daß der Geist nicht einrostet und die Seele jung bleibt, um den jugendlichen Elan mit in die zweite Lebenshälfte hinübernehmen zu können.

Gestalten bringt neue Lebensenergie

Sollte es Ihnen nicht ohnehin vertraut sein, Haus und Garten öfter mit Hilfe neuer Ideen umzukrempeln, versuchen Sie es diesmal mit Bedacht. Selbst Kleinigkeiten, wie Bilder zu rahmen, junge Bäume zu pflanzen oder alte Möbel aufzuarbeiten, bereiten Vergnügen und halten lebendig. Allen bereits fortgeschrittenen Gestaltern sei hiermit angeraten, es auch einmal mit etwas

Größerem zu probieren, möglicherweise mit einem Projekt, bei dem sie mit anderen zusammen Ideen entwickeln. Gestalten Sie ein Fest, einen Ausflug, eine Unterhaltungsdarbietung für Ihren Verein und vieles mehr. Bauen Sie zusammen mit einem Fachmann ein schönes Möbel. Machen Sie den alten Windjammer eines Freundes wieder flott. Planen Sie einen Betreuungsdienst für die Bedürftigen Ihrer Nachbarschaft.

Den Gestaltungsmöglichkeiten sind keine Grenzen gesetzt. Das einzig Erforderliche sind Ihr Wille und Ihre Zeit. Gestalterische Aktivitäten bringen, neben vergnüglichen Stunden, einen hohen Zuwachs an Lebensenergie, und sie hält aufgeweckt, aufgeschlossen und jung.

Den Horizont erweitern

Schon mit Vierzig muß man damit beginnen, das Denkvermögen zu schulen. Wer glaubt, allein durch das Studium beruflicher Fachschriften des Guten genug getan zu haben, irrt. Wichtig ist, den Intellekt immer wieder mit Neuland zu konfrontieren, denn sonst verlernen wir, flexibel zu denken, können uns schlecht auf neue Verhältnisse einstellen, bleiben wir geistig stehen.

Daher ist es (gerade im Zeitalter der Elektronik) von Vorteil, hin und wieder Hirngymnastik und Gedächtnistraining zu betreiben. Es bieten sich dazu vielerlei Möglichkeiten. Nennen wir zunächst die einfachen: Lassen Sie den Taschenrechner unberührt, und rechnen Sie im Kopf (auch mit Hilfe des Aufschreibens). Lernen Sie, sich Zahlen zu merken, indem Sie sich gedankliche Brücken bauen. Verbinden Sie mit jeder Zahl, die Sie behalten wollen, ein Erinnerungsbild (etwa das Jahr einer Reise). Notieren Sie sich Fremdwörter, deren Bedeutung Sie nicht kennen, schlagen Sie in Lexika nach, und lernen Sie die Bedeutung auswendig.

Nutzen Sie jede Gelegenheit, Briefe zu schreiben und nach anspruchsvollen Formulierungen zu sinnen. Lösen Sie Denksportaufgaben, Quizfragen und Rätsel. Geben Sie sich am Morgen selbst ein Wort (wie »Haus«) vor, und lassen Sie sich bis zum Abend möglichst viele Begriffe dazu einfallen (zum Beispiel »Schneckenhaus, Hausboot, Haustier«). Intensiver stabilisieren Sie Ihre Gedächtnisleistungen durch das Erarbeiten eines neuen Wissensgebietes. Klavier zu spielen, sich den Umgang mit einem Personalcomputer anzueignen oder eine Fremdsprache zu erlernen, gelingt sicherlich leichter, je früher Sie damit beginnen, doch auch mit sechzig Jahren ist es dafür nicht zu spät.

Es ist empfehlenswert, daß Sie Ihrem Geist ab und zu Schwieriges zu knacken geben, um die Kopfleistungen »stromstoßartig« anzuregen. Wie oft blättern wir Zeitschriften durch und überfliegen einen Text, anstatt ihn vom Anfang bis zum Ende zu lesen, und wie oft haben wir den Inhalt schnell wieder vergessen. Lernen Sie einen Text oder ein Gedicht auswendig, oder versuchen Sie einen bestimmten Abschnitt von GOETHES *Faust* im Gedächtnis zu behalten. Hervorragend geeignet, um den Verstand daran zu schärfen, sind die Schriften der Griechen SOKRATES oder PLATON, doch ist LUDWIG WITTGENSTEINS *Tractatus logico-philosophicus* ebenfalls von höchster Güte.

Probieren Sie öfter etwas aus

Haben Sie Lust auf Abenteuer, möchten Sie etwas wagen? Bitte sehr! Das Freizeitangebot in diesem Bereich ist riesengroß, und von Bungee-Sprüngen bis zu Kletterpartien im Grand Canyon ist alles möglich. Fehlt Ihnen das Kreative, versuchen Sie es mit Malen oder Theaterspielen, und entdecken Sie in sich ein zusätzliches Talent. (Im nächsten Abschnitt wird von schöpferischer Freizeitgestaltung noch ausführlich die Rede sein.) Sind Sie romantisch veranlagt, unterdrücken Sie es nicht, selbst wenn heute Leute »in« sind, die »cool« und »tough« auftreten. Nehmen Sie Ihre freien Stunden, um romantischen Gefühlen Raum zu geben. Wollten Sie noch einmal an die Orte Ihrer Kindheit zurückkehren, dann suchen Sie die Wiese hinter dem Haus, den alten Apfelbaum, die Straßen, in denen Sie gespielt haben, und finden Sie zu vermißten Gefühlen zurück.

Wollten Sie schon immer etwas unternehmen, das in Ihrer Kindheit als unschicklich galt, dann wird es Zeit. Mieten Sie sich den großen offenen Wagen, schwimmen Sie nachts nackt im warmen Meer, oder setzen Sie im Spielkasino alles auf Rot, dann beschleicht Sie nie mehr das Gefühl, solche Dinge verpaßt zu haben.

Gewähren Sie es sich in Ihrer Freizeit, für das Alter Pläne zu schmieden und zu trainieren, wie Sie Ihre Vorhaben in die Tat umsetzen können. Holen Sie gleich heute das Versäumte nach, bevor Sie dreißig, vierzig, fünfzig, sechzig, siebzig, achtzig, neunzig oder hundert Jahre jung werden. So bleiben Sie ein neugieriger, begeisterungsfähiger und – auch nach der Pensionierung – ein lebenshungriger und vitaler Mensch.

Ritual 7: Die Intuition entwickeln

Können Sie sich, darauf verlassen, was Ihre innere Stimme Ihnen sagt? Wünschen Sie sich, mehr von Ihrer aktuellen Lebenssituation zu verstehen? Dann begeben Sie sich einmal auf eine Reise in Ihr tieferes Ich, und lernen Sie die Botschaften der Seele zu entschlüsseln. Zelebrieren Sie es als eine Form der »Freizeitbeschäftigung«, Ihre Intuition zu fördern und daraus Inspirationen und Impulse für Ihre Lebenstage zu erhalten.

Der biologische Computer in uns, das Gehirn, ist Minute für Minute, Stunde um Stunde und jeden Tag ohne Unterlaß damit beschäftigt, Informationen aufzunehmen und zu verarbeiten. Er kontrolliert und beurteilt das Erleben, setzt sich mit den Herausforderungen des Tages auseinander und versucht Lösungsmöglichkeiten zu ersinnen. Pausenlos vergleicht er das, was auf uns einströmt und was wir dabei empfinden, an bereits Erfahrenem und nimmt Einfluß auf unsere Gefühle, Gedanken und Handlungen. Er wägt das Wenn und Aber, das Für und Wider ab und kommt erst zur Ruhe, wenn wir am Abend die Tür zum Schlafzimmer hinter uns schließen, um uns ins Bett zu legen und zu schlafen.

Doch tritt keine wirkliche Ruhepause ein. Wir tauchen im Schlaf, während wir träumen, in andere Sphären des Erlebens hinab, in eine Welt, die von der unbewußten Psyche beherrscht wird. Unser Biocomputer stellt sich darauf ein, die Signale unterschwelliger Wünsche und Befürchtungen zu empfangen, und erbringt noch ein paar Überstunden, um alles zu sondieren, was er bisher nicht geschafft hat. Eindrücke, die er nicht speichern zu müssen glaubt, weil sie ihm unbrauchbar erscheinen, und Erfahrungen, die er nicht zu bewältigen imstande ist, legt er unverarbeitet irgendwo im Labyrinth untergründiger Hirnwindungen ab.

Sicherlich kennen Sie das Gefühl, einem Traum ratlos gegenüberzustehen, oder die wunderbar erleichternde Situation, wenn am Dienstagmorgen endlich das berühmt-berüchtigte »Brett« fällt, das Sie am Montagabend noch vor Ihrem Kopf sahen. In beiden Fällen war Ihr »Computer« unter Zuhilfenahme der unbewußten Kräfte über Nacht fleißig für Sie tätig.

Unbewußte Vorgänge wirken auch am Tag in Ihnen. Da Sie vermutlich den Tag über darauf konzentriert sind, Alltagsprozesse durchzuführen, Anforderungen gerecht zu werden oder Ihrem Hobby nachzugehen, bemerken Sie in der Regel nur wenig davon.

Erst wenn Sie aus heiterem Himmel an jemanden denken und dieser Mensch Sie im selben Moment anruft, wenn Sie aus einem unbestimmten Gefühl heraus eine Reise nicht antreten, wenn Sie einem völlig fremden Menschen vertrauen, fällt auf, daß außer bewußten Vorgängen noch intuitive Fähigkeiten mit im Spiel sind. Erst dann vernehmen Sie, daß Ihr Leben auch aus der Tiefe der schwer durchschaubaren Welt des Unbewußten mitbestimmt wird.

Es spricht in Gestalt der bildhaften Sprache des Traumes oder in Form der Intuition zu Ihnen. Es ist immer darum bemüht, Ihnen in Ihrem täglichen Leben zu helfen, vorausschauend auf etwas hinzuweisen, das der Verstand nicht erfassen kann. Es führt Sie Schritt für Schritt auf Ihr Lebensziel zu, wenn Sie Ihre innere Stimme nicht überhören, sondern lernen, sie für das tägliche Leben zu nutzen.

Führen Sie Buch über Ihr Leben

Zweigen Sie hin und wieder eine halbe Stunde Ihrer kostbaren freien Zeit ab, um das »Selbsterzählen« zu praktizieren. Am besten legen Sie sich eigens zu diesem Zweck ein Heft zu, in das Sie alles hineinschreiben, was Sie an diesem Tag erfreut, überrascht und bewegt hat. Formulieren Sie vor allem, wie Sie leben möchten und was Sie sich vornehmen, und sehen Sie darin eine Art »Logbuch Ihres Lebens«, das Ihnen hilft, auf dem richtigen Kurs zu bleiben.

Zelebrieren Sie diese Momente als mußevolles Freizeitritual, zu dem Sie es sich gemütlich machen, um sich innerlich mit sich selbst zu beschäftigen. Auf diese Weise bietet sich für Sie nicht nur die Gelegenheit zu vergleichen, ob Sie die Lebensziele verfolgt haben, die Sie in Ihr »Logbuch« eintrugen, sondern Sie geben gezielt Nachrichten an Ihre intuitiven Kräfte.

Wenn eine wichtige Entscheidung bevorsteht oder eine Lösung gefunden werden muß, definieren Sie das Problem, und übergeben Sie es schwarz auf weiß an Ihre unbewußten Möglichkeiten.

Bei Fragen wie: »Ist mein Job auf Dauer das Richtige für mich, oder sollte ich besser die interessante neue Stelle annehmen?« oder: »Ist der neue Mensch, den ich kennenlernte, es wert, eine jahrelange Beziehung aufs Spiel zu setzen?« können Sie mit etwas Geduld die Antwort aus sich selbst erhalten. Auch wenn Sie jetzt noch denken: »Das kann doch nicht sein!« oder: »Wie soll das geschehen?«, liegen alle Antworten auf Ihre Lebensfragen tief unten in Ihrem geistigen Schatz verborgen, und Sie sollten keine Minute länger daran zweifeln, dieses Vermögen im Alltag für sich einsetzen zu können.

Geben Sie sich etwas Zeit, und versuchen Sie durch »Buchführen« Ihre tiefliegenden Kräfte nach oben zu befördern. Es kann sein, daß Sie darüber verblüfft sind, wann und wo Ihre Stimme der Intuition Ihnen Erkenntnisse, Einsichten oder Antworten zuspielen wird.

Führen Sie Buch über Ihre Träume

Bewahren Sie in Griffnähe Ihres Bettes Papier und Bleistift auf, denn Träume sind keine Schäume. Um die intuitiven Möglichkeiten über den Traum zu wecken und um herauszufinden, womit Ihr Innerstes sich auseinandersetzt, genügt es schon, wenn Sie gleich nach dem Aufwachen notieren, was Ihnen aus den nächtlichen Träumen noch präsent ist.

Dazu ist es hilfreich, nicht sofort aufzustehen, sondern einige Augenblicke liegenzubleiben, die Augen geschlossen zu halten und den gesamten Traum oder die übriggebliebenen Traumfetzen in Gedanken noch einmal vorüberziehen zu lassen. Sollten Sie sich an einzelne Szenen genau erinnern, so versuchen Sie diese zu skizzieren.

Wenn Sie meist vergessen haben, was Sie träumten, dann vertiefen Sie sich vor dem Einschlafen in den Gedanken: »Ich werde nun etwas Schönes träumen und kann mich morgen früh daran erinnern.« Freuen Sie sich darauf, am anderen Morgen etwas aufschreiben zu können.

Wenn Sie Ihre Träume festgehalten haben, lesen Sie sie hin und wieder, und lassen Sie sie auf sich wirken. Denken Sie darüber nach, welche Bezüge die Traumszenen eventuell zu Ihren momentanen Alltagserlebnissen haben. Finden Sie darin Bilder, die Sie in Worte, vielleicht sogar in Sprichwörter übersetzen könnten. Auch Symbole und sprichwörtliche Redensarten sind, wie wir seit SIGMUND FREUD und CARL GUSTAV JUNG wissen, manchmal wichtige Mitteilungen aus unserer innersten Welt. Erinnern Sie sich also an einen Traum mit Botschaften wie »Katz und Maus mit jemandem spielen« oder »Frei sein wie ein Vogel«, dann überprüfen Sie, ob Ihnen Ihre Traumsprache etwas mitzuteilen vermag, das Ihnen bisher nicht bewußt war. Erlebten Sie einen besonders angenehmen Traum, der abbrach, als Sie aufwachten, so versuchen Sie, ihn weiterzuschreiben und zu einem erfüllenden Ende zu bringen. Hatten Sie einen unguten Traum, erlauben Sie sich, ihn umzuschreiben, bis er Ihnen gefällt. Ziehen Sie unschöne Träume auf diese Weise ins Gute, und malen Sie sich angenehme Traumerlebnisse weiter aus. Fördern Sie den Dialog mit Ihren innersten Mächten, beschäftigen Sie sich damit, und warten Sie ab, was geschieht.

Verbessern Sie die intuitive Wahrnehmung

> *»Es gibt mehr Dinge zwischen Himmel und Erde, als eure Schulweisheit sich träumen läßt.«*
> WILLIAM SHAKESPEARE

Üben Sie die Elemente der Intuition und unbewußten Wissenskraft, indem Sie sie in Alltagssituationen häufig ansprechen, und zwar bei jeder Gelegenheit, die sich Ihnen bietet: Wenn Sie in einer fremden Stadt unterwegs sind und sich im Straßengewirr trotz Stadtplan nicht mehr zurechtfinden, oder wenn Sie an einer Weggabelung landen und nicht wissen, welchen Weg Sie nehmen sollen, fragen Sie Ihre Intuition, und lassen Sie spontan Ihre Ahnung entscheiden.

Sensibilisieren Sie Ihre innere Uhr. Haben Sie einmal vergessen, Ihre Armbanduhr anzulegen, betrachten Sie es als Sport, die Zeit nach dem Gefühl zu schätzen. Probieren Sie am Abend, anstatt den Wecker zu stellen, vor dem inneren Auge eine mannshohe Turmuhr aufzubauen, deren Zeiger Sie mit den Händen exakt auf die gewünschte morgendliche Weckzeit einrichten, und prüfen Sie am Morgen, ob Sie wie gewollt aufwachen.

Hören Sie, was Ihr »hauseigener Wetterfrosch« zu melden hat. Lassen Sie sich anstelle von Wetterkarten allein von Ihrer Ahnung für Sonne und Regen, Gewitter und Sturm, Wärme und Kälte beraten. Lernen Sie, sich mehr auf die »hauseigenen« Vorhersagen zu verlassen, und entscheiden Sie danach, ob das Sommerkleid, der Trenchcoat oder sogar sturmfeste Kleidung angebracht sind. Versuchen Sie in die großen oder kleinen Entscheidungen des Alltags intuitives Wissen miteinzubeziehen und immer zu üben – ob es sich um das Telefonläuten handelt und Sie sich zuvor fragen, wer der Anrufer sein könnte, ob Sie Entwicklungen an der Börse vorausahnen, ob Sie die selbsteingelegten Pilze eines freundlichen Mitreisenden als Geschenk mit nach Hause nehmen oder lieber nicht.

Notieren Sie auch hier wieder alles in einem Büchlein. Halten Sie die Momente Ihrer Eingebungen fest, und führen Sie Buch über die Fehlschläge und über die Treffer, die im Laufe der Zeit bestimmt überwiegen werden.

Gönnen Sie sich diese anregenden Momente, in denen Sie Ihre intuitiven Antennen einsetzen, und werden Sie hellhöriger für das, was Ihre innere Stimme Ihnen sagt. Erfahren Sie auf diese Weise mehr über sich selbst, und lernen Sie, es für die persönliche Lebensgestaltung zu nutzen.

Ritual 8: Das Gute tun

> *»Der Lohn einer guten Handlung liegt darin, daß man sie vollbracht hat.«*
>
> LUCIUS ANNAEUS SENECA

Helfen Sie gerne, wenn ein anderer Sie um Hilfe bittet? Bereitet es Ihnen Freude, Menschen aufzumuntern und Trost zu spenden? Entdecken Sie für sich einmal neu, wie viele aktuelle Lebensweisheit hinter dem Wort »Geben ist seliger denn nehmen« steht. Zelebrieren Sie den Akt zu helfen und zu geben, und erfahren Sie auf diese Weise das beglückende Erlebnis eigener Herzensbildung.

Überall auf der Welt leben Menschen mit Sorgen und Nöten – der Bettler am Rande des alltäglichen Städtegewimmels ebenso wie der Angestellte eines Versicherungskonzerns, die gehbehinderte alte Frau, die an ihre Wohnung gebunden ist, genauso wie die agile Besitzerin einer exquisiten Boutique, das Waisenkind im Pflegeheim gleichermaßen wie das Kind eines gutsituierten Elternpaares mit Haus und Garten. Derjenige, der heute noch geben kann, braucht morgen vielleicht schon die

Unterstützung anderer. Alle diese Menschen sehnen sich nach dem Glück, ein jeder auf seine Weise.

Glück, Liebe, Anerkennung, von seinen Mitmenschen geschätzt und verehrt zu werden, sind zweifelsohne normale Bedürfnisse, die letztlich zu unserem Menschsein gehören. So vieles, das sich auf Erden dreht und bewegt, würde mit einemmal stillstehen, wären nicht Millionen von Menschen Tag für Tag darum bemüht, etwas für die Befriedigung dieser Bedürfnisse zu tun.

Als Mensch mit Verantwortungsgefühl ist man in der heutigen Zeit geneigt, aufzugeben, sieht man, wie hart unsere Gesellschaft in Gewinner und Verlierer einteilt und wie rücksichtslos mancher sein Privatego gegen alles und jeden durchzuboxen versucht. Diejenigen, die nicht die Kraft haben mitzukämpfen, weil sie einsam und verzweifelt sind, weil sie nie Anerkennung und Liebe erfahren haben und daher immer kraftloser wurden, oder weil sie mittellos oder krank sind, gehen unter. Diese Tragik sehen wir an einer immer größer werdenden Zahl von Obdachlosen und Bedürftigen. Und das erleben wir im Hinblick auf die Probleme der Erde, auf der die einen fast alles haben und die anderen fast nichts.

»Wer aber hat heute überhaupt noch Zeit, sich neben dem Beruf und dem notwendigen Einsatz für die persönlichen Bedürfnisse um die Probleme anderer Leute zu kümmern?« mag mancher einwenden. Was viele dabei allerdings übersehen, ist, daß man selbst, vielleicht morgen schon, ebenso in Not geraten und auf ein ermutigendes Wort und die tatkräftige Hilfe dieser anderen Leute angewiesen sein kann, auch wenn man sich das im Augenblick nicht gerne vorstellt.

Hinzu kommt, daß viele zu wenig über die Erfahrung »Wer gut zu anderen Menschen ist, ist damit auch gut zu sich selbst« wissen. Sicherlich haben Sie dieses wohltuende Gefühl schon empfunden, als Sie einen Freund aufgemuntert haben. Dadurch, daß man Gutes tut, werden die eigenen Gefühle der Unzufriedenheit, sogar der Verletztheit und des Unglücklichseins ausgeglichen.

Tun Sie Ihrem Nächsten etwas Gutes

Eine gute Tat kann sein: Zeit zu opfern. Sie kann darin liegen, mit einem Freund oder einer Freundin trotz eines anstrengenden Arbeitstages und obschon man eigentlich nach Hause wollte, irgendwo noch ein Bier zu trinken, um ihm oder ihr die Möglichkeit zu geben, sich über ein Problem auszusprechen. Wie schön ist es, später zu spüren: Du hast diesem Menschen ein wenig Trost und Mut zusprechen können.

Eine gute Tat kann sein: sich Mühe zu geben. Für den gebrechlichen Menschen in der Nachbarwohnung erledigt man eine Besorgung. Einen Nachmittag verbringt man bei einem Menschen im Altenheim und schiebt ihn im Rollstuhl durch die Grünanlagen, hört zu oder erzählt Neuigkeiten.

Eine gute Tat kann sein: etwas abzugeben. Vielleicht stecken Sie dem Stadtstreicher, der in Abfallkörben nach Eßbarem sucht, ein paar Mark zu, bringen dem Kinderheim eine Kiste voller Spielzeug vorbei oder dem Heim für Behinderte die benötigte Winterkleidung. Wie befriedigend ist es zu erleben, auf etwas verzichten zu können, um überraschten Menschen einen kleinen Glücksmoment zu verschaffen.

Eine gute Tat kann sein: Menschlichkeit zu zeigen. Die Kollegin in der Firma, die wegen eines Fehlers gleichsam am Boden zerstört ist, läßt sich mit ein paar herzlichen Worten, vielleicht auch durch einen eigens für sie gekochten Kaffee bestimmt wieder aufrichten. Dem Freund, der verlassen wurde, kann man durch tägliche Anrufe über den ersten Kummer hinweghelfen. Man nimmt ihm so das Gefühl, völlig allein zu sein. Indem Sie einem Menschen so lange zur Seite stehen, bis er seine eigene Kraft und Selbstachtung zurückgewonnen hat, zelebrieren Sie Ihre Menschenfreundlichkeit.

Setzen Sie sich für die Gemeinschaft ein

Wußten Sie, daß der überwiegende Teil der Indianerstämme des damals noch unentdeckten Amerika in der Auffassung lebte, das, was man der Natur nehme, müsse man ihr an anderer Stelle zurückgeben? Die Indianer praktizierten diese Form des Ausgleichs und der Achtung gegenüber dem gemeinschaftlichen Leben aller Kreaturen, indem sie für jedes Wild, das sie erlegten, um überleben zu können, an gleicher Stelle von sich ein Haarbüschel oder einen rituellen Gegenstand niederlegten und so symbolisch dankten und zurückgaben, was sie nahmen.

Auch wir sind ein Teil des gemeinschaftlichen Ganzen und können für einen Ausgleich sorgen. Das, was wir an »Einsatz für die Gemeinschaft« erbringen, bekommen wir über das Lebensgefühl und die Lebensqualität in der Gemeinschaft wieder zurück.

Einsatz für die Gemeinschaft kann sein: Menschen nicht abzuqualifizieren. Dies meint etwa, mit Leuten in beruflich »untergeordneter« Position so umzugehen, wie wir selbst behandelt werden möchten, und ihnen Anerkennung und Respekt zu schenken. Durch soziales Verhalten im direkten Umgang mit anderen drücken wir die Achtung vor dem Menschen, der uns gegenübersteht, aus und gewinnen zugleich Achtung vor uns selbst.

Einsatz für die Gemeinschaft kann sein: die Umwelt zu schützen. Beim Einkauf läßt sich darauf achten, keine umweltschädigenden Produkte zu kaufen. Unterwegs und auf Reisen verhält man sich der Natur und der Kulturlandschaft gegenüber rücksichtsvoll. Unberührte Fleckchen Erde, Naturschutzbezirke oder andere Flächen, die als Lebensraum für Kleintiere und seltene Pflanzen dienen, betritt man nicht oder nur höchst vorsichtig. Vielleicht überlegen Sie, einer Organisation oder einem Verein beizutreten, der sich aktiv für den Erhalt und den Schutz der Natur sowie der Arten einsetzt, und ihn bei Aktionen durch Taten zu unterstützen. Wieviel konstruktiven Bezug bekommt man wieder zu dem, was unser aller Lebensgrundlage ist, und wie erhebend ist das Erleben, mit eigenen Händen etwas beitragen zu können, das uns allen zugute kommt und für das unsere Kinder dankbar sein werden.

Einsatz für die Gemeinschaft kann sein: Minderheiten zu vertreten. Das kann darin bestehen, für eine Zeitlang eine Patenschaft für eine bei uns lebende ausländische Gastfamilie zu übernehmen, bei Ämtergängen mitzugehen und sie zu beraten.

So läßt sich Freundschaft schließen und eine Brücke zwischen Kulturen bauen, die einander fremd, aber doch füreinander aufgeschlossen sind.

Das, was Sie an erbaulichem Lebensgefühl dazugewinnen, wenn Sie sich für Menschen verwenden, ist unersetzlich – dies wird Ihnen jeder bestätigen, der darin Erfahrung hat. Bestimmt werden Sie erstaunt sein. Denn nicht nur der Alltag erhält dadurch ein neues Gesicht. Sie werden vor allem erleben, wie lohnenswert es ist, »das Gute zu tun« und solches Handeln bewußt zu pflegen.

Ritual 9: Die Persönlichkeit entfalten

> *»Unser Kopf ist rund, damit das Denken seine Richtung ändern kann.«*
>
> FRANCIS PICABIA

Bietet Ihnen Ihre Freizeit genug Freiraum, sich auszuleben, oder fühlen Sie sich oft eingeengt? Vielleicht ist es hilfreich, sich während freier Stunden ein wenig in Selbsterkenntnis zu üben und von Zeit zu Zeit neu zu definieren. Ihre Persönlichkeit braucht Zuwendung, um sich entfalten zu können. Daher ist es sinnvoll, sich ihr bewußt und intensiv zu widmen, um immer »lebensmunterer« zu werden.

Wir nennen Menschen eine »Persönlichkeit«, deren Ausstrahlung und Eigenart uns stark beeindruckt. Psychologisch betrachtet ist das, was wir als »Persönlichkeit« bezeichnen, allerdings wesentlich komplexer. Doch im Alltag wollen wir mit diesem Wort neben günstigen Wirkungsqualitäten (etwa Besonnenheit) einfach auf begrüßenswerte Verhaltensweisen hindeuten, nicht zuletzt auf die moralisch-ethischen Werte, die ein Mensch verkörpert.

Als Seminarleiter höre ich häufig, daß Menschen mittleren Alters davon ausgehen, ihre Persönlichkeit sei herangebildet und fertig entwickelt. Persönlichkeit, denken viele, hat etwas mit Veranlagung zu tun, ist das Resultat frühkindlicher Prägungen und einschneidender Gefühlserlebnisse und hängt von den Erfahrungen und Einflüssen in der Vergangenheit ab. Doch dürfen wir nicht übersehen, daß nicht nur unsere Vergangenheit, sondern auch die Gegenwart und die Absichten und Ziele, die wir für die Zukunft haben, unsere Eigenart und damit das Persönlichkeitsbild, das wir anderen Menschen vermitteln, mitbestimmen. Anders ausdrückt: Unsere Persönlichkeit befindet sich in einem ständigen Wandlungsprozeß, eine »Vollendung« erlangen wir nie.

Wahrscheinlich haben Sie sich schon oft gefragt: »Welche Erfahrungen machen mich wohl zu der Person, die ich heute bin?« Und bestimmt fiel Ihnen dazu eine Reihe von Lebensstationen ein, die Sie alle ein Stück mitgeprägt haben. Sicher kennen Sie auch Menschen – es wäre denkbar, daß Sie selbst dazugehören –, die von sich sagen, daß sie aufgrund eines einzigen Schlüsselerlebnisses zu dem wurden, was sie heute sind.

Zu jenen nennenswerten Beispielen zählt auch der Operntenor José Carreras. Seine Laufbahn begann nicht, wie viele vermuten könnten, durch den frühkindlichen Einfluß einer musikalischen Familie, sondern erhielt ihren eigentlichen Startschuß an jenem Tag, an dem er als kleiner Junge den legendären Enrico Caruso im Kino gesehen und singen gehört hatte. Dieser Eindruck hatte ihn, den eigenen Worten zufolge, so tief berührt, daß er just in diesem Moment beschloß, selbst eine solch große Sängerpersönlichkeit zu werden. Von da an wollte er es Enrico Caruso gleichtun.

Überwältigende Eindrücke, wie eine unverhoffte Begegnung oder ein außergewöhnliches Geschehnis, können uns zu veränderten Sichtweisen gelangen lassen und Lernprozesse auslösen, durch die unsere Persönlichkeit sich erneuert. Wenn wir für unsere Freizeit Bedingungen schaffen, die es uns erlauben, ganz wir selbst zu sein, vermögen wir aus eigenem Antrieb die Erneuerung und Entfaltung unserer Persönlichkeit zu initiieren.

Finden Sie allein zu neuen Motiven für Ihr Leben
Wenn Sie merken, daß Ihr Leben Ihren Vorstellungen nicht mehr entspricht, ist der Zeitpunkt gekommen, sich nach neuen Lebensmotiven umzusehen. Ein Symptom dafür kann sein, daß Sie sich in Ihrem Beruf nicht mehr wohl fühlen. Es kann sein, daß Sie im Zusammenleben mit Ihrem Partner der Nähe überdrüssig sind. Oder Sie sehen sich von Ihren Aufgaben und Pflichten so sehr eingeengt, daß Sie sich zuweilen wie ein Fisch auf dem Trockenen fühlen, der nach Luft japst.

Versuchen Sie sich eine Zeitlang aus jeglicher Umklammerung zu befreien. Sollten Sie zu dem Schluß kommen, daß Ihnen zu Hause und innerhalb der Freizeitspanne, am Feierabend und am Wochenende, dafür nur unzureichend Raum zur Verfügung steht, ist es vonnöten, dazu ein paar Tage Urlaub zu nehmen und (am besten) alleine zu verreisen.

Reisen Sie dorthin, wo Sie nie zuvor waren und wovon Sie jetzt schon wissen, daß Sie sich auf Gegebenheiten einlassen müssen, die Ihnen unbekannt und fremd sind. Werfen Sie Ihre Erfahrungen und Gewohnheiten über Bord, und zelebrieren Sie das Neue und Unbekannte.

Diese Reise mag Sie auf eine einsame Insel verschlagen oder in eine pulsierende Stadt wie New York, Rio de Janeiro oder Tokio. Vielleicht reizt Sie auch das abenteuerliche Trekking durch Wüste, Dschungel oder auf Berge. Oder Sie verspüren den Drang, entfernte Kontinente kennenlernen zu müssen, etwa die Antarktis. Suchen Sie dort Abstand zu gewinnen, wo Sie innerlich und äußerlich weit entfernt von allem sind, das Ihren Alltag sonst bestimmt.

Sie werden nicht umhinkönnen, sich unter den veränderten Lebensbedingungen neu zu definieren. Doch prüfen Sie sich, ob Sie zur Suche nach neuen Motiven bereit sind. Denn »wieder zu Hause«, können Veränderungen geschehen. Es ist möglich, daß Sie in Ihrer Partnerschaft die ersehnte Renaissance erleben – aber auch, daß eine Trennung bevorsteht. Es mag sein, daß Sie eine ganz neue Einstellung zu den Sorgen und Problemen im Alltag gefunden haben – aber auch, daß Sie jetzt erst erkennen, was Ihre Persönlichkeit noch benötigt, um sich richtig zu entfalten. Rigorose berufliche Folgen beziehungsweise Veränderungen sind ebenfalls nicht ausgeschlossen, wie in dem Fall eines Seminarteilnehmers, der einen angesehenen Friseurladen unterhält. Nach seiner achttägigen Suche nach neuen Lebensmotiven faßte er den Entschluß, nur noch im Vierzehn-Tage-Rhythmus zu arbeiten, um mehr Zeit für sich zu haben. Und siehe da, wider Erwarten haben alle Stammkunden die Persönlichkeitswandlung ihres Friseurs akzeptiert und warten mit dem Haareschneiden jedesmal brav bis zu dem Tag, an dem er wieder anwesend ist und »mit der Schere winkt«.

Lassen Sie sich helfen, Ihre Persönlichkeit zu entfalten
Dieses Buch zeigt Ihnen mannigfaltige Wege auf, wie Sie sich selbst helfen können, Ihr Leben reicher und interessanter zu gestalten. Trotzdem kann es vonnöten sein, Methoden zur Entfaltung der Persönlichkeit unter Anleitung in einem Intensivkurs oder bei einem Selbsterfahrungsseminar am Wochenende zu erlernen.

Werden Sie jedoch das Empfinden nicht los, sich im Alltagstrott verloren zu haben? Glauben Sie erkannt zu haben, daß Sie sich selbst unglückliche Lebensumstände schaffen, mit denen Sie allein nicht mehr fertig werden, sollten Sie sich nicht davor scheuen, einen Psychologen oder Therapeuten zu Rate zu ziehen. Häufig muß ich feststellen, daß viele Menschen nicht auf den Gedanken kommen, das Gespräch mit einem Lebensberater zu suchen. Sie wissen nicht, wie gewinnbringend es sein kann, mit Hilfe eines qualifizierten Gesprächspartners seine wahre Identität und Bestimmung aufzuspüren. Helfen Sie sich daher, indem Sie sich jede mögliche Unterstützung zukommen lassen, damit Sie innerlich befreiter leben können. Denn für jeden Menschen kann der Punkt kommen, an dem ihn die eigene Persönlichkeitsstruktur in unbefriedigende Lebensverhältnisse zwingt, aus denen er sich ohne Hilfe von außen nur schwer zu befreien vermag.

Einen Anstoß dazu, »mehr Sie selbst« zu sein, mag die folgende Lebensweisheit geben: Ändern Sie die Erwartungen an Ihr Leben. Verringern Sie die Erwartung an andere Menschen, und versuchen Sie dafür um so mehr, die Stunden zu zelebrieren, in denen Sie sich selbst nähern, sich selbst finden. So haben Sie die Chance, zufriedener und lebenstüchtiger zu werden und nebenbei Ihre Ausstrahlung zu erhöhen.

Weshalb kreative Freiräume wohltuend und wichtig sind

Unser Alltag besteht aus vielen Wiederholungen. Wir nehmen den Hörer ab und telefonieren, wir sitzen mit Menschen zusammen und sprechen mit ihnen, wir bereiten Mahlzeiten zu und erledigen den Abwasch. Vom Papierkrieg im Büro bis hin zum Füttern der Hauskatze sind die meisten Tätigkeiten an einem normalen Tag Aktivitäten, an die wir gewöhnt sind und die wir kaum mehr auf Sinn und Unsinn hin überprüfen – wir verrichten sie, weil sie zur Organisation unseres Lebens gehören.

Vieles von dem, was wir täglich ausführen, geschieht nach einem festen Muster. Im Laufe der Zeit haben wir eine gewisse Routine darin entwickelt, die Erfordernisse des Alltags möglichst reibungslos abzuwickeln – das Kaffeekochen zu Hause genauso wie das Führen eines Verkaufsgesprächs in der Firma. Um das Tagespensum bewältigen zu können, ist Routine durchaus nützlich, denn ohne sie müßten wir alles stets neu versuchen. Das Ergebnis wäre wahrscheinlich ein Debakel: Auf dem Weg in die Stadt stiegen wir womöglich in die falsche U-Bahn; das genüßliche Abendessen müßte wohl ausfallen, weil der Braten angebrannt und die Kartoffeln verkocht wären; das Binden der Krawatte bliebe ein aussichtsloses Unternehmen.

Damit wir uns im täglichen Leben zurechtfinden, ist es unser Bestreben, möglichst vieles der gewohnten Erfahrung zuzuordnen und kein Chaos entstehen zu lassen. Das vermittelt uns ein Gefühl der Sicherheit. Und es garantiert uns, daß wir bei der Erledigung der Aufgaben für den Broterwerb sowie beim Management des privaten Alltags nicht in einen heillosen Wirrwarr geraten.

In vielen privaten und beruflichen Lebensbereichen versuchen wir uns vor Überraschungen, die alles durcheinanderbringen könnten, zu bewahren. Doch je mehr Ordnung und Routine wir anstreben, desto mehr Zwänge schaffen wir uns. So kommt es, daß wir dem Reglement zunehmend mehr Raum geben, dadurch aber die nötigen Freiräume für Ideen und Spontanes, für Phantasie, Kreativität und schöpferische Betätigung häufig zu sehr einengen. Möglicherweise fragen Sie sich jetzt: »Schöpferische Betätigung, ist das nicht eher etwas für Leute, die viel Zeit haben, oder für Künstler?«, oder: »Wozu noch Freiraum für kreative Ambitionen, wenn ich schon Mühe habe, die Alltagsarbeit zu schaffen?«, oder: »Phantasie und Ideen, das ist ja ganz nett, doch wie sollte mir dies konkret helfen können, besser zu leben?« Drei Antworten sind darauf zu geben.

Antwort 1: Auch wenn Sie sich im Augenblick nicht recht vorzustellen vermögen, wie, wo und wann das geschehen sollte . . ., bei kreativen Tätigkeiten wie dem Malen, Musizieren, Modellieren, Theaterspielen oder Tanzen läßt es sich herrlich abschalten. Man kann aus der Ordnung und den Pflichten des Tages ausbrechen und sich von allem befreien. Aktivitäten, die spielerisch die Phantasie anregen und Ideen fördern, bieten Ihnen die Möglichkeit, Alltagsroutine und Alltagszwänge hinter sich zu lassen und Abstand zu gewinnen. Sie tauchen in andere Welten ein, deren jede – gleich ob sie aus Farben und Formen, Musik und Klängen oder dem Spiel auf einer Bühne besteht – geeignet ist, frohstimmende Erfahrungen zu sammeln. Was immer Sie aus allem schöpferischen Tun für sich auswählen, aus allem läßt sich Vergnügen und Freude beziehen. Und der Alltag wird dadurch leichter und weniger ernst.

»Schöpferische Betätigung« – als phantasieanregende Freizeitbeschäftigung, als Mittel der Befreiung von den Pflichten und Regeln des Tages, als Möglichkeit, sich ein paar Stunden Ferien vom Ich und von Beruf, Partner oder Familie zu gönnen – hat eine wohltuende Wirkung und hebt das Lebensgefühl.

Antwort 2: Auch wenn Sie der Auffassung sein mögen, kreativ zu sein sei allein begabten Menschen vorbehalten – jeder Mensch trägt den Schöpfertrieb erwiesenermaßen als Anlage in sich. Ohne dieses Grundelement kreativen Vermögens wären wir als Kind nicht in der Lage, die Welt spielerisch zu erfahren und zu begreifen. Zum Erwachsenwerden gehört dann, daß wir uns immer mehr rationales Denken aneignen, das spielerische

Suchen langsam einstellen und damit den Freiraum für das Schöpferische immer mehr verringern. Hinzu kommt, daß wir in den meisten Lebensbereichen nicht kreativ sein müssen. Mit Ausnahme von »Berufskreativen«, zum Beispiel Designern, Werbefachleuten, Erfindern oder Wissenschaftlern, sind wir kaum dazu angehalten, eigene Ideen zu entwickeln. Meist wird uns alles vorgegeben, und wir suchen nur aus, was andere sich ausdachten. Das hat zur Folge, daß die Urquelle der Kreativität verschüttet wird – beim einen mehr, beim anderen weniger.

Doch ist nichts verloren, bei niemandem. Sie brauchen nur wieder zu beginnen, Ihre Kreativität zu beleben. Wenn Sie das Gefühl haben, tagein, tagaus von immer gleichen Abläufen oder gar öder Gleichtönigkeit beherrscht zu werden, und gerne einmal die Phantasie mitspielen ließen, dann beginnen Sie noch heute damit. Die einzige Voraussetzung dafür ist, sich im Alltag etwas Freiraum zu schaffen, um schöpferisch tätig zu sein. Selbst wenn es nur zwei oder drei Stunden pro Woche sind, kann das geschehen: Die Phantasie kommt wieder in Gang, die Ideen sprudeln, die Lust am eigenen Ausdruck wächst.

Wer sich Muße nimmt und danach trachtet, sein kreatives Potential wiederzuerwecken, hat es in der Hand, viel mehr daraus zu entwickeln als einen besseren Zeitvertreib. Und er vermag das Alltagsleben in neuem Licht zu sehen. Denn schöpferische Betätigung kann, selbst wenn sie allein im stillen Kämmerlein durchgeführt wird, wie ein anregendes Gespräch mit einem interessanten Menschen sein, durch das sich Gedanken eröffnen, an die man zuvor nie dachte. Gerade diese Erfahrung ist etwas Einmaliges. Denn Sie werden in die Lage versetzt, das eigene Denken über die oft zweckgebundene und geplante Alltagswirklichkeit hinaus zu erweitern. Sie erkennen mit klarem Blick wieder leichter, was das Leben lebenswert macht.

Das beschert Ihnen nicht nur angenehme Momente in der Freizeit und Einsichten, die für die Gestaltung Ihres Privatlebens von Bedeutung sein können, es vermag indirekt auch günstige Auswirkungen auf Ihr Berufsleben zu haben. Denn die Reaktivierung jener naturgegebenen Quelle schöpferischer Energie in einem Freiraum ohne feste Denkmuster hat zur Folge, daß Sie überall im Leben, also ebenfalls im Arbeitsleben, flexibler denken, begeisterungsfähiger gegenüber Veränderungen werden und offener für neue Perspektiven. – Gerade letzteres ist in der heutigen Berufswelt überlebenswichig. Denn Menschen mit Ideen sind nicht nur in vielen Positionen gefragt, sie haben es auch leichter als Menschen ohne Ideen, wenn es darum geht, sich beruflich verändern zu wollen oder neu anfangen zu müssen, weil »wegrationalisiert« oder »stillgelegt« wurde.

»Schöpferische Betätigung« – als Gelegenheit, das Kreative und Spielerische in sich zu mobilisieren, und als Chance, den Horizont zu erweitern und das Denken in Bereiche zu führen, in die man über die Vernunft nie gerät – unterstützt die Fähigkeit, zu neuen Einsichten für Alltag und sich selbst zu gelangen, und hilft im Berufsleben, nicht im Mittelmaß stehenzubleiben, sondern beweglich und vielseitig zu sein.

Antwort 3: Auch wenn Sie nur wenig an einer »Auszeit« vom alltäglichen »Routinekram« interessiert wären und für mehr kreative Potenz im Beruf kaum Verwendung hätten, dafür viel lieber zu mehr innerer Ruhe und Glücksempfinden finden würden . . . in schöpferischer Betätigung kann die Erfüllung liegen. Als Pause mit innerer Erneuerung verspricht uns kreatives Handeln nicht nur den Spaß an der jeweiligen Tätigkeit. Im Anschluß an kreative Aktivitäten, nachdem die eigenen Einfälle umgesetzt wurden, empfinden wir meist eine tiefe Befriedigung und Zufriedenheit. Wesentlich aber ist, danach zu spüren, innerlich ein Stück weitergekommen und gewachsen zu sein. Dieses Gefühl gehört – wie von Schauspielern, Bildhauern oder Malern immer wieder bestätigt – allgemein zu den »optimalen Erfahrungen« des Lebens.

Aktivitäten wie Tennisspielen, Surfen oder Skilaufen, ein schmackhaftes Mahl zu genießen, mit guten Freunden gemeinsam zu lachen oder Sex bereiten uns ebenfalls Spaß und sinnliches Vergnügen. Das angenehme Gefühl, das wir daraus beziehen, mag noch Stunden danach anhalten. Doch mit der tiefen Intensität des Erlebens, etwas Schöpferisches aus sich selbst »geschaffen« zu haben und staunend-erregt davorzustehen, habe es wenig gemein, sagen viele, die schöpferisch tätig sind. »Dieses Empfinden ist erhebender, es zeigt mir mehr von mir selbst«, fügt mancher kreative Mensch hinzu.

Ob aus künstlerischer Berufung oder als qualitätvolle Freizeitbeschäftigung – schöpferische Aktivitäten bieten sich Ihnen als Chance an, näher zu sich selbst zu finden und ein Sprachrohr für all das zu werden, was Sie im Alltagsleben nicht zum Ausdruck bringen können. Und eben das ist es, das die Zufriedenheit in unserem Inneren in erheblichem Maße mitbestimmt. Schließlich ist das Schöpferische in uns, sind unsere Wünsche und Vorstellungen ein wesentlicher Bestandteil unseres Selbst, also unserer wahren Person. Diesen Teil von sich fester am Schopf packen und mehr ausleben zu können bedeutet, geschätzte Leserinnen und Leser, seinen innersten Neigungen mehr entsprechen zu dürfen und so innerlich freier und erfüllter zu sein.

»Schöpferische Betätigung« – als ein Weg, mehr über sich selbst zu erfahren, und zugleich ein Ventil für alles, was sich nicht anders ausdrücken läßt, aber gesagt werden will – als Form, Aussagen über Gefühle und Phantasien zu treffen, um Bitterkeiten des Lebens zu lindern, sie in Bilder, Musik oder Gesang umzuwandeln, um daraus frische Lebenskraft zu ziehen – gibt uns die Möglichkeit, neue Begeisterung in unser Leben einzuleiten.

Wie Sie durch schöpferische Betätigung neue Ideen für Ihr Leben erhalten

»Spiele, damit du ernst sein kannst. Denn das Spiel ist ein Ausruhen, und die Menschen bedürfen, da sie nicht immer tätig sein können, des Ausruhens.«

ARISTOTELES

Schöpferisches Tun ist, wie wir sahen, nicht auf Künstler und andere Berufskreative beschränkt; jeder Mensch kann sein Leben bis zu einem gewissen Grad dadurch interessanter und vielseitiger gestalten. Das Element der Kreativität ist in fast allen Lebensbereichen zugegen. Dazu gehört, wie wir uns verhalten, welche Gedanken wir hegen und ob wir uns manches vorstellen können. Unsere Fähigkeit, Ideen zu entwickeln und die Phantasie einzusetzen, ist ein Faktor, mit dem sich, ob im Privaten oder im Beruf, fast alles günstig beeinflussen läßt und mit dessen Hilfe wir sowohl die eigene Selbstverwirklichung als auch die erwünschte Qualität zwischenmenschlicher Beziehungen erreichen. Die Quelle ist in jedem von uns als Anlage vorhanden, sie muß nur gefördert werden. Sich Freiraum zu schaffen, um gelegentlich aus zweckgebundenen Aktivitäten heraus das Spielfeld der Phantasie zu betreten und dort kreativ tätig zu sein, kann also nicht als verlorene, sondern nur als sinnvoll hinzugewonnene Zeit gelten. Die genannten drei Antworten mögen Sie dazu bewegen. Schöpferische Betätigung ist in bezug auf Lebensverbesserung und Lebensbereicherung gerade wegen ihrer spielerischen Komponente so erfolgversprechend, daß man sie ernst nehmen sollte.

In den folgenden Abschnitten möchte ich Ihnen bekannte Kunstformen vorstellen, indem ich Ihnen direkt zugängliche Wege aufzeige, in bestimmten Stimmungsmomenten und Lebenssituationen zu neuen Impulsen für Ihr Leben zu gelangen.

Ich muß hinzufügen, wie sehr ich, trotz langer Praxis, immer wieder darüber überrascht bin, was Frauen und Männer unterschiedlichsten Alters und verschiedenster Berufsrichtungen bei einem Kreativ-Wochenende an Phantasie und Ideen freisetzen. Größte Freude aber empfinde ich, wenn ich sehe, wie Menschen, die ihre Kreativität durch die Sachlichkeit des Alltags gänzlich verloren glaubten, die Vielfalt ihrer Möglichkeiten wiederentdecken und diese tags darauf schon mit neuer Gewandtheit einzusetzen verstehen.

Das Spektrum schöpferischer Betätigungsmöglichkeiten ist groß. Räumen Sie sich daher ein, falls Sie nicht schon genau wissen, was Sie gerne versuchen möchten, zuerst im Rahmen einer Testphase Verschiedenes auszuprobieren. Das bewahrt Sie vor Enttäuschung, wenn es nicht »das« war, wovon Sie sich etwas erhofften, und hilft Ihnen, Ihren eigenen Weg zu finden. Ebenso ist es erfahrungsgemäß vorteilhaft, sich später für eine einzige Aktivität zu entscheiden und dafür einen festen Termin in der Woche einzurichten. Sollten Sie nicht wissen, wie Sie sich den Abend oder Nachmittag dafür freihalten können, überlegen Sie zuvor, welche notwendigen Alltagserledigungen Sie am Tag vorher schon vorbereiten könnten. Damit beugen Sie Hetze oder Zeitgedränge und der Gefahr vor, es deshalb schließlich aufzugeben. Außerdem gelingt es Ihnen leichter, alles loszulassen und ganz bei der Sache zu sein, weil die Dinge des Alltags geregelt sind.

Freiraum 1:
Theater spielen und sich von Alltagszwängen befreien

»... dort traue ich mich einmal, jemand anderer zu sein. Es wirkt wahnsinnig befreiend, die Rolle, die man tagsüber im Beruf ja wohl oder übel spielen muß, einfach abzulegen und nach Lust und Laune in andere Rollen hineinzuschlüpfen. Das macht soviel Spaß, und wir lachen viel. Außerdem habe ich dabei Erfolgserlebnisse, die mir der Alltag nicht bietet.« – Hans P. (Versicherungsrepräsentant) über seine Erfahrungen in einer Laientheatergruppe.

Empfinden Sie sich manchmal in eine Rolle gezwängt, weil es vielleicht Ihr Beruf mit sich bringt? Würde es Ihnen gefallen, sich einmal anders verhalten zu können als sonst? Hätten Sie Lust, sich spielerisch darin zu üben, manchen Menschen gegenüber anders aufzutreten? Es ist leicht zu erraten: Theater zu spielen, ist die bestbewährte Möglichkeit, dem Alltagstrott zu entfliehen, sich in wohltuender Weise gehenzulassen. Außerdem bauen sich im Zusammenspiel in der Gruppe Hemmungen ab, und das Selbstbewußtsein wird gestärkt.

Seit jeher haben die Menschen Theater gespielt. In fast allen Kulturen hat das Theater die Funktion, sich aus der wirklichen Welt zu lösen und in eine Scheinwelt hineinzuführen, die Tummelplatz für Illusionen, Phantasien und Sehnsüchte sein kann. Immer schon waren jene, die Theater spielten, dadurch in die Lage versetzt, ihre Gefühle auszuleben, mit einschnürenden Tabus zu brechen, den Ängsten, Sorgen und Fragen, dem Verdrängten und Schmerzlichen Ausdruck zu geben und auf diese Weise Entladung, Beruhigung, Reinigung zu erleben, denn Theaterspielen ist heilsam für die Seele. Darüber hinaus ist es eine gute Gelegenheit, ein Stück Kindheit aufleben zu lassen, spontan mit Körper, Stimme, Mimik und Gestik umzugehen und dabei Ideen zu entwickeln. Das Größte aber, das wohl ein Schauspieler – der Amateur ebensogut wie der Profi – erfahren kann, ist jener vielbesagte Effekt, daß das Hineinschlüpfen in andere Rollen einem Menschen indirekte Wege eröffnet, von sich selbst zu erzählen.

Dies kann Grundlage für eine bessere Verständigung zwischen sich selbst und seiner Umwelt sein. Und es kann die Fähigkeit mobilisieren, seine persönlichen Schwächen in Stärken umzuwandeln, die sich im Alltag einsetzen lassen, um besser zu leben und im zwischenmenschlichen Kontakt erfolgreicher zu sein.

Im folgenden sind einige Spielmöglichkeiten verschiedener Ausdrucksformen des Theaters angeführt. Überprüfen Sie bitte, welcher Weg zu Ihrer individuellen Lebenssituation passen könnte – besser noch: Probieren Sie mehrere aus. Versuchen Sie anhand der Beispiele, Ihre eigenen Bedürfnisse besser zu verstehen. Denn oft fällt es uns selbst schwer zu erkennen, welcher Herkunft die Zwänge sind, die uns einengen. Geben Sie sich die Chance, das Theaterspielen einmal in einem Kurs oder Workshop zu erfahren. Erleben Sie es als inspirierende Übung für das Leben, aus der Ideen sprießen können, mit denen sich etwas anfangen läßt.

a) Spielen Sie die entgegengesetzte Rolle
Dies gilt gerade dann, wenn Sie in einem Helferberuf tätig sind, wie Krankenschwester, Arzt oder Betreuer. Ebenso bewährt es sich, wenn Sie den ganzen Tag zeigen müssen, daß Sie die Fäden in der Hand halten, weil Sie Dozentin, Lehrer oder Führungskraft sind. Doch auch wenn Sie nicht in einem der genannten Bereiche arbeiten, wenn Sie sich manchmal von gesellschaftlichen Zwängen lösen möchten oder sich ganz allgemein zu einseitigem Verhalten gedrängt fühlen, zeigt die entgegengesetzte Rolle neue Perspektiven. Durch das Vertauschen der Alltagsrolle mit einem völlig anderen Charaktertypus entwickeln Sie Ihre Spontaneität und Kreativität, vor allem erleben Sie die befreiende und erneuernde Kraft des Rollenspiels.

Wer zu anderen immer gut sein muß, sollte zum Ausgleich unbedingt einmal einen »Bösewicht« und »Fiesling« darstellen. Danach fühlt man sich ausgeglichen und verspürt wieder Lust, anderen gegenüber verständnisvoll und gütig zu sein.

Wer sich häufig übergangen und benachteiligt fühlt, hilft sich am besten mit Rollen, in denen er richtig wütend werden kann und seine Ansichten durchsetzt, wie »Helden« oder »Revoltierer«. Später fällt es viel leichter, auf sich aufmerksam zu machen oder seine Interessen zu vertreten.

Wer Probleme damit hat, immer brav und zurückhaltend zu

sein, tut gut daran, in Rollen zu schlüpfen, die obszöne Reden erlauben, wie die Rolle einer »Prostituierten«, oder in denen man derb und taktlos sein darf wie ein frecher »Hofnarr«. Im Anschluß daran ist die Hemmschwelle und Sorge, aus der Rolle zu fallen, nicht mehr so groß, man fühlt sich gelöster und mutiger.

Manches dieser »Rezepte« mag lächerlich einfach klingen. Doch ist mir noch niemand begegnet, der aus seinen Erfahrungen beim Rollenspiel in einer Gruppe Gleichgesinnter nichts davon im Alltag einsetzen konnte. Die Erfahrung zeigt vielmehr, daß die Mehrzahl derer, die es einmal probieren, es schon bald nicht mehr missen möchten. Denn einem jeden eröffnet sich relativ schnell, was Theaterspielen bedeutet. Es gestattet, sich so frei zu bewegen, wie man es im Alltag auf der Straße nicht kann, und ganz nebenbei interessante Menschen kennenzulernen und sich ein Guthaben an positiver Energie für das tägliche Leben anzulegen.

Tip: Falls Sie Lust bekommen haben, sich im Rollenspiel und vor allem in einer Ihrem üblichen Verhalten entgegengesetzten Rolle zu erproben, so empfehle ich Ihnen Kurse und Theaterworkshops, die darauf ausgerichtet sind, Gefühle darzustellen, zu improvisieren, zu lachen und sich auszutoben (zum Beispiel durch Straßentheater, Clownerie, Commedia dell'Arte). Sollte Ihnen daran liegen, selbst initiativ zu werden, rate ich Ihnen zu einem Wochenende mit einer Gruppe Interessierter, das Sie unter ein gemeinsames Theatermotto stellen, etwa »Der Hut«. Animieren Sie Ihre Mitspieler dazu, alte und neue Hüte, Helme, Mützen oder Kappen zu sammeln und mitzubringen. Finden Sie über das spielerische Anprobieren der Kopfbedekkungen zu einem Zusammenspiel, aus dem sich spontan kleine Szenen oder gar ein zusammenhängendes Spielstück ergeben. Lassen Sie Ihre Übungen auf Video aufnehmen, und betrachten Sie am Ende die Ergebnisse Ihrer »Theaterwerkstatt«.

b) Spielen Sie Theater ohne Worte

Besonders wenn Sie tagsüber permanent reden müssen, empfinden Sie dies als wohltuend. Wenn Sie in der Hauptsache auf geistige Arbeit festgelegt sind, viel Zeit damit verbringen, Papiere zu bearbeiten oder Fomulare auszufüllen, wirkt das Spielen ohne Worte ausgleichend. Das gleiche gilt, wenn Sie schwere körperliche Arbeit verrichten oder an der Last einer großen Verantwortung zu tragen haben. Es bewährt sich auch dann, wenn die Ereignislosigkeit des Alltags Sie spüren läßt, daß sich vernachlässigte Gefühlsseiten häufiger zu Wort melden und am Wohlbefinden herumzerren, weil sie zuwenig Spielraum erfahren. Beim Theaterspiel ohne Worte, der Pantomime, sind sowohl die Phantasie als auch die Bewegung des Körpers völlig frei, und die Gefühlswelt kann eine Ergriffenheit erfahren, wie sie innerhalb der üblichen Verständigung im Alltag nirgendwo vorkommt.

Wer gerne in andere Sphären eindringt, um Erlebnisse zu haben, die sich mit Worten nicht beschreiben lassen, dem sei empfohlen, die Pantomime, das Theater der Stille, an sich selbst zu erleben. Eine unvergleichliche Erfahrung dieser Ausdruckskunst: wenn die Sprache wegfällt, erkennt man eher das Wesen der Dinge.

Wer nur schwer Gefühle zeigen kann – sei es, daß man es nicht gelernt hat oder sich bewußt abschottet, ist gut beraten, in einem Theater mitzuspielen, das sich allein der Sprache des Körpers bedient. Durch diese Schule des abstrakten Gefühlserlebens lernt man im Umgang mit anderen Menschen die eigenen Gefühle intensiver zu erleben und sie für sich und andere befriedigender ausdrücken zu können.

Wer sich selbst zu sehr unter Leistungsdruck stellt, oft überreizt reagiert oder von der Trivialität eines Lebensalltags ohne besondere Höhen und Tiefen übersatt ist, kann durch die Pantomime Abstand gewinnen und so seine Wahrnehmung verändern. Der höhere Nutzen aus diesem kreativen Akt des »Aus-dem-Rahmen-Fallens« liegt in einem geschärften Blick für den

Alltag. Man entdeckt die Botschaften, die sich bei vielen Leuten schon am Körperausdruck ablesen lassen, und wird wachsamer und sensibler in bezug auf die eigenen Lebensereignisse.

Erlauben Sie mir, Ihre Gedanken zu lesen, während Sie über diese Zeilen nachsinnen und möglicherweise daran zweifeln, daß sich mit Hilfe der Pantomime so Umwälzendes erreichen läßt. Zerstreuen Sie Ihre Bedenken. Theater zu spielen ohne Einsatz der Sprache ist deshalb ein Weg zu besserer Lebensgestaltung, weil hier das Emotionale schöpferisch ausgespielt werden darf. Es mag ein erfrischender Ausgleich zu der Rolle sein, die wir in der Arbeitswelt verkörpern, und zu dem, was wir im gesellschaftlichen Leben gewollt oder ungewollt darstellen.

Tip: Sollte Ihnen der Sinn mehr nach »leiser Poesie« stehen anstatt nach dem oben beschriebenen »Befreiungstheater«, so erleben Sie die »klassische Pantomime« als kreativen Spielraum für Verständigung ganz besonderer Art. Typisch »klassisch« ist, daß die Mimen Szenen und Geschichten allein über den Körperausdruck, die Hände, Gesten und Blicke vorführen. Alles entsteht gleichsam im »luftleeren« Raum. Erfahren Sie dieses ungewöhnliche Erleben selbst: In einer Welt, die vom Wort regiert wird (und leider oft von leerem Gerede) und in der Gefühle zu zeigen seltener ist, in einem Alltag, der uns täglich mit einem dumpfen Klangteppich aus Lärm und Geräuschen von Autos, Maschinen oder quäkenden Radios zudeckt, kann diese Schauspielform wie eine stille Insel sein, auf die man sich zurückzieht, um für zwei, drei Stunden jene poetische Verzauberung zu verspüren, die einem Herz und Sinne wieder öffnet.

Freiraum 2: Malen und zu sich selbst finden

»Als ich mit 41 Jahren zu malen begann, war mir, als würde ich in unbekannte Bereiche meiner inneren Welt vorstoßen. Ich hatte erstmals das tolle Gefühl, mich durch Farbe und Formen viel unmittelbarer ausdrücken zu können, als es mit Worten möglich ist. Mir ist wichtig, Entspannung und Kreativsein miteinander zu verbinden – das macht mich locker und baut mich auf. Es vertreibt mir düstere Gedanken und befreit mich vor allem von der Anspannung, die ich oft aus der Firma noch mit nach Hause nehme.« – Judy H. (Ressortleiterin eines Textilunternehmens) nach der Teilnahme an einer vierzehntägigen Sommerakademie.

Können Sie die Gedanken an Probleme und Konflikte oft nur schwer abstellen? Möchten Sie gerne eine »Sportart« betreiben, die Sie entspannt und erleichtert und die Ihnen hilft, über Gefühlstiefs hinwegzukommen? Die Praxis zeigt, daß Malen und Zeichnen, der Umgang mit Wasserfarben, Pastellkreiden, Ölfarben, Pinsel, Papier oder Leinwand zwar kein »Sport« im gängigen Sinne ist, aber doch ein Training kreativer Fähigkeiten, das wunderbar erfüllend sein kann. Denn auf sehr direkte Weise ermöglicht es das Umsetzen von Gedanken und Gefühlen und ist aus diesem Grund hervorragend geeignet, sich vom Alltagseinerlei wie aus äußeren Zwängen zu lösen, nicht zuletzt auch von seelischer Belastung.

Berühmte Künstlerinnen und Künstler, die von sich behaupten, daß sie ohne ihre Malerei nicht mit dem Leben fertig würden, bezeugen, wieviel positive Lebenskraft sich aus dem Malen als einem Arbeiten mit der eigenen Vorstellungskraft in das tägliche Leben hineinleiten läßt. Für viele von ihnen ist Malen schöpferischer Prozeß und innere Befreiung in einem. Bilder, die so entstehen, haben mitunter eine Art Spiegelfunktion, da sie oft sichtbar zum Ausdruck bringen, was einen Menschen tief im Inneren bewegt, welche Sicht von der Welt er hat, in der er lebt, oder welche neue Welten er für sich erschafft. Der kritisch äugelnde Kunstliebhaber möge verzeihen, daß ich mir gestatte, etwas schwer Definierbares wie das Kunstschaffen auf einen einfachen Nenner zu bringen. Aber hier soll im Zusammenhang mit dem Malen von dem komplizierten Begriff und einschüchternden Wörtchen »Kunst« nicht die Rede sein. Vielmehr geht es darum zu erkennen, daß auch jeder »Nichtkünstler« durch das Malen und Hervorbringen von Bildern in neue Erlebnisdimensionen vordringen kann.

Wie Sie im folgenden feststellen werden, geht es nicht darum, etwas zu malen oder zu zeichnen, das man vorzeigen könnte beziehungsweise das von einer Qualität sein müßte, die sich bewerten ließe, im Gegenteil. Wer versucht, an die Beurteilung anderer, an Kritik zu denken oder Applaus erwartet, für den wird es aussichtslos sein, aus dem Malen, wie es hier vorgestellt wird, das herauszuziehen, was es an wunderbarem Effekt für das Leben im Alltag zu geben hat. Denn diese Wirkung stellt sich nur ein, wenn Sie einfach malen, weil es Spaß bereitet, und wenn Sie dabei selbstversunken wie ein Kind sind und sich absichtslos dem Schwelgen in Farben und Formen, inneren und äußeren Landschaften hingeben.

a) Malen Sie Bilder aus der Innenwelt

Lassen Sie sich allein von Gefühlen und Gedanken inspirieren. Malen Sie also kein sichtbares Motiv nach, sondern seien Sie Ihr eigenes Motiv, indem Sie versuchen, Ihre innere Welt in abstrakter Weise darzustellen. Bereiten Sie das schöpferische Abenteuer zunächst vor, indem Sie eine große Rolle weißes Papier, flüssige Farben und Pinsel besorgen. Begeben Sie sich an einen Ort, an dem Sie ungestört sind und keine Angst haben müssen, irgend etwas zu verunreinigen. Naheliegend wäre es, zu diesem Zweck einen Werkraum oder Hobbyraum aufzusuchen, aber auch im Garten oder auf der Wiese bieten sich gute Voraussetzungen für ein gelungenes Malvergnügen. Rollen Sie das Papier einfach auf dem Boden aus, und setzen Sie sich vor den noch unbefleckten Malgrund. Versuchen Sie für das, was jetzt geschehen soll, alles zu vergessen, was Ihnen im Kunstunterricht während Ihrer Schulzeit beigebracht wurde, falls es sich darauf gründete, daß »richtig erkennbar sein muß, was ein Gemälde zeigen soll«. Denn beim folgenden Malakt sollen Sie kein herkömmliches Bild produzieren und daher auch keinen Gedanken daran verschwenden müssen, wie man eine Figur, ein Gesicht oder einen Gegenstand »richtig« wiedergibt. Damit Ihnen diese Übung gelingt, ist sogar unbedingt notwendig, daß Sie keinerlei Rücksicht auf Formales nehmen. Sie sollen an sich selbst erfahren können, wie aufregend und zugleich befreiend es ist, sich ganz abstrakt und von innen heraus einfach nur »freimalen« zu können.

Entspannen Sie sich. Tauchen Sie den Pinsel in Ihre Lieblingsfarbe ein, und seien Sie gespannt auf das, was nun unter Ihren Händen entsteht. Setzen Sie den Pinsel an, um zu malen, schließen Sie kurz die Augen, um sich in ein Gefühl zu vertiefen, und führen Sie zugleich den Pinsel über das Papier.

Wer verärgert oder wütend ist, kann sich auf das Papier stürzen und es mit dem Pinsel regelrecht traktieren, wild herumklecksen, Zickzack- und andere eckige Formen malen und die Farben, die selbstverständlich auch wüst ineinanderlaufen dürfen, mit größtmöglicher Spontaneität auftragen. Versuchen Sie einmal so, Ihrem Ärger Luft zu machen und den Unmut mit heftigen Bewegungen so lange »herauszumalen«, bis Sie merken, daß diese Stimmung sich gelegt hat.

Wer angespannt oder traurig ist, kann bedächtig organische und elementare Formen, bunte Kreise und abstrakte Phantasielandschaften malen. Lassen Sie sich Zeit damit, die Farbtöne zu mischen, und legen Sie kleine oder große Flächen an. Entwerfen Sie Ornamente aus einfachen, archaischen Formen, wie dem Punkt oder einer Linie aus mehreren Punkten hintereinander. Versuchen Sie, die erhellende und faszinierende Kraft der Farben zu erleben, und geben Sie sich ganz dem Malen von Farben hin, bis Sie spüren, daß Ihre Gefühle Beruhigung und Linderung erfahren haben.

Wer sich langweilt oder lustlos ist, kann stehend die Farben vom satt getränkten Pinsel auf das Papier heruntertropfen lassen und sich währenddessen hin und her bewegen. Probieren Sie einmal, barfuß über die Papierbahn zu gehen und den Malgrund nur als Spiegelfläche für Farbspielereien zu sehen, die sich zwangsläufig durch die Armbewegungen ergeben. Lassen Sie sich einfach treiben. Stellen Sie so, wie zufällig, ein Bild aus tausend bunten Flecken, vielfarbig ineinanderlaufenden Schlangenlinien und Farbspuren her. Versuchen Sie, Gefallen daran zu finden, einmal rhythmisch und dynamisch, einmal punktuell oder langgezogen Farbe zu verschütten und nebenbei abstrakte Gebilde zu kreieren, deren Betrachtung außer dem eigenen Erstaunen und einem Gefühl der Befriedigung auch frischen Antrieb geben kann und Sie wieder Lust auf sich selbst empfinden läßt.

Sich selbst Motiv zu stehen, indem man auf dem Papier eine Reise durch seine innere Stimmungswelt unternimmt, kann eine Umwandlung von Gefühlsregungen erreichen. Wer erst einmal gespürt hat, welch wohltuendes Abreagieren, innere Reinigung und erlösende Wirkung durch diese Art zu malen erfahrbar wird, benutzt seine Freizeit häufiger dazu, ein Mittel wie dieses einzusetzen, um seiner Phantasie mehr Spielraum zu geben und sich selbst immer wieder neu zu gestalten.

Tip: Malen Sie einmal mit Freunden zusammen ein Bild. Einer beginnt, der nächste setzt da an, wo der andere aufgehört hat, und so weiter.

Bedingung ist, keine Vorskizze anzulegen, keine Bewertung auszusprechen – alle sollen sich dem Malvergnügen hingeben und den Fluß ihrer Phantasie fließen lassen. Am Ende fragt sich nur: Wer darf das Gemeinschaftswerk behalten?

Malen Sie Bilder von der Außenwelt

Lassen Sie sich von dem inspirieren, was Ihre Aufmerksamkeit erregt. Das können Begebenheiten aus dem Alltag sein, außergewöhnliche Ereignisse oder Menschen und Landschaften. Versuchen Sie, das Bildermalen – außer jener Möglichkeit, sich frei und abstrakt auszudrücken – als ein konkretes Darstellen von dem zu verstehen, was jeder sehen kann, und zugleich als ein Sichtbarmachen von dem, was nur Sie allein zu sehen vermögen. Erleben Sie das Malen und Zeichnen als eine Freizeitbeschäftigung, bei der man lernt, genauer hinzusehen und Begeisterung dafür zu entwickeln, Ungesehenes zu entdecken, Unsichtbares ans Licht zu bringen. Ob es kreativer »Freizeitsport« im Urlaub oder ein längerfristiges Vergnügen unter Anleitung ist – erleben Sie, wie außerordentlich beglückend es sein kann, mit ein paar Malutensilien aufzubrechen, für Stunden an einem idyllischen Ort zu verweilen, zu schauen, zu zeichnen, zu aquarellieren und mit einigen vollen Zeichenblättern angenehm matt und innerlich reicher zurückzukehren. In der Atmosphäre einer Gruppe und unter dem Rat eines Kunstlehrers, der Ihnen hin und wieder über die Schulter sieht und Anregungen gibt, ist das Malen in der traditionellen Form sicherlich am sinnvollsten durchzuführen, nicht zuletzt, um Techniken zu erlernen. Den Lesern unter Ihnen, die beim Bildermalen für sich allein ausloten möchten, welche selbsterkennenden Einblicke in das eigene Ich möglich werden, sei mit dem Vorschlag ein Anstoß gegeben.

Wer von unangenehmen Gedanken verfolgt wird, Streß oder negative Gefühle schlecht abschalten kann, probiere einmal Landschaften und Idylle zu malen. Ein Baum, ein Flußlauf, der Blick über das Tal oder die bunten Dächer einer Ortschaft, das Meer und die felsige Bucht sind Motive, die Ruhe und Frieden ausstrahlen. Geben Sie sich ganz dem Abbilden der Stimmung und Farbigkeit von Naturschönheiten hin. Lassen Sie sich überraschen, wieviel mehr man erkennt, wenn man genauer hinsieht als sonst – zum Beispiel, daß die Blätter eines Baumes nicht alle die gleiche Farbe haben, oder daß deren Unterseiten anders aussehen als ihre Oberflächen. Nutzen Sie Zeichenstift, Pinsel und Farbe dazu, festzuhalten, was Auge und Herz mit Wohlgefallen betrachten, doch tun Sie es zwanglos und ohne Streben nach Perfektion. Versuchen Sie die Formen nur grob anzureißen, die Stimmung der Farben und des Lichtes flüchtig wiederzugeben. Erleben Sie, wie der bewußte Akt visueller Wahrnehmung und die Malstunde vor einem Naturmotiv helfen können, von allem Abstand zu gewinnen, wieder etwas heiterer und gelassener zu werden.

Wer in seinem Leben gerne einiges verändern will oder am liebsten völlig anders leben würde, probiere es einmal, die Palette zur

Hand zu nehmen und Bilder davon zu malen, welches Leben er leben möchte. Setzen Sie sich mit dem, was Sie zur Zeit als störend empfinden oder worin Sie keinen Sinn mehr sehen, beim Malprozeß auseinander, und gehen Sie damit den ersten Schritt in eine neue Richtung. Greifen Sie ungehemmt zur Farbe, und versuchen Sie, Ihren Tagesablauf in Bildszenen darzustellen und daneben, wie es für Sie wünschenswert wäre. Nehmen Sie keinerlei Rücksicht auf eine wohlproportionierte Darstellung der Szenen oder Figuren. Haben Sie keine Angst, sich lächerlich zu machen, wenn das Gemalte auf Sie wie die Bilder aus den ersten Schuljahren wirkt. Wie es auch aussehen mag, malen Sie Ihre eigene heile Welt, und gehen Sie in sie hinein – nicht als Rückzug, sondern als Akt der Selbstfindung. Erleben Sie, wie ein gemaltes Bild von dem, was im Kopf herumspukt, zu erhellenden Visionen für das Leben im Alltag beitragen kann und wie dann, wenn die Zeit gekommen ist, aus Bildern Wirklichkeit zu werden vermag.

Wer zu verbissen auf Leistung fixiert und oft blockiert ist, oder wer glaubt, er schaffe es nicht mehr, entwerfe ein Selbstbildnis. Bringen Sie darin zum Ausdruck, was Sie an sich selbst mögen. Stellen Sie nur die guten Seiten heraus. Bemalen Sie frech und unbefangen die gesamte Fläche mit all den Vorzügen und Vorteilen Ihrer Person. Schauen Sie nicht auf vermeintliche Schwächen oder Fehler. Stehen Sie zu sich, so wie Sie sind, und malen Sie sich selbst mit fröhlichem Selbstbewußtsein. Verringern Sie die Angst davor, einer Aufgabe nicht gewachsen zu sein, und die Selbstzweifel, indem Sie Ihr Selbstbildnis reich und bunt ausstatten. Erleben Sie, wie die Gestaltung eines positiven Selbstbildnisses helfen kann, sich weniger negativ unter Druck zu setzen und sich wieder in Ordnung zu finden.

Sollten Sie als Leserin und Leser nun Lust bekommen haben, sich einem »Kreativsport« wie dem Malen zu verschreiben, so kann ich Sie nur dazu ermuntern. Das Malen ist ein Weg, näher zu den Inhalten seines Lebens vorzustoßen, und ein Terrain, auf dem wir uns zu allem, was wir sehen, denken und fühlen, frei und subjektiv zu äußern vermögen. Gehen Sie also beherzt vor, und nehmen Sie sich einmal etwas Zeit für diese »Kunst für Lebenskünstler«.

Tip: Sie können Ihre Sichtweise von Gegebenheiten auch zum Ausdruck bringen, indem Sie ein Stilleben malen. Überlegen Sie zuvor, was Sie gerne abbilden würden – vielleicht ein üppiges Arrangement aus Früchten und Blumen, einen Laib Brot und ein Glas Wein oder eine surreal anmutende Szene mit Gegenständen wie einer Trompete auf einem Stuhl, einem Zylinder davor, der Blick dahinter führt aus dem Fenster. Sollte Ihnen auf Anhieb nichts einfallen, lohnt vielleicht ein Museumsbesuch, um sich Anregungen bei den großen Meistern zu holen und dann in den eigenen vier Wänden damit zu beginnen, der Stimmung eines berühmten Gemäldes nachzueifern. Lassen Sie die visuelle Wahrnehmung zu einem Erlebnis werden. Ihr Trumpf dabei ist, daß Sie überdies Ihre Selbstwahrnehmung verbessern.

Freiraum 3: Musizieren und die Welt um sich herum vergessen

»Beim Musizieren kommt mein ganzer Körper in Schwung, und ich fühle mich unbeschwert und frei – vor allem, wenn ich singe. Etliche Male kam ich von den Proben nach Hause, und meine Kleidung war durchgeschwitzt. Ich hatte es zuvor überhaupt nicht bemerkt. Denn beim Singen werde ich so euphorisch, daß ich um mich herum alles andere total vergesse und mich vom raumfüllenden Klang der Stimmen regelrecht wegtragen lasse.« – Ellen M. (Dozentin) zu ihrer Mitwirkung in einem Chor.

Haben Sie dann und wann das Bedürfnis, einen Zustand zu erreichen, in dem man sich nicht mehr mit sich selbst beschäftigt? Wäre es Ihr Wunsch, einem Vergnügen zu frönen, nach dem vor Freude die Wangen glühen? Möchten Sie Gefühle unmittelbar und leidenschaftlich zum Ausdruck bringen können? Wie man weiß, vermag Musik hören die Stimmung zu heben, das Wohlbefinden zu steigern. Selbst zu musizieren, wirkt oft wie Medizin – gegen Unbehagen und Unmut, gegen Mißstimmung und Verdruß, gegen Alltagserschöpfung im allgemeinen und Kummer im besonderen. Darum schwören Musiker in aller Welt auf Musik als einem verläßlichen Hausmittel für viele Lebenssituationen, als erste Maßnahme, um sich selbst zu helfen, als kreativer Spender, um beschwingt und jung zu bleiben und um zufrieden und glücklich zu leben.

Mit Musizieren meine ich nicht nur Klavier, Geige oder Saxophon zu spielen. Auch das Singen und das Spielen von Rhythmusinstrumenten sind gerade heute, da immer mehr Menschen sich nach Einfachheit und Ursprünglichkeit sehnen, weil das Leben in Beruf und Alltag von mannigfaltigen Kompliziertheiten und Erschwernissen mitgeprägt wird, ein Weg, in der Freizeit zur Harmonie zurückzufinden.

Die Musik ist ein sehr direktes Mittel. Melodien und Klänge wirken tief in das Unterbewußtsein hinein und tragen zu Wohlgefühl und Erfülltsein bei, und das auf einer besonders intensiven Ebene, wenn man selbst musiziert. Die Freude an der Musik kann versöhnen, wenn ein problembehafteter Alltag von uns Tribut fordert.

Nun werden Sie freilich wissen wollen: »Wie mögen jene, die nicht in der zu beglückwünschenden Lage sind, ein Instrument spielen zu können, die Heilkraft dieses Hausmittels an sich erleben?«

Als Antwort möchte ich Ihnen sogleich zwei Beispiele musikalischer Betätigung beschreiben, für die Sie weder Notenkenntnisse benötigen noch bereits Kunststücke auf einem Instrument vollbringen müssen: das Singen und das Spielen eines Rhythmusinstruments. Selbst ohne Vorbildung, das sei Ihnen vorab schon so gut wie versprochen, sind die ausgewählten Ansätze zu musizieren – auch wenn sie Ihnen zunächst vielleicht urtümlich schlicht erscheinen – ausgezeichnet geeignet, manch wunderschöne Stunde zu verbringen. Also:

a) Singen Sie aus voller Brust

Beim Singen sind Sie selbst das Instrument. Das Gute daran ist, daß Sie dazu nichts weiter zu tun brauchen, als den Atem zu führen und die Stimmbänder vibrieren zu lassen. Ob Rock, Pop, Jazz, Chanson oder Oper, was immer Sie singen, es befreit, weil Anspannung abgebaut wird. Singen ist fast überall, nicht allein in der vielbesagten Badewanne möglich. Am besten singt es sich in Gemeinschaft im Kreise der Familie, im Gesangsworkshop oder in einem Chor. Singen ist ein produktiver Akt, der viel Freude bereitet und einfach guttut. Dabei kommt es anfänglich keineswegs darauf an, eine gute Stimme zu haben. Ein Lied singen kann jeder, man braucht sich nur zu trauen (seitdem »Karaoke«, jene unkonventionelle Art gesanglicher Darbietung, en vogue ist, dürften auch die letzten vermeintlich unmusikalischen Sängerinnen und Sänger dazu Courage haben). Hauptsache ist, man versucht Gefühl in die Stimme zu legen. Ein Beispiel dafür ist die »schwarze Musik«. Einst aus den Gesängen afrikanischer Sklaven entstanden, die sich mit Liedern über ihre Nöte und Ängste hinweghalfen, wurde sie zu einer Musik, die von Gefühlen erzählt. Das Besondere am schöpferischen Umgang mit Atem, Stimme und dem damit zum Ausdruck gebrachten Empfinden ist, daß man in einen Zustand geraten kann, in dem man nicht mehr denkt. Das Gestern und das Morgen sind in diesem Moment unwichtig, existieren nicht. Man singt! Ist ein Lied zu Ende, die Musik verhallt, klingt die erregende Aktivität noch nach. Dann erst sieht man wieder sich selbst – »und die Welt in einem rosaroten Licht«! Mit solchen Worten umreißt manch sangesfreudiger Mensch im Gespräch das, was im Laufe der Zeit geradezu zur Sucht werden kann.

Wer ein ausgeprägtes Harmoniebedürfnis hat und gerne in einer großen Gemeinschaft von Menschen geborgen wäre, mag sich beim Singen in einem vielstimmigen Chor gut aufgehoben fühlen. Da alle dasselbe Ziel haben, nämlich zu einer einzigen Stimme zusammenzuwachsen, aus der niemand hervorstechen soll (weil vom Dirigenten unerwünscht), ist keiner »primus inter pares«. Folglich fällt jeder Konkurrenzkampf weg, alle sind gleichermaßen wichtig, sind gleichberechtigt.

Das begünstigt eine entspannte harmonische Atmosphäre, in der Sie sich als ein Teil des Ganzen empfinden mögen, weil alle aufeinander angewiesen sind. Hören und sehen Sie selbst: Im Chor zu singen kann ein sozial äußerst befriedigendes Erlebnis sein, das Ihnen, neben dem intensiven Gruppengefühl, auch über den Moment des Miteinandermusizierens hinaus so den Rücken stärken kann, daß Sie die frohen Stunden gemeinsamer Kreativität bald schon als einen festen Bestandteil Ihres Lebens betrachten möchten.

Wer sich innerlich ausgebrannt fühlt und kränkelt, weil alle Energie aufgebraucht wurde, hat durch das Singen Aussicht auf rasche Wiederherstellung seiner Verfassung. Der Gesang und der Rhythmus – da ist es einerlei, ob Sie etwas von den BEATLES oder von SCHUBERT, Arien oder Wanderlieder singen – haben einen günstigen Einfluß auf Herzschlag, Atemfrequenz und Blutdruck. Was hier Herz und Kreislauf anregt, übt ebenso auf die Psyche eine regulierende Wirkung aus. Weil die Konzentration beim Singen ganz auf den Umgang mit dem Atem ausgerichtet ist, vergißt man seinen »Burnout« und das Tief, lädt sich an der lebendigen Schönheit der Melodien wieder auf und kann dabei sein psychisches Potential wieder neu errichten. Das positive »Reizklima« für die körperlich-seelische Verfassung wird vor allem dann geschaffen, wenn sich in den Liedern langsame, sanfte Passagen mit schnellen, temperamentvollen abwechseln.

Wer bedrückt und betrübt ist, gebe sich Gelegenheit zu singen, bis alles Herzeleid heraus ist. Sie können etwas für die Linderung Ihrer Kümmernisse tun, indem Sie versuchen, sich über den Gesang zu öffnen. Wählen Sie dazu Musikstücke, die Ihrer Stimmungslage entsprechen. Lösen Sie sich von Ihren Gefühlen, indem Sie singen, und verleihen Sie auf diese Weise Ihrem Kummer eine Sprache.

Tip: Überlegen Sie zuerst, welche Musik Sie am liebsten mögen, und versuchen Sie zu Schallplatten laut mitzusingen. Dann ist es ratsam, im Bereich Ihrer Geschmacksrichtung Gleichgesinnte zu suchen. Das Mitsingen im Chor bietet, wie erwähnt, beste Voraussetzungen, um an den positiven Auswirkungen des Musizierens zu partizipieren. Neben Chören, die Volkslieder, Kunstlieder oder Spirituals vortragen, gestalten andere Chöre auch kirchliche Messen, Oratorien und Kantaten von HAYDN bis HÄNDEL, von BACH bis BEETHOVEN. Gehen Sie nach Möglichkeit regelmäßig zu den Proben, und singen Sie pro Woche mindestens zwei bis drei Stunden. Natürlich ist das nicht immer ohne weiteres einzurichten, aber manchmal gilt es nur den inneren »Schweinehund« der Unlust zu überwinden. Gelingt es Ihnen trotz der Mühen, lacht als Belohnung das bis in die nächsten Tage nachwirkende Gefühl, von Gesang berauscht, von Musik erfüllt zu sein.

b) Trommeln Sie, was das Zeug hält

Beim Trommeln erfährt man die belebende »Urkraft« der Rhythmen. Sollten Sie es bisher noch nie probiert haben, so empfehle ich es Ihnen. Die Vorstellung, mit den Fingern auf afrikanischen Trommeln, auf Congas und Bongos zu trommeln oder mit Stöcken auf einem Schlagzeug herumzuklöppeln, mag für manche von Ihnen etwas befremdlich sein. Trotz möglicher Vorbehalte möchte ich Ihnen (vor allem den Leserinnen) das Trommelspielen nahelegen. Anders als bei Instrumenten, die man zuerst perfekt beherrschen muß, kann Ihnen ein Schlaginstrument schon beim ersten Mal eine Ahnung davon vermitteln, wieviel Hingabe dabei entsteht, denn das Trommeln erweckt das wilde Element in uns. Aus diesem Grund lautet mein Rat, sich von etwaiger Voreingenommenheit zu verabschieden. Nehmen Sie die nächste Gelegenheit wahr, um in die Welt der Rhythmen einzusteigen und über das Trommeln Rhythmus zu fühlen. Bildungseinrichtungen und Musikschulen bieten Kurse und Wochenendseminare dazu an. Ob die Musikrichtungen aus dem afrikanischen, südamerikanischen oder asiatischen Raum stammen – in ein, zwei Tagen rhythmischer Grundübungen lernen Sie schnell, daß man sich beim Trommeln einer Sprache bedient, die, im Unterschied zu anderen musikalischen Ausdrucksmöglichkeiten, menschliche Urerfahrungen erahnen läßt. Über sie können wir Kontakt zu Körpergefühlen aufnehmen, die sich im Alltag nicht genügend auszuleben vermochten. Das Trommeln gibt Ihnen die Möglichkeit, Spaß zu haben und zugleich verdrängtes Gefühlsmaterial herauszulassen. Ähnlich wie beim Singen geraten Sie leicht in einen Zustand, in dem keine Probleme mehr gewälzt werden und die Auseinandersetzung mit der eigenen Persönlichkeit oder den Tagesereignissen unterbrochen wird. Das reflektierende oder fordernde Ego wird gestoppt, negative Erregung umgeleitet und energetisch verwertet: zu einem Spiel mit den Rhythmen und zu einem Hochgefühl.

Wer Spannungen aufgestaut hat, weil er sich am Arbeitsplatz vielleicht Ungerechtigkeiten gefallen lassen mußte, sollte darauf verzichten, den Ärger abends an seinem Partner oder dem Haustier abzureagieren, und dafür lieber zum Trommeln gehen. Hinter einer Trommel beziehungsweise einem Schlagzeug lassen sich alle Gereiztheit positiv ummünzen und der Groll des Tages vergessen. Das überaus Konstruktive daran ist, daß Sie in dieser Zeit nicht nur Ihr Aggressionspotential verringern, Sie können auch jene Energie aufbauen, die Ihnen am nächsten Arbeitstag zugute kommt.

Wer intellektuell einseitig gefordert wird, weil er tagsüber vielleicht nur über Normen und Statuten sitzt, kann nach getaner Arbeit für Ausgleich sorgen und vermag durch Trommeln dem Gehirn neue Reize zu liefern. Je mehr entgegengesetzte Anregung Sie Ihrem Geist zukommen lassen, desto mehr steigern Sie die Kreativität. Das Kreative ist in der rechten Hemisphäre des Gehirns beheimatet. Diese Seite wird von dem, was wir Imagination, Inspiration, Intuition nennen, regiert. Links befindet sich der Bereich zweckorientierter Befehlsgewalt, also die logische, analytische, vernunftbestimmte Denkhälfte. Nur wenn beide Seiten genügend Ansprache erfahren, entsteht eine Basis für kreative Gedankenprozesse. Trommeln ist Stimulation für die rechte Hirngegend, kann Ihnen aber auch, durch Überkreuzbewegen der Hände (beim Schlagzeug der Hände und Füße) und gegensätzliche Taktschläge (zum Beispiel rechte Hand schnell, linke Hand langsam), als Training dienen, die eine Seite mit der anderen besser zu verbinden. Beenden Sie einmal Ihren Tag nach den üblichen Formalien in Kanzlei, Amt oder Buchhaltung damit, zu trommeln, und spüren Sie, wieviel Vergnügen es bereitet, wenn »Ratio« und »Emotio« zweiseitig Belebung erfahren.

Wer sexuell desinteressiert ist, weil er vielleicht zuviel und zu verbissen arbeitet, oder weil der Abgabetermin für die Diplomarbeit im Nacken sitzt, tut gut daran, sich Pausen zu gönnen, bei denen man einmal alles loslassen kann – Trommeln kann mithelfen, Blockaden zu beseitigen. Wenn Sie meinen, sich eine Zäsur nicht leisten zu können, merken Sie die Folgen bald. Denn immer nur zu »büffeln« und zu schuften, ohne zwischendurch auch etwas in das Leistungsvermögen zu investieren, verringert Spannkraft und Ausdauer. Arbeitsstörungen, das Gefühl, »ich bin dem allen nicht mehr gewachsen«, und Störungen in der Sexualität sind das Resultat und deutliches Zeichen dafür, sich selbst mehr Spielraum zu geben. Trommeln heißt, eine Möglichkeit zu haben, sich gehen zu lassen, bis man sich wieder wohler fühlt, und Ekstase zu erleben. Danach ist das Arbeiten vergnüglicher, und man verspürt Lust auf Genuß.

Tip: Hören Sie »Kodo«, eine ungewöhnliche Trommelmusik aus Japan, die von mehreren Trommlern gespielt wird, und erleben Sie, wie ekstatisch und zugleich melodisch Trommelklänge sein können. Getreu der Devise, passives Hören von Musik schafft längst nicht soviel kreative Aufgeschlossenheit wie aktives Musizieren, mögen die Kodo-Trommler Sie inspirieren, etwas zu beginnen, das Sie zuvor vielleicht noch nie versuchten: in einer Gruppe mit anderen wild zu trommeln. Als fühle man den Herzschlag des Lebens tief in sich, gestalte ihn mit den eigenen Händen mit – das ist die Erfahrung dieses einmaligen Körpererlebnisses.

Freiraum 4: Plastisch gestalten und die Sinne wecken

»Schon als Kind hatte ich den Hang zum Formen und bildete aus allem, was sich biegen oder schnitzen ließ, kleine Figuren. Doch heute, wo ich mindestens einmal wöchentlich in eine Werkstatt gehe, um zu modellieren, weiß ich erst, was mir das bedeutet. Schöpfer zu sein, mit den Händen Gebilde zu erschaffen, in die man seine Phantasie hineinlegt, ist eine Wirklichkeitserfahrung, die es im Dasein eines Erwachsenen, der den lieben langen Tag über am Schreibtisch sitzt, kaum mehr anderswo gibt.« – Andrè M. (Journalist) zur Mitàrbeit in einem Hobbykreis von Keramikern.

Fehlt Ihnen angesichts überwiegender Geistesübungen im Beruf oft das Gefühl, mit den eigenen Händen etwas herzustellen? Leben Sie in dem Bewußtsein, ausschließlich intellektuelle Leistungen zu vollbringen, und wünschen Sie sich manchmal, daß von Ihrer Arbeit »anfaßbare« Ergebnisse übrigblieben? Die gestaltende Arbeit an einem Klumpen Ton oder anderen Materialien ist eine befriedigende Freizeittätigkeit, weil sie sinnesbetont ist. Durch Berühren, Kneten und Formen erfahren Sie ein angenehmes »Körper-Feedback«, und Ihre Persönlichkeit hat Platz, sich so zu entfalten, daß Sie sich phantasieanregend und zugleich »begreifend« mit ihr auseinandersetzen können.

Von dem Moment an, an dem Sie ein gleichsam unbeschriebenes Blatt waren, bis zu dieser Stunde, in der Sie nun mein Buch in Händen halten, sammelten Ihre Sinnesorgane fortwährend Eindrücke. Alles, was Sie je hörten, sahen, rochen, schmeckten und fühlten, ist in Ihnen registriert, stellt einen Teil dessen dar, wie Sie sind und sich verhalten. Besonders unser Tastsinn kann uns – durch Anfassen, Greifen, Tätscheln, Streicheln, Befühlen, Berühren, Durchkneten, Verformen – Sinnesreize liefern, die elementare Freuden in uns wachrufen. Denn Urerfahrungen werden in uns angesprochen, die mit dem Bedürfnis in Verbindung stehen, etwas zu schöpfen. Jeder trägt den Drang in sich, etwas aus sich heraus zustande zu bringen und zu formen. Jedes gelungene »Eigenwerk« verspricht uns tiefe Befriedigung. Und wo wäre die Zufriedenheit über das eigene Schöpfungsvermögen beispielhafter zu beobachten als beim Kleinkind, wenn es voller Selbstbewunderung über seinen allerersten Schöpfungsakt das »Häuflein« Ausscheidung durchkneten und darüber verzückt am liebsten alles damit beschmieren möchte. Da, wie gesagt, alle Sinneserfahrungen im Bewußtsein bleiben, so auch diese. Nur erinnern wir uns kaum mehr daran. Unser Körper aber weiß noch davon und bringt mit dem Gefühl, zu matschen und sich zu beschmutzen, jene attraktive frühkindliche Lusterfahrung in Verbindung, die er ebenso mit dem wohligen Gefühl beim Saugen, Gefüttert- oder Gestreicheltwerden assoziiert. Beim Umgang mit feuchter Tonerde, mit Gipsschlamm oder beim Bearbeiten von Holz, Stein oder Metall, kurz: beim freien plastischen Gestalten form- und veränderbarer Materialien, können Körpererlebnisse wieder in den Sinn kommen, die uns immer schon produktive Wohltat verhießen. De facto kann uns der Schöpfungsakt, ob keramisches Gestalten oder Bildhauerei, zu anregenden Gefühlsmomenten zurückführen, zu denen wir in der Alltagswelt leicht den Bezug verlieren. Er vermag Phantasie und Verstand, Herz und Hand miteinander zu verbinden.

Es folgen nun zwei Richtungen, denen Sie, je nach Vorliebe, folgen mögen. Beide entsprechen, wie Sie schnell merken werden, nicht der klassischen Auffassung von plastischem Gestalten, weil es mir wenig sinnvoll erschien, Ihnen etwas näherzubringen, das herkömmliche Kurse ohnedies anbieten. Aus diesem Grunde gebe ich wieder eine Auswahl individueller, ungewöhnlicher Einstiegsmöglichkeiten in diese schöpferische Materie, von denen allerdings jede nur ein Ziel verfolgt: das Fühlen zu intensivieren, unseren Formungswillen zu befriedigen.

a) Gestalten Sie Geschöpfe

Bestimmt kennen Sie die folgende Situation: Sie stehen in einem Museum vor einer Skulptur und hätten Lust, den glattpolierten Bronzetorso anzufassen, um den wohlgeformten Rundungen genußvoll nachzugehen, einfach weil es der Sensibilität der Handinnenflächen schmeichelt. Vertiefen Sie dieses Tastvergnügen, indem Sie selbst eine Figur zuwege bringen. Ich gebe zu, eine Marmorplastik oder eine Büste aus Steinguß ist kein Kinderspiel. Doch stehen dem interessierten Laien auch einfachere und leichter zugängliche Materialien, wie Holz, Wachsstein oder Gasbeton, zur Verfügung. Sie können Figuren aus Gipsbinden und Eisendraht bauen oder aus Metall zusammenschweißen. Und natürlich ist auch der Werkstoff Ton geeignet, Figürliches zu gestalten. Fragen Sie sich zuerst: »Welches Material zieht mich besonders an, welche Idee zu einer Kreatur würde ich gerne realisieren? Wie eigne ich mir das Grundwissen dafür an?« Anschließend sollten Sie Ihrem Geist absolute Bewegungsfreiheit lassen und sehen, was sich dabei ergibt. Bitte berücksichtigen Sie noch einmal: Es geht nicht darum, Wunderwerke hervorzubringen. Im Mittelpunkt sollen Ihre gelockerte Kreativität stehen und die natürliche Lust am Kneten und Verformen, Behauen, Bearbeiten und Bauen.

Wer oft in Sorge lebt oder unbestimmer Angst, stelle sich vor, welches Wesen Ruhe, Harmonie und innere Kraft symbolisiert. Hat man ein solches Wesen gefunden, beginnt man aus Ton oder Wachs eine Figur zu modellieren, beispielsweise einen dicken Buddha, der Gelassenheit und spirituelle Stärke versinnbildlicht, oder einen kleinen pausbäckigen Engel, der friedlich lächelt. Vertiefen Sie sich, während Sie die Gestalt mit den Fingern formen, ganz in ihre Wesentlichkeit und in das, was sie ausstrahlen soll. Ist sie fertiggestellt, versuchen Sie Ihre Plastik als ein Leitmodell anzunehmen, das immer, wenn Sie es anschauen, mithelfen kann, Sorgengedanken abzuschwächen.

Wer ein intensiveres Körperbewußtsein haben oder die Zweisamkeit in der Beziehung vertiefen möchte, lerne sich selbst und seinen Partner mit den Augen eines Bildhauers zu sehen. Erfahren Sie einander einmal als Skulptur, die modelliert wird, und erleben Sie eine höchst angenehme Körpererfahrung, die Ihnen zugleich als Sensibilisierungsübung für bildhauerisches Gestalten zugute kommt. Vollziehen läßt sie sich in zwei Schritten. Als ersten Schritt beschäftigen Sie sich mit dem eigenen Körper und mit dem Ihres Partners. Bemalen Sie einander von Kopf bis Fuß mit Fingerfarben, oder verwenden Sie ein gewöhnliches Hautöl und ertasten Sie die Anatomie Ihrer beiden Körper streichelnd und massierend. Genießen Sie es, berührt und bemalt zu werden, und gehen Sie unverkrampft miteinander um. Verfolgen Sie mit Spannung, wie wunderbar ein Körper zusammengesetzt ist, wo Muskelstränge liegen, welche Knochen unter der Haut zu spüren sind, wie die Formen ineinandergreifen. Beim zweiten Schritt setzen Sie diese Erfahrung um, indem Sie aus einem weichen Material, wie Speckstein, eine Aktstudie anfertigen. Ihr jüngst errungenes Anatomiewissen wird Ihnen dabei behilflich sein. Versuchen Sie, inspiriert von den Körperformen Ihres »Aktmodells« oder gar von einer Ihnen bekannten Skulptur, eventuell der Figur des florentinischen *David* von MICHELANGELO, Körperpartien herauszuarbeiten, die Sie besonders interessieren. So erschließen Sie sich auf kreative Weise die Ästhetik des Körperlichen. Ihr Blick für alles Wohlgestaltete und Formvollendete, das Ihnen im Licht des Alltags begegnet, wird geschärft, und auch das Verhältnis zum eigenen Körper wird um vieles freier.

Wer schutzbedürftig ist oder viel Verantwortung trägt, hole sich symbolischen Beistand. Bauen Sie sich einen »Türhüter« oder eine »Wächterfigur« aus porösem Gasbeton oder Pappmaché. Anregungen dafür liefern Ihnen zum Beispiel die Helden aus Mythen oder Märchen, und manche originelle Darstellung eines Gralshüters oder Samurais kann als Inspirationsquelle dienen. Ebenso mögen Ihre Träume voller Geschöpfe und Wesen sein, die es dafür zu entdecken gilt. Ob Sie dabei an liebevollen Schutz denken oder an kraftstrotzende Kampfbereitschaft, wichtig ist lediglich, was Sie mit dieser Gestalt in Gedanken assoziieren und daß Sie beim Formen einer solchen Statue Ihr emotionales Bedürfnis »handfest« zum Ausdruck bringen. Das Aufspüren von dem, was Ihnen Schutz oder Beistand bedeutet, das Schaffen einer Plastik, die all das für Sie symbolisiert, und vor allem das fertige Werk vermag Sie täglich zu ermahnen, sich nicht länger vom Alltagsdruck beherrschen zu lassen. Mit dem selbstgeschaffenen Fetisch Seite an Seite widerstehen Sie den Bürden des Alltags leichter.

b) Gestalten Sie Objekte

Bestimmt kennen Sie die Situation: Sie kommen aus dem Urlaub zurück, packen die Koffer aus und sichten jene Ausbeute kleiner Kostbarkeiten, die Sie unterwegs als Wanderer in den Bergen, bei Spaziergängen im Wald oder am Meeresufer fanden. Die Fundstücke sind schillernde Muscheln, knorrige Äste, originell geformte Steine, die wie Tiere aussehen, Federn, Moos, eine getrocknete Blume oder ein Bergkristall. Sie werden einen Moment lang zaudern und denken: »Wohin mit all dem Zeug?« Und kurz darauf entscheiden Sie sich womöglich dafür, die apartesten Objekte neben die Bücher ins Regal zu stellen, weil sie Ihnen etwas bedeuten – vielleicht sogar mehr als Souvenirs, die Sie kauften. Objekte und Gegenstände, an die wir selbst Hand anlegten – sei es, daß wir sie unterwegs fanden, oder sei es, daß wir sie eigenhändig herstellten –, belegen wir nicht selten auch mit einem ideellen Wert. Die Freude über ein Fundstück und die Zufriedenheit über ein gelungenes Werk haben etwas gemeinsam. In beiden Fällen sind wir unmittelbar beteiligt, geben einem Objekt durch die Gefühle und unsere Vorstellungen, die wir damit verbinden, einen Sinn.

Wer ein Erlebnis nicht begreifen kann, oder wer eine bittere Erfahrung nicht verwunden hat, suche nach sprachlichen Begriffen, welche die damit in Verbindung stehenden Gefühle präzisieren. Liebe und Haß, das Empfinden, innerlich »ausgehöhlt« oder »übervoll« zu sein, das Verlangen nach Harmonie oder danach, die »Mitte« in seinem Leben zu finden, all das läßt sich in ein Material legen und aus diesem in Form einer Plastik herausarbeiten. Entdecken Sie etwas vom tieferen Sinn Ihrer momentanen Gefühle, indem Sie versuchen, sie in die Masse frischen Tons hineinzukneten oder aus einem Holzstamm herauszusägen. Bringen Sie sie in eine in erster Linie für Sie selbst erkennbare Form, die Sie im wahrsten Sinne des Wortes »begreifen« können.

Wer die Freude an sinnlichen Genüssen verloren hat oder öfter zwanghaft ist, kehre zu Körpererfahrungen zurück, die die Kindheit bedeuten. Den Kontakt zu elementaren Empfindungen können Sie als Erwachsener wiederherzustellen versuchen, indem Sie mit knetbarer, breiiger Materie umgehen, etwa mit Erde, Lehm, Ton. Vielleicht sperren Sie sich gegen den Gedanken, schmutzig zu werden, ja ekeln sich sogar davor, mit Händen und Armen in etwas einzutauchen, das schmiert, klebt und sich unter den Fingernägeln festsetzt. Möglicherweise mag Sie die Berührung mit dem nassen und glitschigen Element dazu veranlassen, sich immer wieder die Hände zu waschen oder Schutzhandschuhe zu tragen. Sollte dem so sein, dann liegt die Vermutung nahe, daß Sie zu übertriebener Hygiene erzogen wurden oder Sie sich im Laufe der Zeit selbst eine allzu gestrenge Reinlichkeitsreglementierung auferlegt haben. Üben Sie daher, auch wenn es anfänglich schwerfällt, sich ab und zu schmutzig zu machen. Lernen Sie, Spaß daran zu haben. Lohnende Auswirkungen davon sind oft erheblich mehr Erdverbundenheit, weniger Zwanghaftigkeit und ein größeres Vergnügen an sinnenbetontem Genuß.

Wer bei Beginn geistiger Arbeit zu keiner Idee findet oder seine Gedanken nur schwer ordnen kann, betreibe ein kreatives Spiel mit Holz oder Stein, Farbe und Fundstücken. Bringen Sie sich, auch wenn es Zeit in Anspruch nimmt, auf andere Gedanken, denn Einfälle und gedankliche Überschau lassen sich nicht erzwingen. Ein kurzer Spaziergang, fort vom Schreibtisch, dorthin, wo Sie ein paar Steine, Holzstücke oder Metallteile sammeln können, kann eine erste Maßnahme zu gedanklicher Lockerung sein und ist zudem eine kleine Übung in bewußter Wahrnehmung. Spielen Sie mit den Fundsachen. Stellen Sie sie neu zusammen. Die unbekümmerte Beschäftigung mit der Umgestaltung von Materialien läßt den Kopf frei werden. Bekanntes ergibt einen neuen Sinn. Und mit einemmal kann sich überraschend eröffnen, um was Sie zuvor gedanklich gerungen haben.

Tip: Wenn Sie bildhauerische Objekte gestalten möchten, empfehle ich Ihnen, um das Material gut genug kennenzulernen, einen vorbereitenden Kursus. Ist Ihnen das Wesentliche vertraut, könnten Sie mit Gleichgesinnten eine kleine Werkstatt gründen. Eine Gruppe bietet Vorteile: Sie können sich das Material gemeinsam beschaffen und sich untereinander austauschen, in kommunikativer Atmosphäre bildnerisch wirken und Ihrem Lebensraum mehr Seele geben.

Freiraum 5: Tanzen und seinem Herzen Luft machen

»Eigentlich habe ich immer gerne getanzt. In jungen Jahren tanzte ich vor allem, wenn ich sauer war oder Liebeskummer hatte. Ich schloß mich dann in mein Zimmer ein, hörte laut Musik und bewegte mich dazu mit geschlossenen Augen. Das war für mich wie eine Therapie. Als Mensch mit einem Streßjob gehe ich immer noch tanzen, um mich abzureagieren. Das beste ist, daß ich mich beim Tanzen in meinem Körper wohltuend zu Hause fühle.« – Christiane Z. (Architektin) im Anschluß an ein Tanzprojekt.

Verlieren Sie bisweilen den Kontakt zu Ihrem Körpergefühl, weil Sie im Alltag wie eine Maschine funktionieren müssen? Hätten Sie Gefallen an dionysischem Körpererleben, durch das Sie die Fesselungen des Berufs- und Alltagslebens etwas lösen? Es ist kein Geheimnis, daß Tanzen sehr vergnüglich ist. Denn dabei dürfen wir ausgelassen sein, und es ist Ausdruck des Verlangens, Musik, die gefällt, nicht nur anzuhören, sondern Melodie und Rhythmus körperlich umzusetzen.

Tanzen . . . – das Wort weckt in manchem bestimmt die Erinnerung an beschwingte Stunden früheren Tanzunterrichts. Man denkt ans Schritte-Zählen und daran, aufzupassen, dem anderen nicht auf die Füße zu treten. Tanzen ... – das ist gewiß die »neueste und älteste Methode der Welt«, in beschwingter Gesellschaft miteinander in Stimmung zu kommen, Bewegung und Gefühl entspannt zu vereinen und sich eine Zeitlang von Alltagsgedanken zu befreien. Tanzen ... – das kann auch kreatives Selbsterleben bedeuten – durch die freie Bewegung im Raum, das Aufnehmen der Musik mit der gesamten Physis und das spontane Umformen in Körperausdruck und Körpergesten. Das erhebt den Tanz zu einem der elementarsten Mittel, Lebhaftigkeit und Lebensfreude auszudrücken, aber ebenso, um Melancholie und Seelenschmerz freizulassen. Selbst eingefleischte Nichttänzer lassen sich vielleicht dafür erwärmen. All denen, die sich für zu ungelenk halten, allen, die Hemmungen haben, sich auf öffentlichem Parkett zu bewegen und sich bei gesellschaftlichen Veranstaltungen am liebsten in die entfernteste Ecke zurückziehen, sei gesagt: Niemand ist auf öffentliche Möglichkeiten angewiesen. Auch allein im stillen Kämmerlein und mit geschlossenen Augen läßt sich tanzen. Denn gerade das freie Tanzen bedeutet mehr als bei manch anderer schöpferischer Betätigung, tief in das Reich der Sinne hinabzutauchen und mit einem reichen Schatz an sinnlichem Bewegungs- und Lebensgefühl in den Alltag zurückzukehren.

a) Tanzen Sie, als sähe niemand zu

Wenn Sie Gesellschaftstänze nicht mögen oder keinen Wert auf das Zeremoniell mit Tanzpartnern und »Darf ich bitten?« legen, wenn Sie das unbestimmte Gefühl haben, daß Ihre sinnlichen Bedürfnisse zu kurz kommen, weil Sie zuwenig Abwechslung erleben und die täglichen Situationen, Erledigungen, Bewegungen immer dieselben sind, so tanzen Sie. Tanzen Sie, als schöpferische Selbstmaßnahme, sich in diesem Ihrem Leben quicklebendig zu fühlen.

Wer viel Streß ertragen muß, wähle das Tanzen als Form der Streßbewältigung, besonders wenn für Freizeitaktivitäten nur wenig Raum bleibt. Eine Stunde intensiven Tanzens kann, wie eine Stunde Tennis, für den Körper sehr erholsam sein – und nach dem Tanzen schwingt auch die Seele wieder mit. Warum also nicht Streß und Druck in kürzester Zeit systematisch »abtanzen«? »Schütteln Sie sich!« lautet an dieser Stelle die Formel. Schütteltänze sind heilsam. Der Ort kann die Diskothek sein. Doch wer sich nicht vorstellen mag, bei schummriger Beleuchtung und dröhnender Musik nur den Körper sprechen zu lassen, zieht vielleicht eine Tanzwerkstatt vor. Sie geben sich einfach den Rhythmen und Schwingungen der Musik hin, springen, zappeln, schaukeln spontan, unkoordiniert und geleitet von den Gefühlen, die es abzuschütteln gilt. Wichtig ist, daß Sie das Chaos wilder Tanzbewegungen zulassen, denn daraus erwächst Ihre eigenste Kreativität, all das Aufgestaute, wie Aggression, Wut oder Frust, in Körperbewegungen umzumünzen und herauszupowern. Danach hängt nichts mehr so beschwerend an Ihnen, daß es Sie »hinunterziehen« kann, Sie fühlen sich erleichtert.

Wer aufgrund überreizter Nerven nachts nicht schlafen kann und von Sorgen oder leidvollen Erinnerungen geplagt wird, wähle das Tanzen als Mittel, sich zu beruhigen und dunkle Gedanken abzustellen – vor allem, wenn die Bereitschaft besteht, auch einmal ungewöhnlich zu handeln. Wenn Sie schon öfter erfahren haben, wie sehr eine gute Tagesform von erholsamem Schlaf und angenehmen Träumen abhängt, versuchen Sie es einmal mit dieser wunderbaren Art, sich zu bewegen. Daher frage ich: Warum sollten Sie sich zwanghaft herumwälzen oder Schlaftabletten einnehmen, wenn Sie bloß aufzustehen brauchen, um eine halbe Stunde zu tanzen? Testen Sie es! Gehen Sie ins Wohnzimmer, legen Sie sanfte Musik auf (hören Sie sie über die Kopfhörer Ihres Walkmans), und beginnen Sie langsam zu tanzen. Bewegen Sie sich ganz sachte nach der Musik, die, um es zu wiederholen, ruhig und entspannend sein sollte. Halten Sie Ihre Augen geschlossen, spüren Sie, wie die Musik in den Körper dringt, und summen Sie die Melodie leise mit. Der eigentliche Kernpunkt aber ist: Wiegen Sie sich hin und her. Wiegende Tanzbewegungen haben eine ähnlich beruhigende

Wirkung wie das behutsame Schaukeln, mit dem unsere Mütter uns beruhigten, als wir noch Kleinkinder waren. Darum tanzen Sie – mit weichen Wellenbewegungen der Arme, pendeln Sie mit Ihrem Oberkörper leicht von einer zur anderen Seite, und bewegen Sie sich intuitiv nach der Musik, tanzen Sie ganz frei im Raum. Nervosität und Anspannung legen sich, die quälenden Gedankenbilder lösen sich langsam auf, Sie können in Ihr Bett zurückkehren und friedlich einschlafen.

Wer glaubt, nie die Beherrschung verlieren zu dürfen, und Sehnsucht hat, sich einmal fallenlassen zu können, wähle das Tanzen als Programm, unverzichtbaren Bedürfnissen zu genügen. Wurden Sie dazu erzogen, Ihrer Umgebung nie eine Ihrer Schwächen zu offenbaren? Wurde Ihnen eingetrichtert: »Du bist als Mensch nur etwas wert, wenn du Leistung bringst und keine Fehler begehst«? Hinterfragen Sie einmal, warum man Ihnen solch »unmenschliche« Dinge vermittelte. Dies geschah wohl kaum, damit Sie sich wohl fühlten, sondern eher deshalb, damit Sie den Maximen anderer entsprachen – ohne Rücksicht darauf, wie Sie es seelisch aufnehmen. Wehren Sie sich daher gegen die Angst, von Ihren Mitmenschen nicht akzeptiert zu werden – auch wenn Sie Ihre »Deckung« fallenlassen, sind Sie ein wertvoller, liebenswerter Mensch.

Schieben Sie Zustände wie Ausgelassenheit, Aus-sich-Herausgehen, Verspieltsein nicht auf. Wenn Ihnen Ihr Umfeld das zur Zeit nicht geben kann, warum sollten Sie nicht einmal auf das Tanzen zurückgreifen? Tanzen Sie ohne Regeln, frei nach der Phantasie und aus dem Bauch heraus. Wenden Sie sich ganz Ihrem Körper zu, und nehmen Sie den Rhythmus voll in sich auf. Spüren Sie, wieviel Ekstase und Erotik in Ihre Bewegungen mit einfließen. Liefern Sie sich völlig diesen Gefühlen aus – mit dem Becken, mit den Beinen, mit dem ganzen Körper. Vergessen Sie dabei einmal all Ihre Kontrolle, und hören Sie nur auf den hämmernden Baß und die treibende Musik. Vergessen Sie die Welt um sich herum, und genießen Sie das fabelhafte Gefühl, entfesselt zu tanzen.

b) Tanzen Sie mit anderen Menschen
Wenn Sie nicht allein sein möchten und bereit sind, sich Zeit dafür zu nehmen, erleben Sie Körpergefühl, Phantasie und Disziplin mit anderen bewegungsfreudigen Menschen. Spüren Sie, daß Ihnen das Joggen im Park oder die Stunde Squash allein nicht genügen, um abzutauchen, und suchen Sie das ganzheitliche Freizeiterlebnis, so tanzen Sie einmal, noch einmal und immer öfter einmal!

Wer längere Zeit krank war und rekonvaleszent ist, kann tanzen, um den Heilungsprozeß zu unterstützen. Immer wieder kommt es vor, daß Menschen mit schweren Krankheiten durch regelmäßige Tanzübungen ihre Immunabwehr deutlich stärken. Manche haben sogar das Glück und tanzen sich gesund. Selbst berühmt gewordene Tanzgrößen, wie MAURICE BÉJART, der anfänglich mit dem Tanzen begann, um seine Rückgratverkrümmung zu behandeln, oder der in Kiew gebürtige WASLAW NIJINSKI, der durch den Tanz mehr oder weniger unbewußt das Ausbrechen seines krankhaften Wahns hinauszögerte, gehören dazu – um hier nur zwei Beispiele zu nennen. Sollte Sie dies dennoch nicht überzeugen, so denken Sie an einen Ausspruch des Volksmunds, der sagt: »Wenn ich zum Tanze geh, tut mir mein Bein nicht weh.« Neben dem gesundheitsfördernden Aspekt erhöht das Tanzen auch die Widerstandskraft gegenüber schädlichen Alltagseinflüssen. Deshalb: ein Hoch auf den Tanz!

Wer Ängste hat, die in manchen Momenten mit Schweißausbrüchen und Herzjagen einhergehen, und nicht darüber zu sprechen wagt, kann tanzen, um seine Angst abzuschwächen. Unser strapaziöser Alltag fordert von jedem einen Preis. Alles, was wir täglich, insbesondere im Beruf, erleben, hinterläßt seine Spuren! Vor allem Ärgernisse graben sich oft tief in uns ein und lassen sich nicht einfach abschütteln – mögen manche auch vorgeben, unbeteiligt zu bleiben. Doch Sie können Ihre Nöte in den Griff bekommen. Suchen Sie zunächst bewußt den Kontakt zu Ihren Gefühlen, und verdrängen Sie Ihre Ängste nicht länger. Das Tanzen kann Ihnen dabei helfen, da einige Formen nicht nur Vergnügen, sondern Körperarbeit bedeuten, bei der Sie sich schöpferisch selbst erfahren können. So lernen Sie etwa beim Steppen, Ihren Körper leicht zu machen, und dies vermag ebenso innere Schwere zu nehmen. Beim afrikanischen Tanz erleben Sie Rhythmus, Bodenständigkeit und das Gefühl des Verwurzeltseins. Beim Bauchtanz können Sie besonders als Frau Ihre Sinnlichkeit ausspielen und ein selbstbewußtes Körperverhalten erspüren. Beim Ausdruckstanz werden Sie dahin geführt, Ihre Sehnsüchte und Ängste kennenzulernen und in freien Bewegungen auszudrücken.

Wer zuwenig Zuwendung findet, Anerkennung oder Trost sucht und sein Bedürfnis danach nicht zu stillen weiß, kann tanzen, um die Bestätigung gefühlsverwandter Menschen zu erfahren und neues Selbstbewußtsein zu erringen. Leistungsdenken und Konkurrenzverhalten führen dazu, daß sensible Menschen sich emotional abkapseln, daß die Zahl alleinlebender Menschen steigt, die sich bewußt abschotten wollen, daß Probleme wie innere oder äußere Vereinsamung immer häufiger auftreten. Falls Sie das kennen, weil Sie es am eigenen Leibe erfahren, sollten Sie Ihr Empfinden eines Mangels an Verständnis, Aufmerksamkeit oder Lob nicht länger unterdrücken. Der Tanz ist sicherlich kein Ersatz für einen Menschen, aber er kann ein Weg sein, »gemeinsam« Ideen zu entwickeln, »gemeinsam« zu träumen und »gemeinsam« Lebensfreude zu erleben. Daher sollten Sie keinen Augenblick länger zögern und »miteinander« tanzen.

Vielleicht wählen Sie Tänze, die gerne in der Gruppe getanzt werden, wie die Folkloretänze, oder Tanzprojekte, in denen anstelle einer zu erlernenden Tanztechnik und perfekter Körperbeherrschung die Freude an der Bewegung, die eigene Kreativität und ein vertrauensvolles Für- und Miteinander im Vordergrund stehen. Hauptsache ist, Sie geben sich einen Ruck und entscheiden sich hinauszugehen in die Außenwelt, um mit Menschen zu tanzen, die wie Sie den grauen Alltag einmal hinter sich lassen wollen, etwas für sich tun möchten und den Wunsch haben, ihre Erfahrungen und Empfindungen auszutauschen. Zur Belohnung entwickeln Sie das wohltuende Gefühl, offen an der Welt teilzuhaben, interessante Menschen kennenzulernen und zu neuer Gestalt heranzuwachsen.

Erwecken Sie Ihre schlummernden Talente

»Die Phantasie
ist ein ewiger Frühling.«
FRIEDRICH VON SCHILLER

Nun, da ich Ihnen eine Auswahl möglicher Freiräume vorgeführt habe, in denen Sie je nach Muße und Gemütslage Ihre Kreativität wecken und fördern können, möchte ich noch einige Anmerkungen hinzufügen, die Sie beherzigen sollten. Mein Anliegen bei diesem Exkurs in die Welt schöpferischer Betätigungen war es, Ihnen unterschiedlich beschaffene Sprungbretter vorzulegen, mit deren Hilfe Sie Ihre Gefühle und Phantasie zum Ausdruck bringen können. Dadurch sollten Sie sich selbst erfahren, um abseits aller negativen Stimmungsmomente des Alltags glückliche Stunden zu verleben und herzerfrischende Ideen zu entwickeln.

Dank meiner eigenen, schon als Kind eher unbewußt geübten Fähigkeit, mir immer wieder etwas Neues auszudenken, habe ich früh gelernt, mir damit über manche trüben Tage hinwegzuhelfen. Trotzdem war mir lange Zeit nicht klar, wie sehr wir durch die eigene, in Gang gesetzte Kreativität unser Lebensgefühl mitzubestimmen vermögen und wie wir durch Ideen zum Schöpfer unseres persönlichen Schicksals werden. Heute bin ich fest davon überzeugt: Schöpferische Betätigung wirkt nach dem Prinzip des Schneeballsystems – in sämtliche Lebensbereiche hinein –, und ungeahnte Kräfte und Talente fördern sich plötzlich gegenseitig.

Finden Sie heraus, durch welche Methode Sie Ihre Talente zur Entfaltung bringen können. Nehmen Sie sich nach Feierabend oder am Wochenende etwas Zeit dazu, denn Ihre Talente brauchen Anregung und Aufmerksamkeit, Ihre Kreativität bedarf der Förderung. Möglicherweise haben Sie während der Lektüre dieses Kapitels schon eine Vorstellung davon entwikkelt, wie Sie es beginnen könnten. Vielleicht reizen Sie ja auch kreative Aktivitäten, die hier noch nicht genannt wurden, wie das Fotografieren, Video und Film oder das Schreiben. Was es auch sei, fangen Sie jetzt damit an. Die meisten schöpferischen Betätigungsfelder dienen Ihnen als Mittel, sich selbst zu erneuern, und führen auf Dauer zu einer erweiterten Lebensperspektive.

Wer einmal gelernt hat, sich in der Hektik unserer Tage eine kreative Oase einzurichten, entdeckt mit einemmal, auf welchen Luxus er bisher verzichtete – den Luxus in seinem Kopf. Und immer wenn ich Menschen begegne, die, obwohl sie alles besitzen, ständig unzufrieden und mißmutig sind, die in Routine zu ersticken drohen und ihrem Leben keinen Genuß abgewinnen und keine rechte Begeisterung mehr aufbringen können, denke ich an all das, was ihnen helfen könnte. Kreatives Denken und Handeln ist ein wichtiger, für viele Menschen sogar der einzige Schlüssel zu mehr Lebenszufriedenheit. Aus diesem Grunde sollten auch Sie sich diesen außergewöhnlichen Luxus erlauben. Durch ihn wird es möglich, sich zu befreien und die Talente zu erschließen, die nötig sind, um das Leben zu führen, das Sie leben möchten.

Hunderte von weiblichen und männlichen Teilnehmern haben in meinen Seminaren bei Rollenspielen und kreativitätsfördernden Trainings »aus sich selbst heraus« den ersten Anstoß in einen neue Denkrichtung erhalten und eigene Ideen entwickelt, wie sie ihr Leben interessanter gestalten könnten.

Seien Sie kreativ! Es bringt ungeheuren Spaß und bereitet Genuß. Nutzen Sie dazu jede sich bietende Gelegenheit. Sie werden überrascht sein, um wieviel mehr Sie den Augenblick zu genießen vermögen. Wie gesagt, die hier besprochenen Ansatzmöglichkeiten stellen nur eine Auswahl dar, um Ihnen einige Anregungen zu liefern. Werden Sie nun selbst aktiv, und lösen Sie sich von der Abhängigkeit dessen, was andere sich für Sie ausdenken. Seien Sie Ihr eigener Ideengeber – Gelegenheiten bieten sich viele: Lassen Sie Ihren Urlaub einmal nicht vom Reisebüro planen, überlegen Sie selbst, und geben Sie dem Zufall Raum – das ist kreativ. Kaufen Sie nicht immer alles, fertigen

Sie auch selbst etwas, entwerfen Sie zum Beispiel Ihre eigene Mode – das ist kreativ. Spielen Sie in Gedanken, etwa »Was wäre, wenn«, und stellen Sie sich vor, wie es wäre, in einer anderen Zeit gelebt zu haben. Über welche politischen Ideen hätte man gesprochen? Welche Fragen hätten Sie an JOHANN WOLFGANG VON GOETHE, LEONARDO DA VINCI, KATHARINA VON MEDICI, JEANNE D'ÀRC gerne gerichtet? Das ist kreativ. Mit seinen Kindern am Wochenende Puppentheater zu spielen oder ihnen Gutenachtgeschichten zu erzählen und sich dabei immer wieder etwas Neues auszudenken – das ist kreativ. Ein geistreiches Computerspiel zu »knacken« oder einem meist unschlagbaren Schachspieler zumindest die Dame abzunehmen – das ist kreativ. Seiner Ehefrau oder Lebensgefährtin anstatt Blumen zu schenken zuweilen ein kleines Gedicht zu schreiben – das ist kreativ. Das Kochen eines ausgefallenen Gerichts, das, als ideenreicher Gaumenschmaus, Ihre zum Abendessen geladenen Gäste nicht nur fürstlich verwöhnen soll, sondern zugleich allesamt verblüffen wird – das ist kreativ. Und so weiter . . .!

Rütteln Sie Ihre schlummernden Talente wach. Es lohnt sich. Sie müssen nur den Versuch starten. Ein noch so kleines Talent kann – durch kreatives Handeln zum Leben erweckt – zu einem Mittel werden, das sich einsetzen läßt, damit Sie besser leben. Nutzen Sie es – um Ihre freie Zeit, Ihre Ehe oder Partnerschaft phantasievoller und abwechslungsreicher zu gestalten. Nutzen Sie es – um interessante Menschen kennenzulernen und beim Umgang mit ihnen durch Originalität und Individualität aufzufallen. Nutzen Sie es – um im Geschäftsleben ungewöhnliche Methoden und neuartige Konzepte durchzusetzen oder gar Ihr liebstes Hobby zum Beruf werden zu lassen. Wenn Sie also ein Mensch sind, dem es eine Freude ist, das Besondere zu erleben, steht Ihnen eine Fundgrube an Ideen und eigenen Fähigkeiten dazu zur Verfügung.

DRITTER TEIL

Besser leben im Beruf

Lassen Sie sich nicht einschüchtern

Alle sprechen davon, jeder spürt es: Das Selbstbewußtsein der Wirtschaft ist angeschlagen. Der sichere Arbeitsplatz ist heute nicht mehr selbstverständlich. Die Prognosen malen zum Teil ein drastisches Bild von der Rezession. Tatsächlich sind Stellenabbau und Massenentlassungen in einigen Wirtschaftszweigen inzwischen an der Tagesordnung. Die Betroffenen sind schokkiert, enttäuscht und verstehen die Welt nicht mehr. Wo man hinsieht, werden Personalkosten gespart, wird »ökonomisiert«. Viele, die eine gutbezahlte Position innehaben, die als unersetzlich gilt, sorgen sich dennoch immer häufiger um die Zukunft. Unterschwellige Angst breitet sich aus: Was wird morgen sein?

Sie, liebe Leserinnen und Leser, stehen gewiß mit beiden Beinen auf dem Boden der Tatsachen. Sie sind verantwortungsbewußt Ihrem Lebensplan, Ihrem Partner, Ihrer Familie gegenüber und natürlicherweise der Meinung, es verdient zu haben, sich einen gewissen Lebensstandard leisten zu können. Und nun sehen Sie sich der Unsicherheit gegenüber und haben die Befürchtung, Einschränkung und Verzicht könnten auch Sie dort treffen, wo es schmerzt.

Ich möchte Sie davor warnen, sich von der allgemein verbreiteten Panikstimmung anstecken zu lassen. Ebenso falsch wäre es heute, die alles verdrängende Vogel-Strauß-Taktik anzuwenden, den »Kopf in den Sand zu stecken« und sich an die Vorstellung zu klammern: »Arbeitslos? Das betrifft doch nur die Leute mit unqualifizierter Ausbildung, mich nicht.«

In diesem Kapitel will ich mit Ihnen zum einen über die Realitäten unseres Berufsalltags sprechen. Ich möchte Ihnen offenlegen, auf welche Tücken Sie achten sollten, damit es Ihnen gelingt, die im Schnitt über zweitausend Arbeitsstunden im Jahr als sinnvoll verbrachte und willkommene Zeit anzusehen. Die Angst vor der Zukunft gehört zum Beispiel zu jenen Fallen, die man sich selbst stellt. Deshalb hüten Sie sich davor, sich selbst das Leben damit zu erschweren. Sie werden sehen, es geht auch anders.

Zum zweiten habe ich den Wunsch, daß Sie sich hier daran erinnern, was Sie sich schon zu Beginn dieses Buches vorgenommen haben: nämlich leichter, zufriedener und besser zu leben. Warum sollten Sie das so, wie in der Freizeit, nicht auf das tägliche Berufsleben übertragen? Möglichkeiten und Gelegenheiten dazu bestehen sicherlich mehr, als Sie sich im Augenblick vorzustellen vermögen. Überzeugen Sie sich davon, daß es trotz unsicherer Zeiten, steigender Lebenshaltungskosten und verstärktem Konkurrenzkampf sehr sinnvoll ist, über das, womit wir die besten Stunden des Tages verbringen, einmal in der Weise nachzudenken, daß insgesamt gesehen ein angenehmeres Lebensgefühl dabei entsteht. Schließlich ist auch die Arbeitszeit Ihre kostbare Lebenszeit.

So überstehen Sie Krisen besser – das Zehn-Punkte-Selbstprogramm

Gut, vielleicht denken Sie: »Ich bin froh, daß ich überhaupt Arbeit habe.« Oder Sie sagen sich: »Was soll ich mir in meiner Lage beziehungsweise in meinem Alter noch Gedanken machen? Druck von oben, Überstunden, Gängeleien seitens der Mitarbeiter oder der Vorgesetzten – das alles muß man eben heute in Kauf nehmen, um dabeizubleiben.«

Wo immer Sie gerade stehen: Wenn die Wirtschaftsflaute Sie einschüchtert, wenn Sie mit Ihrer Stelle unzufrieden sind oder damit, was Sie täglich wegen des bißchen Geldes dulden müssen, wenn Sie das Gefühl haben, daß mehr in Ihnen steckt, als man zur Zeit von Ihnen fordert, und Ihnen nur der Mut fehlt, woanders noch einmal neu anzufangen – vergeuden Sie Ihre Zeit nicht mit diffusen Befürchtungen. Verschenken Sie Ihre wichtigsten Jahre nicht an eine Arbeit, die Ihnen keine Freude bereitet, die zu einer lästigen Pflicht geworden ist, an die man Sonntag abends schon mit Schrecken erinnert wird. Sie können viel mehr zum Positiven hin verändern, als Sie meinen – auch und gerade in der heutigen Zeit, darum will ich es betonen.

Gott sei Dank hat Ihr Leben eine Ressource, die unerschöpflich ist und die Ihnen niemand nehmen kann: Ihren Geist. Verzichten Sie nicht länger auf die verändernde Kraft Ihrer möglichen Einsichten und Einfälle. Lernen Sie nur noch darauf zu setzen. Verlassen Sie sich nicht länger auf die rechtzeitige Vorsorge des Unternehmens, in dem Sie arbeiten, nicht auf Institutionen, auf Staat und Gesellschaft. Verlassen Sie sich ab heute auf sich selbst.

Hier erhalten Sie ein »Zehn-Punkte-Selbstprogramm« für das Verhalten in Krisenzeiten. Setzen Sie es ein, um der etwaigen Gefährdung Ihres Beschäftigungsverhältnisses vorzubeugen, oder um konkret handeln zu können, wenn Ihr Arbeitsplatz in Gefahr ist. Nutzen Sie es, um im Berufsleben unabhängiger zu werden, mehr zu erreichen und mehr das zu tun, was Ihnen

Spaß macht. Betrachten Sie es als Ihre persönliche Strategie, Krisen zu meistern, dabei Mensch zu bleiben und aus allem das Beste zu machen.

1. Entschließen Sie sich zur Aktivität

Warten Sie nicht, bis Entscheidungen von außen Ihnen keine Wahl mehr lassen. Denken Sie nicht: »Es hat ja doch alles keinen Zweck!« oder: »Was kann ich schon dagegen tun, die da oben machen mit uns ja doch, was sie wollen!« Denn dann degradieren Sie sich selbst zum Spielball anderer und laufen Gefahr, in Handlungsunfähigkeit zu verfallen. Nur wenn Sie all Ihren Mut zusammennehmen und sich von nun an darauf einstellen, sowohl gegen die eigene Unsicherheit als auch gegen die etwaige Gefährdung Ihres Arbeitsplatzes aktiv zu werden, überwinden Sie Ihre Besorgnis vor dem, was das Morgen bringt. Wählen Sie darum also nicht die Devise »Abwarten und Tee trinken«, sondern entscheiden Sie sich für das Motto »Ärmel aufkrempeln und bereit sein, alles zu tun, was möglich ist«. Erkennen Sie, daß man Unsicherheitsgefühle und Ängste am besten durch eine möglichst rasche Entscheidung zur Aktivität überwindet.

2. Halten Sie Augen und Ohren weit offen

Falls Sie sich bisher nie um dergleichen kümmern mußten, ändern Sie es, denn es ist heutzutage kein Fehler, wachsam und für den Fall der Fälle gerüstet zu sein. Informieren Sie sich und interessieren Sie sich für alles, was in Ihrer Firma vor sich geht. Sprechen Sie mehr mit Ihren Kollegen, Vorgesetzten oder mit Kunden – etwa darüber, welche Produkte Absatzprobleme haben, welche Unternehmenszweige kränkeln oder umstrukturiert werden sollen. Horchen Sie auf, wenn in Ihrem Bereich das große Sparen beginnt, beispielsweise das nötige Arbeitsmaterial drastisch reduziert oder die freie Wahl der betrieblichen Fortbildung gestrichen wird. Loten Sie genau aus, wieweit gesetzliche Festlegungen, wie Tarifverträge, Kündigungsfristen, Übergangsregelungen, Abfindungsvereinbarungen und so weiter, Sie schützen, und seien Sie stets »in der Sache« auf dem laufenden. Mit dem Scharfblick für erste Anzeichen und einem guten Hintergrundwissen besitzen Sie den Vorteil, vorzeitig agieren und Ihren weiteren beruflichen Werdegang ein gutes Stück selbst mitbestimmen zu können.

3. Setzen Sie sich für ein positives Kollegenklima ein
Negativer Umgang miteinander in Form von Sticheleien, Reibereien oder einer Atmosphäre, in der einer den anderen auszustechen versucht, kann Sie und Ihre Kollegen nicht nur belasten, sondern auch Ihren Arbeitsplatz gefährden. Zeigen Sie bei Besprechungen, beim Treffen in der Kantine und in der Zusammenarbeit, daß Sie ein Mensch sind, der Lebensart besitzt. Führen Sie zum Beispiel das Einmaleins guter Manieren vor, auch dann, wenn Meinungsverschiedenheiten heiß diskutiert werden und andere ihrem Verhalten nach nur wenig Kultur zum Ausdruck bringen. Dadurch lösen Sie Lernprozesse aus, und andere Kollegen werden versuchen, es Ihnen gleichzutun. Sorgen Sie auf diese Weise dafür, daß Sie morgens gerne zur Arbeit aufbrechen – und ohne das auf die Dauer unerträgliche Gefühl, sich gegen die anderen innerlich wappnen zu müssen. Vor allem können Sie auf diese Weise zum Fortbestand Ihres Arbeitsplatzes beitragen. Denn als ein Team mit positivem Klima bilden Sie gegenüber der Unternehmensführung eine starke Gemeinschaft, weil kein vernünftig denkender Vorgesetzter dafür plädieren wird, eine gut funktionierende Gruppe von Mitarbeitern auseinanderzureißen. Teams hingegen, die Machtkämpfe austragen und oft Ärger verursachen, sabotieren sich selbst und sind auf Dauer nicht tragbar.

4. Am Anfang steht die Selbstmotivation
Führen Sie wie ein Sportler, der etwas erreichen will, das Programm »Totale Mobilmachung« durch. Auch wenn es hart klingen mag: Verdeutlichen Sie sich, daß wir mit bloßem Bejammern der Zustände nie an das Ziel unserer Wünsche gelangen, sondern nur die Aussicht darauf schüren, am Ende auf der Ver-

liererseite zu stehen, erst recht im beruflichen Bereich. Fördern Sie daher gerade jetzt Ihr Selbstbewußtsein ein wenig mehr als sonst. Steigern Sie es, indem Sie »Selbstmotivation« betreiben und sich täglich aufsagen, was Sie können.

Gehen Sie noch weiter: Malen Sie sich aus, wie (außer dem Traum, überhaupt nicht mehr arbeiten zu müssen) Ihre Zufriedenheit im Beruf sich erhöhen ließe. Sagen Sie beispielsweise zu sich: »Ich bin flexibel, und ich kann, wenn es sein muß, auch in einer anderen Abteilung oder in einem ganz anderen Bereich arbeiten – vielleicht sogar mit mehr Befriedigung oder besseren Aufstiegsmöglichkeiten als gegenwärtig.« Seien Sie in Ihren Gedanken nicht zu bescheiden, denn damit machen Sie sich selbst nur klein und schwach und vor allem abhängig von den äußeren Umständen und den Launen der Konjunktur. Nein, werden Sie innerlich groß und stark. Glauben Sie an sich und daran, daß Sie hier und heute neue berufliche Ziele verfolgen können.

Gehen Sie in Ihrer Vorstellung so weit zu sagen: »Wenn es sein muß, kann ich auch etwas ganz Neues für mich erfinden und selbständig arbeiten – denn das ist es doch, was ich immer schon wollte.«

Bauen Sie sich mit gedanklichen Selbstgesprächen auf. Sagen Sie zu sich: »Du schaffst das!«, »Du weißt, was in dir steckt«, oder »Du spürst, was du beruflich noch alles erreichen kannst«, und treten Sie, auch gegenüber Ihren Vorgesetzten, nicht zu kleinlaut, sondern selbstbewußt auf. So entwickeln Sie Kräfte und bekommen eine positive Einstellung zu sich selbst, so wirken Sie überzeugender und vermitteln zugleich Ihren Vorgesetzten, daß Sie wissen, was Sie wert sind.

5. Werden Sie unentbehrlich

Wenn Sie Ihren Beruf lieben und Ihre Position nicht missen wollen, weil Sie sie gerne ausfüllen, so schaffen Sie sich ein stabileres Fundament. Das bedeutet, daß die Zeiten vorbei sind, in denen man pünktlich zum Feierabend alles stehen und liegen ließ, um nach Hause zu eilen. Denn ohne zusätzlichen Einsatz ist es nicht zu schaffen. Nehmen Sie sich ein Wochenende lang

Zeit, um in Ruhe zu überlegen, wie und wo Sie sich weiter spezialisieren könnten, und welche Kräfte Ihre Firma heute und in Zukunft unbedingt braucht. Vielleicht fällt Ihnen dazu ein, Ihre Fremdsprachenkenntnisse in einem Intensivkurs zu vervollständigen oder an einer weiteren Computerschulung teilzunehmen, um in den allerneuesten Arbeitsprogrammen firm zu sein. Möglicherweise hat es Sie immer schon gereizt, Führungsaufgaben zu übernehmen und mehr Verantwortung zu tragen – jetzt ist der Zeitpunkt dafür, etwas zu unternehmen, Engagement zu zeigen und auf sich hinzuweisen.

Ergreifen Sie jede sich bietende Chance, Ihr Wissen zu vergrößern, Ihre Fähigkeiten zu verbessern, um sich für Spezialistenarbeit zu qualifizieren. Sie werden zunehmend schwerer zu ersetzen sein.

6. So knüpfen Sie Beziehungen zu anderen Firmen

Auch wenn dort, wo Sie zur Zeit beschäftigt sind, keine Auswirkungen wirtschaftlicher Talfahrt absehbar sind, bauen Sie frühzeitig lockere Kontakte zu anderen Firmen auf. Sehen Sie es als »Präventivmaßnahme« an, häufiger zu Tagungen zu fahren, Vorträge und Seminare zu besuchen und bei jeder Gelegenheit mit Vertretern anderer Unternehmen ein Wort zu wechseln, zwanglos und ohne sich anzubiedern. Seien Sie einfach nur freundlich, und gehen Sie offen auf die Leute zu – auch dann, wenn es sich um die Angestellten des gefürchteten Konkurrenzunternehmens handelt.

Betrachten Sie es als Sport, Menschen kennenzulernen, denn schließlich sind Sie auch im Berufsleben ein Lebenskünstler, der da keine Unterschiede kennt, der einfach menschlich ist. Nutzen Sie ein gemeinsames Essen oder den letzten Drink abends an der Hotelbar zum Austausch mit anderen, um ein bißchen Spaß zu haben und zu lachen. Ganz nebenbei kann sich Ihnen manch wissenswerter Branchenaspekt eröffnen. Sie vermögen Ihren momentanen »Marktwert« herauszufinden und berufliche Veränderungsmöglichkeiten in Gedanken durchzuspielen, die Ihnen sonst vielleicht nicht eingefallen wären. Hauptsache ist,

Sie bauen Kontakte auf und Sie haben die Telefonnummern verschiedener Ansprechpartner aus anderen Firmen in Ihrem Notizbuch. Denn eines liegt auf der Hand: Falls es einmal dazu kommen sollte, daß Ihr Arbeitsplatz in Gefahr gerät, so brauchen Sie die daraus folgende demütigende Prozedur nicht erst über sich ergehen zu lassen.

Sie wissen es: Der Wechsel zu einem neuen Arbeitgeber ist viel leichter zu vollziehen und bringt mehr Vorteile für den, der seine feste Stelle noch hat, als für den, der bereits offiziell fallengelassen wurde.

7. Lernen Sie, Kritik zu verwerten

Natürlich kann es äußerst unangenehm sein, von anderen auf seine Fehler hingewiesen zu werden. Wie leicht ist man gekränkt, und wie schnell glaubt man sich dagegen verteidigen zu müssen! Haben Sie sich allerdings dafür entschieden, im Beruf erfolgreich zu sein und trotz Krisenzeiten Ihren Weg zu gehen, sollten Sie hier versuchen umzudenken. Füttern Sie Ihr Bewußtsein mit der »Selbstbotschaft«, daß jede Kritik insgeheim eine Chance ist, seine Fähigkeiten zu verbessern. Wehren Sie sich also nicht gleich gegen Verbesserungsvorschläge und Einwände seitens derer, die Ihre Arbeit beurteilen. Ändern Sie diese Art der Reaktion. Zeigen Sie, daß Sie eine Persönlichkeit sind und für Ihre Arbeit die Verantwortung übernehmen. Bleiben Sie stets sachlich und gelassen, unabhängig davon, wie Vorgesetzte oder Mitarbeiter ihre Kritik Ihnen gegenüber äußern. Versuchen Sie bereits in der Situation des Gesprächs für sich selbst genau zu überprüfen, ob nicht etwas Wahres daran sein könnte, und stellen Sie den Fehler am besten heute noch ab. Üben Sie sich darin, zu sich selbst hundertprozentig ehrlich zu sein. Denken Sie daran: Selbstlügen führen Sie beruflich in die Sackgasse, weil Sie dadurch angreifbar werden, und genau das sollten Sie bei flauer Beschäftigungslage vermeiden. Als Faustregel gilt daher: »Positiv ist alles, was meine Position festigt – auch die negative Rückmeldung der anderen.«

8. Durch neue Ziele fordern Sie sich selbst heraus

Ruhen Sie sich nicht darauf aus, ein Projekt erfolgreich durchgeführt, einen Auftrag zur Zufriedenheit erledigt oder wichtige geschäftliche Verhandlungen mit Bravour zum Abschluß gebracht zu haben. Freuen Sie sich darüber, feiern Sie Ihren Erfolg gebührlich, sehen Sie zu, daß auch die Unternehmensspitze davon erfährt, doch lassen Sie nicht aus den Augen, daß morgen wieder ein anderer Tag ist.

An diesem Tag sollten Sie Ihren Erfolg noch einmal genau analysieren: Was war Zufall daran, was gelang nur aufgrund der Ihnen eigenen Vorgangsweise, was läßt sich beim nächsten Mal verbessern? Sprechen Sie mit vertrauten Personen darüber, oder schreiben Sie Ihre Gedanken Schritt für Schritt auf. Gehen Sie dabei vor wie ein Tennisprofi nach dem gewonnenen Match, der darum weiß, daß man nach einem Sieg verführt ist, sich zu sicher zu fühlen. Versuchen Sie genau das zu vermeiden. Achten Sie jetzt darauf, daß Sie nicht übermütig und damit leicht nachlässig werden. Sie wissen: Im Augenblick ist es nicht ungefährlich, sich Fehlgriffe zu leisten. Bewahren Sie sich davor, indem Sie nach einer Phase gründlicher Selbstkritik beginnen, neue Ziele anzuvisieren. Suchen Sie die nächste Herausforderung, und sprechen Sie mit Ihrem Vorgesetzten darüber. Erhalten Sie »grünes Licht«, so gehen Sie gleich daran, neue Strategien zu entwickeln. Beweisen Sie sich und Ihrem Arbeitgeber, daß Sie schon wieder nach vorn schauen und in der Lage sind, sich ständig wechselnden Verhältnissen und Aufgaben anzupassen. Sie haben einen doppelten Vorteil: Durch diesen Umgang mit sich selbst erhöhen Sie nicht allein die Chancen, in einem sich wandelnden Unternehmen dabeizubleiben, sondern auch die Voraussetzungen, es im Beruf zu Spitzenleistungen zu bringen.

9. Programmieren Sie sich darauf, zu überleben

Stellen Sie sich innerlich darauf ein, daß eine wirtschaftliche Talfahrt ebenso Folgen für Ihren Berufszweig haben könnte – selbst wenn es Ihnen zum momentanen Zeitpunkt abwegig erscheinen mag. Nehmen Sie sich aber vor Gedanken in acht wie

»Ich kann meine Berufserfahrung nur auf dem Platz zu Geld machen, auf dem ich gerade sitze. Kündigt man mich, so stehe ich auf der Straße.« Hüten Sie sich vor allem vor »Killerphrasen« wie »Ich habe doch noch nie etwas anderes ausgeübt!« oder »Das funktioniert nicht, das brauche ich gar nicht erst zu versuchen!«.

Kultivieren Sie dagegen Gedanken wie »Ich kann hier und heute woanders hingehen, vielleicht werde ich dort weniger Geld verdienen, dafür aber unter Umständen freier oder selbständiger arbeiten«. Machen Sie sich bitte klar: Jeder Mensch kann seine bisherigen Berufserfahrungen auf einem anderen Arbeitsgebiet nutzbringend einsetzen, wenn er dies will, eine klare Zielvorstellung vor Augen hat und nicht resigniert. Sie dürfen nur nie denken: »Das ist das Ende.« Und Sie sollten versuchen, einen unerschütterlichen Glauben an sich selbst zu entwickeln. Vielleicht tröstet es Sie zu wissen, daß viele berühmt gewordene Erfolgsmenschen weder durch großzügige Kredite noch hervorragende Beziehungen berufliches Glück erlangten, sondern in erster Linie durch eine einzige Gabe: den festen, ja naiv anmutenden Glauben daran, es zu schaffen. Deshalb programmieren auch Sie sich darauf, daß Niederlagen Sie nicht unterkriegen können. So bauen Sie mehr auf sich selbst. Nur wenn Sie einen »Dickschädel« dafür entwickeln, alles Machbare – und wenn es sein muß, sogar das vermeintlich »Unmögliche« – zu versuchen, bleiben Sie auf dem richtigen Kurs.

10. Krisen sind wie »saure Äpfel«

Keinem schmeckt sie, jeder fürchtet sie – die Krise. Trotzdem wissen wir im Grunde alle, daß Talfahrten im Beruf, wie die Krisen im Privaten, zum Leben dazugehören. Deshalb gehen Sie jeglicher Selbsttäuschung aus dem Weg, und erproben Sie die Flucht nach vorn. Lösen Sie sich von dem Denkansatz, alles bleibe immer, wie es ist. Sehen Sie es einmal als ein Naturprinzip, daß alles, was uns in diesem Leben begegnet, Veränderungen unterworfen ist. Die Konjunktur und Wirtschaftslage stellt keine Ausnahme dar. Der Punkt ist nur, daß wir uns allzu gerne an das gewöhnen, was wir haben, und nicht im Traum daran denken, daß es anders kommen könnte. Orientieren Sie sich daher neu. Vergeuden Sie nicht zuviel Energie damit, sich über die zu ärgern, die Sie in den »Schlamassel« hineingezogen haben. Begreifen Sie, daß Krisen Ihnen nur eine Möglichkeit lassen, nämlich sie zu akzeptieren, wenn sie schon mal da sind. Das bringt Sie gleich ein großes Stück weiter, vielleicht nicht in Geldbeträgen ablesbar, aber als Mensch. Versuchen Sie daher, das Beste für sich daraus zu gewinnen, und betrachten Sie Ihre Lage immer aus verschiedenen Perspektiven. Bei unterschiedlicher Sichtweise läßt sich sogar den Schwierigkeiten eine positive Seite abgewinnen. Denn mit jedem Problem, sei es auch noch so folgenschwer, geht eine Chance einher, etwas für unser Leben zu begreifen, das wir zuvor in den geregelten Bahnen des Alltagstrotts sicherlich nie erkannt hätten.

Ob Sie nun eine Wirtschaftsflaute oder eine persönliche Krise erleben, sagen Sie zu sich: »Mit Gelassenheit und mit einem guten Schuß Humor findet sich irgendwie immer ein Weg.« Trösten Sie sich damit, daß Sie am Ende klüger sind. Nehmen Sie sich vor, mit diesem Bewußtsein etwas optimistischer in die Zukunft zu schauen, und begreifen Sie Ihr Leben – auch Ihr Berufsleben – als einen fortwährenden Entwicklungsprozeß, bei dem Hindernisse und ein Auf und Ab dazugehören. Betrachten Sie Krisen als saure Äpfel, in die wir hineinbeißen müssen, ob wir wollen oder nicht. Das Positive aber ist: Sie versorgen uns mit dem Vitamin, das uns in Bewegung bringt. Und plötzlich haben wir Mut, etwas zu wagen, das wir tags zuvor noch für unmöglich gehalten hätten und durch das wir zu einem neuen Menschen werden.

Wie Sie aus Ihrem Berufsalltag das Beste machen

Haben Sie sich schon einmal hingesetzt, um alle Vor- und Nachteile aufzulisten, die Ihr Beruf so mit sich bringt? Sie sagen, das hätten Sie noch nie getan? Dann möchte ich Sie ohne Umschweife dazu anregen, sich ein Blatt Papier vorzunehmen, um einen kurzen Selbsttest durchzuführen. Nehmen Sie die Mühe auf sich zu überlegen: Welche sind die positiven Seiten an meinem derzeitigen Beruf, und was ist daran negativ? Was bringt mir besonders viel Spaß, und worin sehe ich keinen Sinn? Wodurch erfahre ich Selbstbestätigung, und was belastet nur noch? Sie werden sehen, ein Test wie dieser ist ein erster Schritt herauszufinden, welche offenen und verdeckten Faktoren die Zufriedenheit und Unzufriedenheit am Arbeitsplatz beeinflussen oder inwieweit private Gründe zu Lust oder Unlust am Beruf beitragen.

Betrachten wir das Ergebnis. Sollten Ihnen ebenso viele Pluspunkte wie Minuspunkte eingefallen sein, so erfahren Sie anschließend, wie Sie mit einfachen Maßnahmen Ihrem Berufsalltag mehr Sinn verleihen. Ist Ihre Für-und-Wider-Liste aber so ausgefallen, daß die stimmungsverderbenden Negativaspekte überwiegen, womöglich sogar zwei oder drei Seiten in Anspruch nehmen, und Ihnen an Vorteilen nur die Bezahlung in Erinnerung kam, liegt die Vermutung nahe, daß ein Wechsel in ein anderes Unternehmen günstig für Sie wäre. Unter Umständen sollten Sie sogar den »Sprung ins kalte Wasser« wagen und etwas ganz Neues beginnen, eine Aufgabe, in der Sie wirklich glücklich sein können.

Aktuell geht es darum, wie Sie dann, wenn Sie sich beruflich nicht verändern können oder wollen, aus Ihrer Tätigkeit das Beste machen – und zwar täglich und so, daß Sie mehr das Gefühl haben, Arbeit und Leben greifen harmonisch ineinander. Denn Sie haben längst erkannt: Hier ist nicht die Rede davon, wie Sie mehr Geld verdienen und leistungsfähiger arbeiten können. Wesentlich ist vielmehr, was Sie allein aus sich heraus beitragen können, um sich an Ihrem gegenwärtigen Arbeitsplatz wohler und besser aufgehoben zu fühlen.

Die folgenden fünf Punkte enthalten geeignete »Nischen«, die es Ihnen ermöglichen, Ihre Arbeit so zu erledigen, daß Sie den Berufsalltag angenehmer erleben. Lassen Sie es einfach auf einen Versuch ankommen, und beobachten Sie, ob Ihnen der Tag in Firma und Büro nicht wesentlich freundlicher erscheint, wenn Sie ihm mit einer positiven Einstellung begegnen. Seien Sie auch am Arbeitsplatz Gestalter Ihres Lebens, und versuchen Sie, lebensmunter zu sein, und jede Stunde, die Sie dort verbringen, wird so annehmbarer und wertvoller.

1. Wer gibt, erhält auch etwas zurück

Begucken Sie sich einmal die vielen mürrischen Pförtner oder Beamten, die muffigen Kunden und sauertöpfischen Kollegen, die zickigen Sekretärinnen und launenhaften Vorgesetzten, die Sie im Laufe Ihrer Berufsjahre kennenlernten. Betrachten Sie all diese scheinbar lebensunlustigen Menschen als ein abschreckendes Beispiel dafür, wie man sich selbst und seiner Umwelt den Tag verleiden kann. Denken Sie wiederholt an das, worüber wir bereits zu Anfang gesprochen haben: Wir sind fähig, aus uns selbst heraus, viel dazuzutun, uns von den Mängeln unseres Lebens zu kurieren und uns innerlich zu befreien – wenn wir erkennen, daß nur das Leben zählt und die »kleinen Dinge« in Wahrheit mit zu den großen Erfahrungen gehören. Dieses Lebensprogramm ist konsequenterweise ebenso auf die Stunden im Betrieb anzuwenden. Deshalb praktizieren Sie es während der vielen »kleinen« Momente eines gewöhnlichen Arbeitstags, und finden Sie zu einer inneren Haltung, die Sie freundlich, liebenswürdig und anderen Menschen gegenüber aufgeschlossen sein läßt. Vielleicht fallen Ihnen hierfür einige Beispiele ein: der Tankwart, der immer gutgelaunt und hilfsbereit ist, die Straßenbahnfahrerin, die Montag früh über Lautsprecher allen eine schöne Woche wünscht, ein Kneipenwirt, bei dem sich alle aussprechen, weil er sich für jeden Zeit nimmt und ein aufmunterndes Wort parat hat.

Wenn Sie sich darin üben, menschlicher mit anderen umzugehen, überall dort etwas Nettigkeit und Aufmerksamkeit zeigen, wo Mensch dem Menschen begegnet, kann selbst eine wenig anspruchsvolle Tätigkeit gleich mehr Freude bereiten. Sie werden viel lieber zur Arbeit gehen als vorher, wenn Sie öfter erleben, daß hier und da ein Lächeln zurückkommt, daß Menschen mit einer kleinen Dankesgeste reagieren oder sich ein lockeres Gespräch entwickelt. Jede zur Routine gewordene Beschäftigung können Sie hierdurch wieder aufwerten und spannend machen. Setzen Sie auf Ihre Bereitschaft zu geben, und erleben Sie die positive Rückwirkung. Entscheidend daran ist, daß Ihre eigene Stimmung sich hebt, die Atmosphäre durch Ihren Beitrag insgesamt erfreulicher wird und Sie Ihr Pensum um ein Vielfaches frohgemuter erledigen als zu Zeiten, als Ihnen das noch nicht bewußt war.

2. Kollegialität ist ein Halteseil

Freilich, Kollegen kommen und gehen, manche sind sympathisch, andere unsympathisch. Gleichwohl können Sie dafür sorgen, den Kontakt zueinander angenehmer zu gestalten. Begreifen Sie sich daher nicht länger als Opfer, wenn der Beruf, mit dem Sie Ihre Brötchen verdienen, nicht Ihrer wahren Berufung entspricht. Versuchen Sie, das Verhältnis zu Ihren Kolleginnen und Kollegen zu verbessern, und erkennen Sie, daß sich damit manches berufliche Sinndefizit ausgleichen läßt. Zeigen Sie Initiative! Tragen Sie dazu bei, daß Ihr Team, Ihre Abteilung, Ihre Arbeitskollegen zusammenstehen. Verschließen Sie nicht Augen und Ohren, wenn Ungerechtigkeiten vorkommen, regen Sie das klärende Gespräch an. Organisieren Sie Besprechungen, um dem positiven Umgang miteinander Tür und Tor zu öffnen.

Zugegebenermaßen ist das mit etwas Mühe verbunden, denn nicht alle sind der gleichen Auffassung. Trotzdem lohnt es sich. Dafür spricht eine Reihe von Statistiken. Sie zeigen, daß sich im

Wahlfall von hundert Angestellten etwa achtzig Frauen und Männer eher für eine Stellung entscheiden würden, in der sie mit netten Kollegen zusammen sind, als für Spitzenpositionen mit schnellen Aufstiegschancen, aber unangenehmen, rücksichtslosen Mitstreitern. Gute Kollegen sind laut Befragung für die meisten wie ein Netz, in dem man aufgefangen wird, und ein Seil, an dem man sich festhalten kann, etwa an Tagen, an denen man seiner Arbeit nicht gerne nachgeht, weil die körperliche oder emotionale Befindlichkeit auf dem Tiefpunkt angelangt ist.

Fragen Sie sich daher: »Wieviel Berufslust oder Berufsfrust ist an die Beziehung zu meinen Kollegen geknüpft?« Überprüfen Sie Ihre Einstellung – warten Sie in der Regel darauf, daß die anderen eine herzliche Atmosphäre initiieren, oder leisten auch Sie gelegentlich einen Beitrag dazu? Finden Sie heraus, wie Sie und Ihre Kollegen den Umgang miteinander noch ein wenig verschönern können. Regen Sie zum Beispiel einen Jour fixe an, um über Verschiedenes sprechen zu können – denn Kommunikation ist das A und O jeder Beziehung. Werden Sie nicht gleich ungeduldig oder ungehalten, wenn ein Mitarbeiter seinen Part zu erfüllen vergaß, sondern nehmen Sie es mit Humor, damit entschärfen Sie die Situation. Klopfen Sie einander bei Erfolgen auf die Schultern, und bejubeln Sie das Gelingen mit einem Gläschen Sekt oder einem gemeinsamen Essen – das schmiedet zusammen. Rufen Sie einander an, um zu erfahren, wie eine Angelegenheit verlaufen ist und um zu prüfen, ob ein Kollege ein wenig seelischen Beistand gebrauchen kann – so fühlt niemand sich alleingelassen, sondern mitgetragen. Unterschreiben Sie die obligatorische Postkarte aus dem Urlaub mit ein paar persönlichen Worten und witzigen Fußnoten – das zeugt von Stil und vermittelt, daß einem die Kollegen als Menschen etwas bedeuten. Gehen Sie mit gutem Beispiel voran, wenn Neue ihren ersten Tag haben, und geben Sie sich Mühe, die zukünftigen Mitarbeiter respektvoll miteinzubeziehen – auf diese Weise setzen Sie ein Zeichen für den gewünschten Kontakt zueinander. Beschreiten Sie jeden erdenklichen Weg, der dazu führen kann, daß die Chemie untereinander stimmt, und heben Sie Ihren Beruf so auf eine andere Ebene. Als besonderer Vorzug mildert sich dadurch das verhaßte und gefürchtete »Montagmorgen-Syndrom«, weil Sie wissen, daß nette Kollegen auf Sie warten.

3. Gut zu sein schafft Befriedigung

Wenn Ihnen Ihr Beruf kaum Berührungspunkte mit Kunden und Kollegen bietet oder Sie diesem Kontakt ohnehin nichts abgewinnen, gehen Sie bewußt den Weg nach innen, und ziehen Sie sich auf die Sache zurück. Gern wird übersehen, daß Unlust und Enttäuschung im Beruf oft zur Ursache haben, daß man sich innerlich bereits von seinem Arbeitsplatz verabschiedete, weil das Sich-identifizieren-Können verlorenging. Sollte Ihnen dieses Gefühl bekannt erscheinen, verdeutlichen Sie sich, daß nur des Geldes wegen zu arbeiten die innere Abstumpfung begünstigt. Überlegen Sie daher, wie Sie Ihrem Beruf wieder mehr abgewinnen können. Schaffen Sie sich einen für Sie sinnvollen Ausgleich zu den unangenehmen Seiten Ihrer Tätigkeit – etwas, von dem Sie überzeugt sind. In jedem Tätigkeitsbereich kann irgendwo ein Bereich verborgen liegen, in dem man gut, vielleicht sogar der Beste sein möchte. Diesen Bereich zu finden und Ihre Konzentration darauf auszurichten, hat zur Folge, daß Sie Ihren Beruf insgesamt wieder mit mehr Elan und mehr Freude ausfüllen, weil Sie Nachteiliges in den Hintergrund rücken. Begeben Sie sich gezielt auf die Suche. Ein paar Anhaltspunkte mögen Ihnen helfen, fündig zu werden.

Gesetzt den Fall, Sie stellen etwas mit Ihren Händen her. Finden Sie etwas daran, das geeignet wäre, alles dort hineinzulegen, was für Sie persönlich Bedeutung hat – wie ein Bäcker, der von natürlicher Ernährung überzeugt ist und deshalb das Brot nur noch ohne chemische Zusätze bäckt. Trotz des leidigen frühen Aufstehens und des harten Konkurrenzkampfs gegen Fabrikwaren bleibt ihm nach getaner Tat das befriedigende Gefühl, etwas hergestellt zu haben, das er als rein und gesund bezeichnen kann.

Nehmen wir an, Sie gestalten. Entdecken Sie die Materie neu, in der Sie Ihr kreativ-sensitives Potential am besten einbringen können – wie eine Floristin, der es wichtig ist, ihre Blumensträuße und Gestecke mit Liebe zusammenzustellen. Obschon das tägliche Stehen sehr anstrengt und die Finger zerschunden sind, läßt jedes Blumenarrangement, an dem ihr Auge sich erfreuen kann, das angenehme Empfinden zurück, etwas ästhetisch Vollkommenes vollbracht zu haben.

Nehmen wir an, Sie leisten geistige Arbeit. Denken Sie innerlich an die Aufgaben, die Ihr Berufsethos fordern und in die Sie Ihre persönliche Auffassung einfließen lassen können – wie ein Jurist, der sich beim Stichwort »Moral« dafür entschieden hat, kleine Betrügereien zu übersehen und sich dafür um so stärker gegen menschenverachtende Praktiken oder Umweltsünden einzusetzen. Wenngleich diese Arbeit nur kleine Erfolge beschert und das Engagement oft ungenügend honoriert wird, so gibt es ihm die Beruhigung, sich selbst und seinen sozialen oder ethischen Grundsätzen treu geblieben zu sein.

Berücksichtigen Sie, daß kaum ein Beruf hundertprozentige Befriedigung verschafft – achtzig Prozent Spaß und zwanzig Prozent Ärger sind der Idealfall. Verkennen Sie aber Ihre Fähigkeiten nicht, sich dem zu nähern, was wünschenswert wäre. Versuchen Sie, sich einem Teil Ihres Berufes stärker verbunden zu fühlen, so vergrößern Sie den »Spaßanteil«.

4. Starkes Selbstgefühl fördert den Antrieb

Sicher kennen Sie das: An Tagen, an denen Sie zu Hause Ärger hatten, können Sie sich im Betrieb schlechter konzentrieren, begehen eher Fehler und sind angreifbar. Und gewiß haben Sie auch das Gegenteil festgestellt: Tage, an denen Sie privat sehr glücklich sind, umhüllen Sie im Beruf wie mit einem Mantel aus Selbstsicherheit. Sie lösen Konflikte leichter, weil Sie großzügiger sind, Sie erledigen selbst ungeliebte Aufgaben schneller und oft besser, weil Ihr Privatleben Sie stützt. Arbeitsleben und privates Leben stehen in einer ständigen Wechselbeziehung. Wer in der Lage ist, im privaten Bereich sein Selbstgefühl zu stärken, ist im Berufsleben belastbarer, nimmt alles etwas leichter und geht nicht zuletzt motivierter an die Arbeiten heran, die er sonst wie einen schweren Block vor sich hergeschoben hätte.

Achten Sie darauf, sich nicht allein über das, was Sie beruflich darstellen, zu definieren. Dies unterläuft denen allzuleicht, die allein leben und ihren Beruf zum einzigen Regulativ erheben. Ohne einen Gegenpol, das heißt, ohne zu wissen, daß man auch ohne den Job jemand ist, besitzen sie – und das ist der Nachteil daran – keinerlei inneres Unterstützungsgefüge. Als Folge davon läßt der Ärger am Arbeitsplatz sich selbst in der Freizeit kaum mehr abbauen. Hier gilt es zu lernen, das Selbst privat zu kultivieren. Das Harmonisieren von Körper, Seele und Geist, das Zelebrieren und kreative Betätigung sind, wie bereits ausgeführt, dazu wohl geeignet.

Außerdem vermögen Meditation und Yoga, autogenes Training und Autosuggestion zur Unterstützung des Selbstgefühls beizutragen. Oder man stärkt sich durch gedankliche Selbstgespräche, in denen man wiederholt die Vorteile am eigenen Beruf und das Positive im Leben aufzählt. Formeln wie »Ich habe eine wunderbare Familie!«, »Mein Leben ist schön!« oder »Wie gut, daß ich gesund bin!« sind prädestiniert dafür, einen Beruf, von dem man sich vielleicht mehr versprochen hatte, mit mehr Antrieb auszuüben. Lernen Sie, sich selbst öfter auf die Schulter zu klopfen und alle möglichen Vorteile vor sich aufzubauen. So festigen Sie Ihr Selbstgefühl und verschaffen sich selbst innere Freude. Dadurch können Sie selbst dann, wenn im Büro einmal »dicke Luft« herrscht oder Sie sehr belastet sind, noch sagen: »Es kommt immer darauf an, was ich selbst daraus mache.«

5. Kleinigkeiten spielen eine große Rolle

Fragen Sie sich, was Ihnen im Berufsalltag am meisten Sorgen bereitet. Ist es, daß Sie sich überfordert fühlen oder daß Sie zuwenig gefordert werden? Sind es die Umstände, die Sie in Kauf nehmen müssen, etwa die lange Fahrt zur Arbeitsstelle, oder sind es häufige Konflikte, beispielsweise mit den Vorgesetzten oder einzelnen Mitarbeitern? Spielen Ängste mit, zum Beispiel die Furcht, den Erwartungen nicht zu entsprechen, oder meinen Sie, nicht angemessen bezahlt zu werden? Was es auch sei, übersehen Sie nicht, daß Sie die Fähigkeiten haben, auch Negativfaktoren durch Ihre innere Haltung zu »beseelen«. Stellen Sie fest, welche dies sein könnten. Ob Sie in Handel oder Industrie, in Handwerksbetrieben oder im öffentlichen Dienst tätig sind – jeder Arbeitsplatz bietet dazu ein gewisses Maß an Möglichkeiten. Diese gilt es zu erkennen und auszuschöpfen, damit man die Lust an seiner Stellung nicht verliert.

Erste Anregung: Gestalten Sie Ihre Umgebung. Der Platz, an dem Sie viele Stunden lang sitzen und arbeiten, sollte immer ein Stück Ihrer Persönlichkeit widerspiegeln. Verbreiten Sie, soweit möglich, eine Atmosphäre um sich, in der Sie sich wiedererkennen können. Lockern Sie ein steriles Büroklima durch persönliche Gegenstände auf. Einfache Kleinigkeiten, wie ein Maskottchen, das Ihnen etwas bedeutet, auf dem Schreibtisch, Ihre Lieblingsblumen, Ihr Lieblingsbild an der Wand oder das Blechspielzeug auf dem Rollschrank vermitteln Ihnen ein Stück private Geborgenheit. Oder Sie heften sich einen bunten Zettel an den Monitor oder die Schreibtischlampe, auf dem »Piano, piano . . .« oder ähnliches geschrieben steht, damit Sie sich jederzeit bewußt sind: »Immer mit der Ruhe, bloß nicht aufregen, ich will meinem Vorsatz, besser zu leben, heute treu bleiben.« So reduzieren Sie Ärger und Streß und haben weniger das Gefühl, den Problemen der Arbeitswelt ausgeliefert zu sein. Denn persönliche Objekte geben Ihnen Schutz und vermitteln das Gefühl: »Das ist doch alles nicht so schlimm.«

Zweite Anregung: Tragen Sie Kleidung, die Ihre Stimmung hebt. Die Kleidung nimmt Einfluß darauf, ob Sie sich in Ihrer Haut wohl fühlen. Achten Sie also darauf, möglichst nur das anzuziehen, was Ihnen ein angenehmes Gefühl verleiht und Ihren Charakter zum Ausdruck bringt, damit Sie ihn nicht acht Stunden lang krampfhaft versteckt halten. Es kann die fröhliche Fliege am Hemdkragen sein oder das ausgesuchte Attribut an Kleid oder Kostüm, mit dem Sie, je nach Tagesform, einmal verspielt und einmal vernünftig auftreten. Überlegen Sie, wie Sie von anderen gesehen werden möchten und welche Stilrichtung für Sie jenes Lebensgefühl ausdrückt, in dem Sie sich den ganzen Tag über bewegen wollen.

Dritte Anregung: Pflegen Sie den guten Stil. Verwischen Sie die Grenze zwischen Beruf und Privatem, indem Sie am Arbeitsplatz innerhalb des vorhandenen Spielraums dasselbe leben, was auch zu Hause Ihrer kultivierten Einstellung entspricht. Sorgen Sie für eine lebensfrohe Atmosphäre, bringen Sie ein wenig Optimismus und Originalität in den Berufsalltag. Dazu können tausend Dinge gehören, zum Beispiel der Humor, mit dem Sie Ihre Kollegen anstecken, wie freundlich Sie die Menschen begrüßen und wie sozial Sie mit denen umgehen, die bei Ihnen hereinschauen, ob Sie bei einem Gespräch Ihrem Gegenüber eine Tasse Tee, Kuchen oder Bonbons anbieten. Sie werden sehen, Aufmerksamkeit kommt überall gut an, und es senkt die eigene Anfälligkeit für berufliche Ärgernisse. Ermutigen Sie sich und Ihre Umwelt, das Leben als etwas Ganzes zu betrachten und als etwas, das wir zuweilen ebenfalls während der Arbeitszeit öfter feiern sollten. Dann bereitet die berufliche Tätigkeit wieder mehr Vergnügen, und mit jedem neuen Arbeitstag lernen Sie, ein wenig bewußter und innerlich reicher zu leben. Dadurch wird selbst eine Tätigkeit, die nicht allzuviel Freude bringt, aufgewertet. Denn Sie wissen: Guter Stil ist eine Nische, die mein Leben verschönert – auch während der Arbeitszeit.

Kommunikation oder: Wie Sie im Berufsleben erfolgreich mit Menschen umgehen

Um es gleich zu sagen: Erfolgreicher Umgang mit Menschen bedeutet, gut mit anderen auszukommen, einander besser zu verstehen und Konsens anstelle von Mißverständnissen herzustellen. Im Berufsleben gilt es als besonderer Vorzug, mit Gesprächspartnern richtig umgehen zu können. Denn wie leicht läßt die Atmosphäre eines Gesprächs sich durch richtiges Verhalten positiv beeinflussen. Und wie schnell entstehen Problemsituationen, über die wir uns im nachhinein ärgern und die uns womöglich nachts den Schlaf rauben, weil man aneinander vorbeigeredet hat oder weil es nicht gelang, den anderen zu überzeugen, und die Unterhaltung negativ ausfiel.

Etwas mehr Wissen darum, wie Sie besser kommunizieren können, ist daher nützlich. Da Sie in diesem Buch schon viel darüber gelesen haben, wie Sie die Lebenskunst zu Ihrem Lebensprogramm erheben können, dürfen wir nicht darauf verzichten, die Kunst, mit Menschen umzugehen, einzubeziehen. Gerade im Berufsalltag kommt es nicht selten auf die Beherrschung beider Künste an. Denn Ihr Leben findet auch dann statt, wenn Sie sich mit unfreundlichen Leuten und schwierigen Charakteren beschäftigen.

Genaugenommen verbringen Sie in der Regel mehr Zeit mit den Leuten in Büro und Betrieb als zu Hause mit Partner oder Familie. Beunruhigt Sie diese Rechnung? Dann ist es ein Grund mehr, wie ich finde, berufliche Notwendigkeit verstärkt zur Tugend umzuformen. Gestalten Sie Ihr Verhältnis zu den Menschen in der Firma, wann immer es geht, positiv. Eine entspannte Beziehung zu den Mitmenschen ist nicht minder eine Voraussetzung dafür, sich als Lebenskünstler zu empfinden.

Als ein Mensch »mit Lebensart« haben Sie eine viel größere Palette an Möglichkeiten, auf schwierige Personen und Konflikte am Arbeitsplatz konstruktiv zu reagieren, als ein Mensch ohne eine derartige Fähigkeit, die den wahren Lebenskünstler auszeichnet.

Begegnen Sie den lieben und weniger lieben Kolleginnen und Kollegen, den angenehmen und weniger angenehmen Vorgesetzten und all den anderen »bunten Paradiesvögeln«, die im Berufsleben täglich Ihren Weg kreuzen, mit der festen Bereitschaft zu erfreulicher Kommunikation. Und Sie werden erleben, wie Sie, freundlich eingestimmt und mit wohlbedachtem Verhalten, Ihre Gespräche von nun an erfolgreicher führen und immer öfter imstande sind, Ihre beruflichen Zielsetzungen unverkrampfter zu verfolgen. Sie können spüren, wie ersprießlich sich diese Betrachtungs- und Verhaltensweise, »lebensfroher zu kommunizieren«, auf alle Ihre Aktivitäten auswirkt.

So bewahren Sie sich vor unfairen Tricks am Arbeitsplatz

Der größte Fehler ist der, zu glauben, weil gutbezahlte Stellen knapper werden, sei jedes Mittel recht, sich im Betrieb »durchzuboxen«. Wer so denkt, schafft sich im Beruf Feinde und schadet sich selbst ebenso damit, da er sein positives Lebensgefühl abbaut. Sicherlich stimmen Sie mir zu, daß unfaire Methoden am Arbeitsplatz – wie sich auf den Kleinkrieg gegen Kollegen einzuschwören, Gerüchte in die Welt zu setzen, weil man einen Mitarbeiter nicht leiden mag, oder, noch schlimmer, denjenigen so lange gezielt zu schikanieren, bis dieser von selbst das Weite sucht – nicht nur unfein, sondern auch unwürdig sind.

Unabhängig davon, wie einige Ihrer Kolleginnen und Kollegen sich im Zuge anwachsenden Konkurrenzverhaltens dazu stellen mögen: Setzen Sie auf Fairneß. Werten Sie unfaire Tricks und »Mobbing« am Arbeitsplatz lediglich als einen sicheren Weg, sich selbst herabzuwürdigen. Auch wenn Sie in Ihrer Firma listige Schreibtischtäter kennen, halten Sie sich stets vor Augen, daß diese Menschen durch ihre Handlungsweise eigentlich zu bemitleiden sind, wissen sie doch nur allzu wenig darüber, was im Leben wirklich zählt.

Falls aber eines Tages jemand gegen Sie intrigieren sollte, lassen Sie sich nicht »anpöbeln«. Schlagen Sie aber nicht mit den gleichen Mitteln zurück, denn das ist, wie gesagt, unter Ihrem Niveau. Schließlich steht Ihnen in jeder Beziehung das bessere Konzept zur Verfügung, sich vor Hinterhältigkeiten zu bewahren, und das heißt, Vertraute zu haben. Es ist sicherlich überflüssig zu bemerken, daß Sie sich als Arbeitnehmer in einer Firma nur dann Vertraute schaffen, wenn Sie dafür bekannt sind, daß Sie sich immer fair verhalten und menschlich mit den Leuten umgehen. Trotzdem, so meine ich, müssen Sie einige Maßnahmen ergreifen, um sich bereits im Vorfeld gegen Gemeinheiten am Arbeitsplatz zu schützen und sich gegen mögliche Angriffe lebensunfroher Zeitgenossen wehren zu können.

Sagen Sie »Nein, danke!« zu abfälligen Reden

Lassen Sie sich nicht auf Gespräche ein, in denen Kollegen zum Opfer gemacht werden, die sich nicht verteidigen können. Halten Sie sich von Mitarbeitern fern, die »vornherum« verbindlich tun, »hintenherum« aber über jeden lästern, der eben den Raum verließ. Sollte der Umgang mit ihnen unvermeidlich sein, weil Sie vielleicht im selben Zimmer arbeiten, verdeutlichen Sie, daß Sie es ablehnen, über Dritte abfällig zu reden. Hemmen Sie negative Äußerungen wie »Haben Sie schon gehört, daß Frau Müller dauernd fehlerhafte Berichte schreibt?« durch verbale Blockaden wie »Ach ja? Dann sollten wir beide morgen früh mit Frau Müller einmal darüber sprechen!«. Mit Antworten, bei denen Sie signalisieren, einen Sachverhalt öffentlich klären zu wollen, zeigen Sie herumkrittelnden Kollegen, daß Sie für Lästerei der falsche Ansprechpartner sind.

Achten Sie auch darauf, daß Sie nicht dazu benutzt werden, Gerüchte zu nähren. Lehnen Sie es unmißverständlich ab, über persönliche Schwächen und private Probleme von Nichtanwesenden zu reden. Nicht selten verfolgen diejenigen, die abwegige

Behauptungen über Kollegen in Umlauf bringen, lediglich die Strategie, noch einen »Hilfssheriff« zu gewinnen, der sich daran beteiligt, einen Schwächeren von dem Platz zu verdrängen, den sie selbst gerne übernehmen wollen. Meiden Sie deshalb »Gerüchteköche« und »Ehrgeizlinge«, die ständig nach den Fehlern der anderen suchen. Stärken Sie, als Gegenmaßnahme, jenen den Rücken, die sich korrekt verhalten – auch wenn es nicht die Besten ihres Fachs sein sollten. Denken Sie immer daran: Wer sein Ohr für fruchtloses Geschwätz mißbrauchen läßt, hat bald kein Auge mehr für die schönen Momente des Tages.

Lancieren Sie Informationsfluß und Meinungsaustausch
Strenggenommen ist es die Aufgabe von Führungskräften. Setzen Sie sich aber trotzdem dafür ein, daß Sachinformationen nicht willkürlich an einige wenige Personen weitergeleitet werden, sondern an alle, die ein Recht darauf haben. Erkennen Sie, daß ein Zustand, in dem einige Kollegen gar nicht, andere dafür aber etwas mehr informiert sind, das gegenseitige Mißtrauen entfachen kann. Mißtrauen gefährdet ein gutes Betriebsklima, denn auf die Dauer vergiftet es das Verhältnis der Kollegen zueinander. Treten Sie dem entgegen. Entziehen Sie dem Nährboden für Spekulationen die Nährstoffe, indem Sie sich beispielhaft dafür einsetzen, daß alle ein Protokoll erhalten, die einer Sitzung nicht beiwohnen konnten, daß jeder die aktuellen Branchennachrichten zu lesen bekommt (auch wenn es seine Abteilung kaum betrifft) oder daß die Hilfskraft ebenfalls die Urlaubskarte vom Kollegen Meier sehen und lesen darf. Niemand sollte das Gefühl erhalten, unwichtig zu sein oder übergangen zu werden.

Eng mit der Information verknüpft ist der Dialog. Verwenden Sie sich dafür, daß Sie mit Ihren Kollegen Diskussionen führen und Meinungen austauschen können. Wenn Sie sich dazu in der Lage fühlen, moderieren Sie Gespräche mit kontroversen Standpunkten. Versuchen Sie Streitgespräche und Konflikte in jedem Fall offen, möglichst höflich und ohne persönlich zu werden auszutragen. Mag es zunächst auch unangenehm sein, vieles läßt sich jedoch durch eine Aussprache klären. Und Kollegen, die sich untereinander auszusprechen vermögen, können ohne einander etwas nachzutragen miteinander im Berufsalltag auskommen.

Reagieren Sie nicht kleinlich

Zeigen Sie sich hilfsbereit, wenn Sie von Kolleginnen oder Kollegen um Hilfe gebeten werden und helfen können. Jeder hat irgendwann ein Problem, das sich nur mit tatkräftiger Unterstützung der anderen lösen läßt.

Immer wieder zeigt sich, daß Neid der größte Feind allen Gemeinschaftsdenkens ist. Gönnen Sie anderen ihren Erfolg. Erziehen Sie sich dazu, nicht eifersüchtig zu sein. Denken Sie daran, daß negatives Denken ein Hemmschuh ist, der im Beruf den eigenen Erfolg behindern kann. Sollte Ihnen beispielsweise eine höhere Position in Aussicht gestellt sein, oder wechseln Sie zu einer neuen Firmenniederlassung über, bei der Sie als Konkurrent zu anderen Mitarbeitern auftreten, so verschreiben Sie sich der Fairneß. Lassen Sie sich nicht täuschen – Kollegen mit unaufrichtiger Handlungsweise kommen, wenn sie Glück haben, temporär zu erfolgreichen Ergebnissen, doch langfristig schaffen sie sich überall Feinde. Verfahren Sie im Umgang mit Mitstreitern stets nach dem Prinzip der Aufrichtigkeit, das wirkt in der Regel entwaffnend. Damit lebt es sich viel besser, als täglich mit geheimniskrämerischen Strategien herumzulaufen, und es schafft Raum für Begegnungen auf kollegialer Ebene. Hüten Sie sich trotz aller Ehrenhaftigkeit aber davor, in die Nähe der Pedanterie zu geraten. Denn »Erbsenzähler« sind in keinem Unternehmen gelitten. Zeigen Sie Ihren guten Willen, indem Sie Nachsicht üben, wenn Kollegen mal zu spät kommen, Akten verbummeln oder im Eifer etwas Unangebrachtes sagen, das aber ohne böse Absicht geschieht. Treten Sie in solchen Momenten nicht auf, als seien Sie selbst über jeden Fehler erhaben. Stellen Sie sich darauf ein: Wer in der Zusammenarbeit ansprechbar und nachsichtig ist, kann die eigene Rolle im Betrieb dadurch vorteilhaft mitbestimmen und trägt auch im Berufsleben zu einem menschenfreundlichen Verhältnis zueinander bei.

Stellen Sie Intriganten zur Rede

Sollten Sie trotz fachlicher Qualifikation und bester Absichten beim Umgang mit Kollegen in eine Situation geraten, in der »Stimmung gegen Sie gemacht« wird – lassen Sie es nicht zu. Wenn Sie, gesetzt den Fall, erfahren, daß ein Mitarbeiter hinter Ihrem Rücken schamlos Reden über Sie führt, wenn Sie plötzlich von einem Teil der Kollegen gemieden werden oder Ihre Arbeit sabotiert wird, so reagieren Sie.

Erster Schritt: Decken Sie zunächst auf, welcher Ihrer Kollegen ursächlicher Drahtzieher ist, und sprechen Sie die Person offen darauf an. Nicht gut ist es, dieses Gespräch unter vier Augen in der Firma zu führen, passender ist zum Beispiel eine Gaststätte. Bleiben Sie während der Unterredung höflich, aber direkt. Fordern Sie den Betreffenden auf, Ihnen ins Gesicht zu sagen, welches Problem er mit Ihnen habe beziehungsweise was denn an Ihrer Arbeit nicht in Ordnung sei. Argumentieren Sie sachlich und versuchen Sie zu einem Ergebnis zu kommen, durch das die Angelegenheit sich klärt und Sie ein für allemal Ihr Revier abstecken. Menschen, die gewohntermaßen aus dem Hinterhalt agitieren, werden Sie auf diese Weise sicherlich beikommen. Bei Kolleginnen oder Kollegen, die ein privates Gespräch ablehnen, sollten Sie zur nächsten Maßnahme übergehen.

Zweiter Schritt: Sorgen Sie dafür, daß die Angelegenheit öffentlich diskutiert wird. Am erfolgversprechendsten ist eine Besprechung, bei der möglichst viele Kollegen sowie der maßgebliche Intrigant anwesend sein sollten. Seien Sie wiederum bereit, das Ärgernis durch die offene Aussprache in Luft aufzulösen. Stellt sich aber heraus, daß weder verletzte Eitelkeit noch ein Mißverständnis die Ursache ist, sondern Taktik dahintersteht, verlassen Sie den Raum nicht ohne die Warnung, bei Fortsetzung der Schikane Ihren Chef darüber in Kenntnis zu setzen. Steigert sich der Kleinkrieg dennoch, sollten Sie ohne zu zögern Ihren Vorgesetzten einschalten.

Dritter Schritt: Tragen Sie Ihrem Vorgesetzten den Streit, gut formuliert, schriftlich oder mündlich vor. Begründen Sie, daß Ihre Motivation und Leistungsfähigkeit darunter leidet, und bitten Sie um eine Schlichtung auf Führungsebene. Wenn Sie, wider Erwarten, keine Unterstützung erhalten, spricht das entweder für die Unfähigkeit des Vorgesetzten, oder es besteht Grund zur Annahme, daß unternehmerisches Kalkül dahintersteht. In diesem letzten Falle rate ich Ihnen, sich ernsthaft zu fragen: »Lohnt es sich noch, in dieser Firma zu arbeiten?« Wenn die Antwort »ja« lautet, so stellen sich weitere Überlegungen: »Bin ich bereit, mich auf ein Kräftemessen mit Mitarbeitern beziehungsweise Vorgesetzten einzulassen? Will ich mich einem offenkundigen Intrigenspiel aussetzen, bis ich Gefahr laufe, vor Ärger Magengeschwüre zu bekommen – oder besteht vielleicht doch die Möglichkeit, mich bei einem anderen Unternehmen zu bewerben?« Entscheiden Sie selbst, bedenken Sie aber, daß Sie es auch in Zeiten eines Rezessionsknicks nicht hinnehmen müssen, Ihre kostbare Gesundheit aufs Spiel zu setzen. Denken Sie gezielt darüber nach, wie Sie Ihre Arbeitskraft anderswo besser verkaufen können. Halten Sie es mit dem Lebensmotto der Bremer Stadtmusikanten: »Etwas Besseres als den Tod werden wir überall finden.« Lassen Sie in Ihre Überlegungen folgende Gedanken einfließen: Wer sich am Arbeitsplatz mittels konstruktiver Gespräche gegen Intriganten zu wehren weiß, ist im Vorteil – doch wem unfaire Tricks das Leben erschweren, der kann immer noch dorthin gehen, wo Fairneß und positives Verhalten erwünscht sind.

So meistern Sie den Umgang mit schwierigen Charakteren

»Wenn du einen guten Menschen siehst, versuche, seinem Beispiel zu folgen; und wenn du einen schlechten Menschen siehst, vergewissere dich, daß du nicht seine Fehler hast.«
KONFUZIUS

Um erfolgreich mit Menschen zu kommunizieren, reichen guter Wille allein, kultivierte Umgangsformen und ein freundlicher Umgangston nicht aus. Ein gerüttelt Maß an Menschenkenntnis gehört zweifellos ebenfalls dazu. Frauen und Männer, die außer fachlicher Kompetenz über ein Wissen verfügen, mit dem Menschen – ihre speziellen Eigenarten und ihre möglichen Beweggründe für Verhaltensweisen – sich besser einschätzen lassen, sind im Beruf nachweislich erfolgreicher und zufriedener.

Jeder Dialog mit mühevollen Kollegen und jede Verhandlung mit spitzfindigen Geschäftspartnern gelangt zu einem annehmbaren Ergebnis, wenn Sie die Fähigkeit haben, schwierige Charaktere im Vorfeld zu erkennen, und das Handwerk beherrschen, mit ihnen umzugehen.

Diejenigen unter Ihnen, die im Team arbeiten, die eventuell selbst für eine Gruppe von Mitarbeitern verantwortlich sind, oder die täglich mit Kunden oder Klienten zusammentreffen, wissen, wie sehr nörgelnde, rechthaberische oder unaufrichtige Personen das Arbeitsklima belasten. Fördern Sie das Miteinanderauskommen also durch ein geschicktes Kommunikationsverhalten. Dahinter steht nicht die Aufforderung, Menschen zu manipulieren oder etwa zu versuchen, sie zu ändern, sondern rechtzeitig durch ein kluges, teilweise ausgleichendes Verhalten so auf sie einzuwirken, daß die Kommunikation konstruktiv verläuft und nicht in uneffizientem Hickhack endet.

In Zeiten, in denen die Beratung zu einem wichtigen Dienstleistungsfaktor geworden ist und Kommunikation das Funktionieren eines jeden Betriebes gewährleistet, setzen kleine und große Unternehmen immer mehr auf die kommunikativen Fähigkeiten ihrer Mitarbeiter. Mitarbeiter hingegen, die dazu neigen, die Harmonie der Kollegen zu gefährden, weil sie die Spielregeln der Kommunikation zuwenig oder gar nicht beachten, erschweren die Zusammenarbeit im Team und entwickeln sich für alle zu einem ernstzunehmenden Streßfaktor. Werden Sie daher fähig, sich gegenüber problematischen Menschen so zu verhalten, daß Sie sich nicht als Betroffener fühlen.

Kommunikative Kompetenz bedeutet einen enormen Spielvorteil. Nutzen Sie diesen Vorteil, indem Sie sich anhand des nachfolgenden Kataloges einige schwierige Leute näher ansehen. Bestimmt werden Sie den einen oder anderen der geschilderten Charaktere in ähnlicher Form in Ihrem beruflichen Umfeld entdecken. Vielleicht merken Sie auch, daß Sie selbst manchmal unter bestimmten Voraussetzungen in der gleichen Weise auftreten. Werten Sie das nicht als einen Makel. Denn wer fähig ist, eigene Schwächen zu erkennen, durchschaut die der Mitmenschen um so eher und kann ein »mea culpa« äußern, noch bevor Mißstimmung entsteht. Ich drücke Ihnen jedenfalls fest die Daumen, daß es Ihnen zukünftig möglichst oft gelingt, mit schwierigen Personen ebenfalls problemlos zusammenzuarbeiten, Sie sich keinen Tag länger über deren Verhalten ärgern und es Sie nie wieder traurig oder mutlos stimmt.

Die Miesmacher und Meckerer . . .
gehören zur Kategorie der Pessimisten. Ohne Mühe vermögen sie das Arbeitsklima in Sitzungen und Besprechungen zu verseuchen. Denn dort, wo man Lösungen anstrebt, reagieren sie meist nur mit zersetzenden Äußerungen. Erneuernde Vorschläge und zweckmäßige Änderungsanliegen sind für sie wie ein rotes Tuch und werden durch abwertende Argumentation sofort »abgeschmettert«.

Geben Sie acht: Diese Leute sind nicht nur imstande, sinnvolle Initiativen zu untergraben und Ihnen den Spaß an der Arbeit zu verderben. Wenn Sie nicht rechtzeitig vorbeugen, können Sie außerdem von der Sogwirkung ihrer negativen inneren Einstellung allem und jedem gegenüber erfaßt und ebenfalls nach unten gezogen werden.

Sie lassen sich nicht anstecken, indem Sie Optimist bleiben. Aber begehen Sie nicht den Fehler, pessimistische Zeitgenossen von Ihrer eigenen positiven Lebenseinstellung überzeugen zu wollen, denn genau das reizt sie erst recht zu mißfälligen Pauschalisierungen. Schützen Sie sich vor destruktiven Bemerkungen durch Objektivität. Argumentieren Sie in Gesprächen stets sachlich, und umgehen Sie polemische Wortgefechte durch faktenbetonte Entgegnungen. Stellen Sie Fragen wie: »Was spricht im einzelnen gegen meinen Vorschlag? Worauf basieren denn Ihre Erfahrungen, wenn Sie sagen, das klappt nie?«

Durch unnachgiebiges Nachfragen zum Sachverhalt nehmen Sie Nörglern die Lust, negierende Argumente aufzutischen. Wenn Sie obendrein recht schnell signalisieren, daß Sie nicht geneigt sind, stundenlang zu diskutieren, sondern das besprochene Vorhaben in die Tat umsetzen wollen, bauen Sie sich selbst einen konstruktiven Schutzschild und ermuntern alle Anwesenden ebenfalls dazu, sich die Stimmung nicht verderben zu lassen.

Die Windmacher und Wichtigtuer . . .
zählen zur Kategorie der Besserwisser. Unaufgefordert posaunen sie heraus, daß sie alles wüßten und alles könnten. Lautstark rücken sie sich bei Konversationen und Konferenzen damit in den Mittelpunkt, daß sie ihre Gesprächspartner unterbrechen und die Meinung derer herabwürdigen, die nicht bewundernd an ihren Lippen hängen.

Achtung: Die weitausschweifenden Formulierungen wollen in der Regel nur darüber hinwegtäuschen, daß Halbwissen dahintersteckt. Schlimm wäre, Sie würden sich vom wortgewaltigen Wichtiggetue zurückweisen und einschüchtern lassen, denn dann könnte das ungute Gefühl Sie beschleichen, überflüssig und unwichtig zu sein.

So behalten Sie Ihre Selbstsicherheit: Halten Sie Ihr »Know-how« dagegen. Seien Sie offenkundig besser informiert, und haben Sie keine Scheu, dies bei Gesprächen und Besprechungen zum Ausdruck zu bringen. Geben Sie Personen, die immer alles besser wissen, vor allem möglichst wenig Gelegenheit, zu Wort zu kommen. Denn während Sie noch höflich darauf warten, daß Sie Ihre Meinung vortragen können, haben besserwisserische Charaktere sich längst vor Kollegen, Vorgesetzten oder anderen Gesprächsteilnehmern in Szene gesetzt, und Ihr eigener Standpunkt zählt nicht mehr. Ergreifen Sie, falls möglich, daher immer vor ihnen das Wort, oder stoppen Sie ihren Redefluß gleich im ersten Drittel eines Gesprächsverlaufs. Greifen Sie dazu konkrete Äußerungen auf, und wenden Sie Ihre Sachkenntnis an. Vermeiden Sie jedoch Aussagen, die darauf abzielen, das »Pseudowissen« der Besserwisser vor allen Anwesenden zu entlarven, denn das schafft Feinde. Sagen Sie: »Moment mal, was Sie berichten, ist nachvollziehbar, doch wissen wir aus der Fachliteratur ...« Oder wenden Sie ein: »Ihren Vorschlag sollten wir überdenken, technisch sieht die Sache aber so aus ...« Durch das Dagegenhalten sachkundiger Erfahrung und feststehender Begriffe nehmen Sie Wichtigtuern den Wind aus den Segeln. Wenn Sie zudem frühzeitig merken, daß Ihr Gesprächspartner nichts weiter möchte als Bewunderung, haben Sie es in der Hand, ihm mit rhetorischen Zugeständnissen Aufmerksamkeit und Anerkennung zukommen zu lassen und Ihre persönlichen Argumente dennoch befriedigend und überzeugend vorzutragen.

Die Klatschtanten und Klatschonkel ...
fallen in die Kategorie der Vielredner. Gespräche, in denen andere reden und sie zuhören müssen, sind ihnen ein Greuel, denn »Selbstsprechen« heißt ihre Devise. Kollegen, Kunden oder Nachbarn, »jedem«, der Ihnen gerade begegnet, zwingen sie eine Unterhaltung auf. Niemals verschwenden sie auch nur einen Gedanken daran, ob der jeweilige Ansprechpartner an ihren Belangen interessiert sein könnte.

Passen Sie auf: Im Vergleich zu anderen schwierigen Leuten

mag dieser Typus zunächst harmlos erscheinen. Doch in Diskussionen und Verhandlungen kann das hohle Gerede dazu führen, daß streßhafte Arbeitssituationen entstehen. Kritisch wird es, wenn Sie nicht wissen, wie Vielredner sich im Zaum halten lassen. Denn dann haben diese ein leichtes Spiel, sie stehlen Ihnen die Zeit und töten Ihnen den Nerv.

So werden Sie nicht »überredet«: Lernen Sie, »stop!« zu sagen. Setzen Sie dazu etwas kommunikative Diplomatie ein. Denn psychologisch falsch und auch wenig menschenfreundlich wäre es, solche Menschen barsch abzufertigen, das verärgert sie. Verwenden Sie lieber solche Gesprächshemmer: Wenn Sie im Büro von »Dauerquasslern« verfolgt werden, vertiefen Sie sich demonstrativ in Ihre Unterlagen, oder greifen Sie rasch zum Telefonhörer, bevor sie ansetzen, Ihnen den neuesten Klatsch zu servieren. So verhindern Sie, daß die Kollegin oder der Kollege Lust bekommt, es sich bei Ihnen gemütlich zu machen und sich auf Hochtouren zu bringen. Sagen Sie: »Tolle Geschichte, die Sie erzählen, davon müssen Sie mir später mehr berichten«, und ziehen Sie sich mit der Entschuldigung zurück, dringende Arbeit erledigen zu müssen. So stoßen Sie Personen nicht vor den Kopf, die im ungünstigen Moment hereinplatzen, um Ihnen ihren Plausch aufzubürden. Denn Geschichtenerzähler sind in der Regel sehr verletzliche Charaktere, die um Anerkennung buhlen. Denen, die Sie unerwünschterweise über die Krankheiten und Beziehungskrisen anderer Leute informieren wollen, mögen Sie getrost mit Ironie entgegnen: »Wie löblich, daß Sie sich so arg um die Kollegen sorgen.« Oder Sie kontern: »Wenn ich nicht wüßte, daß Sie es nur gut meinen, könnte man glatt den Eindruck gewinnen, Sie tratschen, Frau Meier.« Sollte es nicht möglich sein, sich elegant aus der Affäre zu ziehen, wenn Klatschtanten und Klatschonkel das Wort führen, planen Sie im Kopf das Pensum für den nächsten Tag oder für Ihren Einkaufszettel. So können Sie wenigstens die Zeit durch Nachdenken nutzen.

Durch ein inneres »Nein« zu derartigen »Zeiträubern« fällt es sofort leichter, hemmende Variablen zu erfinden und einzusetzen, um sich nicht beschwatzen zu lassen. Wenn Sie nebenbei freundlich für klare Verhältnisse sorgen können – Gespräche gewandt zu ihrem Ziel manövrieren, wenn die Rede des Gesprächspartners abzuschweifen beginnt oder nicht enden wollende Plaudereien flink stoppen und auf »die Zeit danach« vertagen –, verletzen Sie niemanden, schonen Ihre Nerven und sparen Ihre psychische Energie für Angelegenheiten, die Ihnen wichtiger sind.

Die »Nassauer« und Nutznießer ...
sind der Kategorie der Nichtstuer zuzuordnen. Ihre Lieblingsbeschäftigung ist das Delegieren von Arbeiten, die sie selbst übernehmen müßten. Ihre Begabung ist das Aneignen von Ideen, die ursprünglich andere sich ausgedacht haben. Ihre Erfolge sind bunte Federn, mit denen sich im Grunde nur jene Mitarbeiter schmücken dürfen, von denen niemand spricht. Seien Sie wachsam: Im Team zeichnen sich Kollegen mit solchen Allüren auf den ersten Blick als durchaus sympathische Charmeure aus, mit denen man gerne die Kaffeepause verbringt. Die Zusammenarbeit kann allerdings rasch so aussehen, daß Sie sich durch einen Berg von Akten wühlen und der schlaue Kollege sich entspannt zurücklehnt. Tragisch ist es, wenn Sie sich der trickreichen Annäherungsversuche von Nichtstuern nicht erwehren können, denn dann haben Sie das Nachsehen, andere aber den Profit.

So lassen Sie sich nicht »anzapfen«: Winken Sie lächelnd ab. Bedienen Sie sich der gleichen Taktik wie die galanten Leute, die etwas von Ihnen wollen. Beachten Sie die Warnzeichen: Kollegen, die um Ihren Schreibtisch herumschleichen mit Worten wie »Bewundernswert, wie Sie das machen!« und dabei klagen, wie schwer ihnen selbst die Tätigkeit fällt, versuchen an Ihre Hilfsbereitschaft zu appellieren. Untersuchen Sie derlei Schmeicheleien auf mögliche Hintergründe. Stellt sich heraus, daß hier nur Ihre Gutmütigkeit ausgenutzt werden soll, müssen Sie sich absichern. Weisen Sie diejenigen sehr freundlich zurück, die nicht im Gegenzug auch Ihre Arbeit übernehmen und Ihnen ebenso aus der Patsche helfen würden, wenn Sie unter Druck wären. Ein schroffes Abweisen wäre ungeschickt, da es Aggression erzeugt und dazu führen kann, daß man versuchen wird, Sie beim Vorgesetzten in ein schlechtes Licht zu rücken. Seien Sie klüger. Führen Sie an: »Leider fehlt es mir an Erfahrung, darum wage ich nicht, Ihnen diese Aufgabe abzunehmen.« Oder halten Sie entgegen: »Niemand erledigt dies so gut wie Sie. Wenn Sie mir das übergeben, entstehen bestimmt Probleme, und Sie reden anschließend kein Wort mehr mit mir.«

Durch tiefstapelnde Absagen erreichen Sie bei Nassauern und Nichtstuern den größten Effekt der Abschreckung und lassen nicht durchblicken, daß Sie Ihr Gegenüber durchschaut haben. Wenn Sie zudem mit Lob operieren, dem Meister der Schmeichelei und faulen Ausreden unterschiedslos mit ehrenvollen Worten entgegnen, kann Ihnen erstens niemand böse sein, wenn Sie es ablehnen, die Aufgabe anderer mitzuübernehmen, und zweitens vermag niemand so leicht die Früchte »Ihrer« Arbeit als die »seinen« auszugeben.

Die Verschwiegenen und Verschlossenen …
spricht man der Kategorie der Introvertierten zu. Kontaktpflege ist nicht ihr Metier. Ihre Kompetenz liegt gewöhnlich auf dem Gebiet von Fakten und Zahlen, Wissenschaft und Technik. Fragen beantworten sie mehr oder minder einsilbig. Bei Debatten ziehen sie sich oft ganz auf ihr Schweigen zurück. Unterhaltungen vertraulicher Natur sind ihnen geradezu unangenehm und veranlassen sie nicht selten zu abweisendem Verhalten.

Enträtseln Sie das Spiel: Menschen, die stumm sind wie Fische und Sie durch ihre Unzugänglichkeit abweisen, haben entweder echte Mühe damit, aus sich herauszugehen, oder sind nur zu bequem zu reagieren. Falls Sie damit nicht umzugehen verstehen, kann geschehen, was manche an den Rand der Verzweiflung bringt: Sie glauben, Ihr Gegenüber hat zugehört, und erhoffen sich auf das, was Sie ihm engagiert mitteilen, eine Rückmeldung – statt dessen kommt nicht das geringste zurück, kein Wort, kein verständiger Blick, kein Lächeln.

Verlieren Sie nun nicht die Fassung: Holen Sie den anderen aus der Reserve. Wenn es auch schwer zu bewerkstelligen ist, bringen Sie diesen Menschen zum Reden. Günstig wirkt es sich aus, einen Moment abzuwarten, in dem Sie mit ihm unter vier Augen sprechen können. Ungünstig wäre eine Situation, die Sie als »intensives« oder gar »persönliches« Gespräch ankündigten, denn dann kapseln sich Introvertierte sofort ab. Nutzen Sie daher Arbeitsgespräche, um sich ihnen zu nähern. Beginnen Sie mit einem Fachthema, sprechen Sie ruhig, und wenden Sie sich der betreffenden Person mit freundlichem Blick zu. Versuchen Sie Ihr Gegenüber auch in der Wahl Ihres Tonfalls zu ermuntern. Wichtig ist, daß Sie das Gespräch nur durch Fragen in Gang bringen, die einer ausführlichen Antwort bedürfen und nicht mit einem Wort abgetan werden können. Kontern Sie auf Antworten wie »Ja, vielleicht . . .« oder »Weiß nicht . . .« erneut mit einer Frage, und beenden Sie Ihre Sätze nie mit abschließenden Bemerkungen, denn so ernten Sie wieder nur Schweigen. Fängt aber der Mitarbeiter oder Geschäftspartner, mit dem Sie sich unterhalten, an zu reden, sollten Sie sich unbedingt zurücknehmen und die Person ganz und gar in Ruhe aussprechen lassen, sonst kann der Redefluß prompt wieder verebben.

Durch den insistierenden Einsatz einer offenen Fragestellung lassen Sie verschwiegenen und verschlossenen Charakteren kaum mehr eine Möglichkeit, sie müssen etwas sagen. Wenn Sie zudem bereit sind, in diese Leute etwas mehr Energie zu investieren als in andere, wird Sie deren Schweigen nicht so schnell entmutigen. Denn Sie wissen ja, wie Sie die Fäden in die Hand bekommen, und wenn Sie wollen, können Sie diese Menschen sogar zu der Erfahrung hinführen, daß Kommunikation Vergnügen bereiten kann.

Die Überschwenglichen und Überfreundlichen . . .
gehören zur Kategorie der Schauspieler. Sie sehen die Welt als ihr Publikum und leben in dem festen Glauben, daß jedermann wissen will, was sie bewegt. Auf Menschen zuzugehen, ist für sie ein Kinderspiel. Ihr Auftreten ist gewandt, ihr Humor anstek-

kend, denn sie besitzen Esprit und vermögen zu sagen, was gefällt. Leichthin versprechen sie das Blaue vom Himmel, ohne darüber nachzudenken, ob sie ihre Beteuerungen auch in die Tat umsetzen können.

Nehmen Sie es leicht: Ohne solche schillernden Gestalten wäre die Welt manchmal recht eintönig. Darum sind diese Leute geschätzt – ob als Mitarbeiter und Verhandlungspartner oder als Freunde. Doch sollten Sie sie richtig zu nehmen wissen. Denn falls Sie sich da verschätzen, kann es unangenehm werden. Erwartungsvoll harren Sie der Dinge, aber es geschieht nichts – versprochene Unterlagen bleiben aus, Termine sind überfällig. Sie werden allmählich verärgert, weil das, was Ihnen ein überbetont freundlicher Gesprächspartner zusagt, nicht eintrifft.

So erkennen Sie, wie überschwengliche Mitmenschen es meinen: Lesen Sie zwischen den Zeilen. Denn oberflächlich besehen würde Ihnen nie einfallen, daß diese geselligen Menschen Sie verstimmen könnten. Lernen Sie zu verstehen, daß Frauen und Männer, die die Show lieben und mit allen gut bekannt sind, oft ein überhöhtes Bedürfnis nach dem Applaus ihrer Umgebung haben. Viele sind seelisch nahezu abhängig davon, daß man sich ihnen bestätigend zuwendet, über ihre Witze lacht und ihre Sensibilität bewundert, deshalb schauspielern sie. Und deshalb versprechen sie Ihnen, was Sie wollen, weil sie um jeden Preis gemocht werden möchten. Riskant wird es erst, wenn Sie darauf eingehen, weil sich deren unrealistische Zusagen mit Ihrem Wunschdenken vermischen. Hören Sie daher genau hin, und fragen Sie sich selbst, was durchführbar und was unmöglich ist. So ersparen Sie sich spätere Desillusionierung. Versichert Ihnen die Person im Überschwang: »Kein Problem, in einer Stunde erhalten Sie Ihre Unterlagen!«, so dürfen Sie diese Äußerung nicht wörtlich nehmen. Am besten ist es, Sie streichen gleich die Hälfte davon und versuchen parallel dazu, sich im Gespräch dem zu nähern, was realistisch wäre. Da Schauspieler sensible Charaktere sind, mit denen Sie es sich sofort verderben, wenn Sie unverbrämt zeigen, daß Sie ihnen nicht glauben, empfiehlt es sich, dieses Annähern kunstfertig zu verpacken, wie:

»Das ist wirklich nett von Ihnen, daß Sie sich für mich so ins Zeug legen wollen, doch denke ich, zwei bis drei Stunden sind für diese aufwendige Arbeit durchaus angemessen. Sagen wir doch einfach, ich habe die Unterlagen bis Mittag, dann allerdings benötige ich sie, sonst kriege ich Ärger mit meinem Chef.«

Durch sprachliche Geschenke vermitteln Sie überschwenglichen und überfreundlichen Gesprächspartnern Ihre Wertschätzung und können sie so leichter zu erfüllbaren Vereinbarungen bewegen. Wenn Sie gleichzeitig eindringlich darauf hinweisen, daß Sie wahrhaftig mit Taten rechnen, haben Sie Ihrerseits alles eingesetzt, um gut miteinander auszukommen.

So erleichtern Sie sich den Umgang mit »hohen Tieren«

Ein klassischer Fall: Angestellter »X« arbeitet am Computer an einer Graphik. Vorgesetzter »Y« betritt den Raum, denkt, »X« verschwende seine Zeit mit Spielereien, läßt eine ermahnende Bemerkung fallen und entschwindet in sein Büro. Der Angestellte fühlt sich zu Unrecht »ertappt«. Die Rüge löst in ihm eine heftige emotionale Reaktion aus, er brummelt: »Dieser Esel!« und hat für den Rest des Tages eine arge Wut im Bauch.

Es scheint paradox: Die Qualität der Interaktionen zwischen den Vorgesetzten und den Untergebenen eines Unternehmens wird durch das kommunikative »Know-how« seiner Führungskräfte bestimmt. Leider läßt das Niveau vieler Führungskräfte in bezug auf den Umgang mit Menschen zu wünschen übrig. Frauen und Männer mit guten Führungsqualitäten sind – ob in kleinen Betrieben, Ämtern, Bildungsstätten oder großen Firmen – immer noch dünn gesät. Grund dafür ist, daß bei der Auswahl von Vorgesetzten das Hauptaugenmerk stets der fachlichen Eignung gilt und soziale Fähigkeiten, Mitarbeiter zu motivieren oder sie behutsam kritisieren zu können, allzuoft geringgeschätzt werden. Als Ergebnis davon zählen schlechte Chefs zu den meistbeklagten Faktoren für Unlust und Unbehagen im Berufsalltag. Und die Unfähigkeit zu guter Verständigung, die Willkür, Machtspiel und Stumpfheit ihrer Vorgesetzten sind die von Angestellten am häufigsten genannte Begründung für die eigene resignative Einstellung zum Arbeitsleben.

Welchen Sinn hat es also noch zu überlegen, wie man sich den Umgang mit Vorgesetzten zu erleichtern vermag? »Ich kann mir meinen Chef ja nicht aussuchen!« werden Sie möglicherweise hinzufügen wollen. Oder Sie meinen: »Mir bleibt doch wohl kaum eine Möglichkeit, das Gebaren meiner Vorgesetzten zu beeinflussen.«

Glauben Sie mir, was auf den ersten Blick sinnwidrig erscheint, ist dennoch zu bewältigen und im normalen Berufsalltag durchführbar. Denn auch ein unangenehmer Chef wird erträglicher, wenn Sie in der Lage sind, ihn nach seinem Auftreten einzuschätzen und entsprechend auf ihn zu reagieren. Ich möchte sogar einen Schritt weitergehen und sagen: Sie allein haben es in der Hand, ob das schlechte Führungsverhalten eines Vorgesetzten Sie berührt oder nicht. Indem Sie selbst entscheiden, ob Sie unter dem negativen Auftreten eines Vorgesetzten leiden wollen oder ob Sie sich durch den festen Willen, Ihr Leben zu genießen und es auch im Berufsalltag aufzulockern und zu erheitern, zum Herr der Lage machen und zu sich selbst sagen: »Laß doch den Esel Esel sein, mir verdirbt er nicht den Tag!« Vielleicht gelingt es Ihnen, Gleichgültigkeit gegenüber solchen »Störfaktoren« zu entwickeln.

Vom Umgang mit »hohen Tieren« und davon, wie Sie sich innerlich entspannt zurücklehnen können, wenn Vorgesetzte auf den Plan treten, mit denen die Zusammenarbeit nicht einfach ist, soll in nachstehender Typologie die Rede sein. Sie enthält fünf Spezies von Vorgesetzten, denen ich im Laufe der Jahre am häufigsten begegnet bin. Gewiß ist Ihnen die eine oder andere Art bekannt, denn, ohne ein Schubladendenken praktizieren zu wollen, in jeder Firma und jeder Branche treffen wir auf immer wiederkehrende Haupttypen.

Der Wolf...
ist ein echter Rudelführer. Er legt ein machtvolles Gehabe an den Tag, baut um sich herum Distanz auf, bringt mit Worten und Gesten zum Ausdruck, daß er Alleinherrscher ist und alle anderen ihm gegenüber mit Zurückhaltung zu reagieren sowie seinen Wünschen ohne Widerspruch zu entsprechen haben. Seine Charakteristika sind eine traditionelle Auffassung davon, wie Führungskräfte sich Mitarbeitern gegenüber zu verhalten haben, ein autoritäter Führungsstil und offen kampffähiges Verhalten, denn Schwäche zu zeigen oder »weiche Touren« verabscheut er ebenso wie Leute, die für ihr Handeln nicht die volle Verantwortung übernehmen wollen.

Verhaltenstips: Treten Sie selbstbewußt auf, und beachten Sie die Spielregeln. Um mit einem Wolf als Vorgesetzter oder Vorgesetztem gut auszukommen, müssen Sie sich auf seine Art einstellen können, andernfalls haben Sie von Anfang an schlechte Karten. Sehr förderlich für den Umgang miteinander ist, wenn Sie Profil zeigen und beweisen, daß Sie zu dem stehen, was Sie können und was Sie sagen. Schauen Sie ihm offen in die Augen, stehen Sie nicht geduckt, sondern aufrecht, und geben Sie ihm fest die Hand. Wählen Sie einen höflichen Umgangston, sprechen Sie knapp und sachlich, ohne zu nuscheln und ohne Kraftausdrücke oder übertriebenes Imponiergehabe zu gebrauchen, denn das läßt Wölfe aggressiv werden.

Vermeiden Sie vor allem Verletzungen der Grenzen. Verbale Ergüsse, mit denen Sie ihn überfahren, und vage Formulierungen sind dem konfliktfreien Verhältnis zueinander ebenso abträglich wie allzu heftiges Gestikulieren oder ihm körperlich zu nahe zu rücken, weil Sie damit in den von ihm beanspruchten, gedachten und realen Raum vordringen und er sich genötigt sieht, sein Territorium durch eine Zurechtweisung zu verteidigen. Ausgesprochen bösartig dagegen kann er werden, wenn Sie fälschlicherweise annehmen sollten – weil Sie es infolge Ihrer bisherigen Berufspraxis vielleicht so gewohnt waren oder antiautoritär erzogen wurden –, diesem Typus auf kollegialer Ebene entgegentreten zu können. Wer einen Wolf als gleichwertig behandelt, ihm also den erwünschten Respekt verwehrt oder, schlimmer, ihn zu kritisieren versucht, muß damit rechnen, bissig angefeindet zu werden. Denn Wolftypen greifen jeden an, von dem sie meinen, daß derjenige ihnen ihren Führungsanspruch streitig machen will – auch wenn Sie es in diesem Moment keineswegs böse gemeint haben und etwa eine Aussprache wollten, um die Zusammenarbeit oder organisatorische Abläufe zu optimieren.

Ein guter Rat: Gehen Sie mit Wölfen bewußt diplomatisch um, und seien Sie zu Kompromissen bereit. Sie können sich bestimmt leicht vorstellen, daß Sie Rudelführern so keinen Anlaß liefern, Sie anzuknurren, eher fressen sie Ihnen aus der Hand. Ach ja, . . . falls Sie trotz dieser Kommunikationsstrategie nicht mit ihnen zurechtkommen, Ärger und Konflikte nicht abnehmen, greifen Sie zur Strategie Ihrer Geisteshaltung und Lebensanschauung und sagen sich: »Wer meint, bellen zu müssen, soll das von mir aus tun – ich für meinen Teil habe entschieden, auch diesen Arbeitstag als Lebensgenießer zu verbringen, und bin davon nicht beeindruckt.«

Der Elefant . . .

hält wie ein Kumpel die »Herde« zusammen. Sein Auftreten zeigt kein cheftypisches Distanzgehabe, er pflegt eine legere Umgangssprache, kocht auch mal Kaffee für alle oder geht mit der Belegschaft kegeln, behandelt seine Mitarbeiter nicht gerade sehr einfühlsam und zerschlägt ab und zu Porzellan, um daran zu erinnern, daß er das Wort führt. Als Haupteigenschaften fallen die Anschauungsweise eines reinen Praktikers und sein kollegialer Führungsstil auf, mit dem Schwerpunkt, den Mitarbeitern das gleiche abzuverlangen wie sich selbst, und seine Bereitschaft, sich im Notfall vor die Fehler seiner Leute zu stellen – ausgenommen jemand verletzt die dicke Haut und trifft ihn an seinem wunden Punkt.

Verhaltenstips: Sagen Sie deutlich, was Sie wollen, aber reizen Sie ihn nicht. Einen Elefanten als Vorgesetzte oder Vorgesetzten zu haben heißt, daß es sich um einen Menschen handelt, der seit eh und je hart arbeiten mußte. Meist kam er nicht in den Genuß eines Hochschulstudiums, sondern fing in der Firmenhierarchie »ganz unten« an, bis er später Leiter der Abteilung oder des Unternehmens wurde. Am besten benehmen Sie sich ihm gegenüber ungezwungen, halten im Gespräch Augenkontakt, äußern sich unmißverständlich, klar und einfach, ohne etwas lang zu umschreiben - dann mag er ein gutmütiger Vorgesetzter sein. Das gilt auch für den Fall, daß er Ihre Leistungen anzweifelt: Gehen Sie zu ihm, und sprechen Sie offen und ehrlich mit ihm über die vorgebrachte Kritik. Zeigen Sie die Bereitschaft, Fehler zu korrigieren, oder begründen Sie, weshalb keine Schuld Sie trifft, aber versuchen Sie nicht, die Probleme auf Kollegen abzuwälzen – dann wird er wütend. Ein anderer kommunikativer Fehler wäre, sich in seinem Beisein sehr gewählt, in Wort und Schrift stark fremdwortorientiert auszudrücken – denn das findet er entweder lächerlich und nimmt Sie deshalb nicht ernst, oder es führt zu Mißstimmung, weil er denkt, Sie wollten ihm damit einen Mangel an Intellektualität bescheinigen. Zur Belastung kann die Zusammenarbeit mit ihm werden, wenn Sie darauf pochen sollten, wegen einer qualifizierten Ausbildung, aufgrund eines Diploms oder Doktortitels ausschließlich für Sonderaufgaben zuständig zu sein – das nimmt er Ihnen übel und vergißt er nie. Denn wer einem Elefanten zeigt, sich »Extratouren« leisten zu wollen, als Spezialistenfrau oder Fachmann mehr zu gelten und etwas Besseres zu sein als andere Kollegen, trifft damit den wunden Punkt. Dieser wunde Punkt ist der Sinn für die Gemeinschaft, und man muß in einem solchen Fall damit rechnen, gegängelt zu werden und Aufgaben erteilt zu bekommen, die keineswegs der Ausbildung entsprechen, auch wenn Sie in keiner Weise hochnäsig erscheinen und lediglich Ihren Kenntnissen entsprechend gefordert werden wollten.

Ein guter Rat: Gehen Sie mit Elefanten handfester um als mit traditionellen Cheftypen, und geben Sie sich unprätentiös. Das kommt an, Sie werden es merken: So mindern Sie Konflikte.

Ach ja, ... falls Sie trotz Kommunikationstricks nicht mit

Elefanten zurechtkommen, der Ärger und die Unstimmigkeiten nicht zurückgehen, greifen Sie zum Kunstgriff Ihrer Geisteshaltung und Lebensanschauung und sagen sich: »Sei's drum, wer zu dickfellig ist, um die Feinheiten zu erkennen, dem ist nicht zu helfen – ich jedenfalls habe entschieden, auch während der Arbeitszeit ein Lebensgenießer zu sein, und verspüre keine Lust, mich darüber aufzuregen.«

Der Hai . . .
herrscht mit Willkür über kleine Fische. Im Auftreten zeigt er sich für eine Führungsperson auffällig passiv und ohne eindeutige Persönlichkeit, Mitarbeitern gegenüber unverständig und unberechenbar, kann er mitten in einer Besprechung plötzlich eine andere Richtung einschlagen, umgekehrt argumentieren und attackieren, was ihm in die Quere kommt. Charakteristisch ist die Gesinnung eines Leiters, der meint, sich kraft seiner Stellung nicht für die Menschen in der Gruppe einsetzen zu müssen. Desgleichen kennzeichnet ihn ein unsicherer Führungsstil, der vor allem darauf basiert, sich von dienstbeflissenen Kollegen Informationen zutragen zu lassen. Er hat nie gelernt, sich kooperativ zu verhalten, und kann daher weder positiv motivierend noch sachlich kritisierend auf seine Mitarbeiter einwirken.

Verhaltenstips: Gehen Sie ihm aus dem Weg, und vermeiden Sie direkte Auseinandersetzungen. Wer in seiner Chefin oder Chef den Hai erkennt, muß wissen, daß der Umgang mit Raubfischen gleich weniger gefährlich wird, wenn man Vorsichtsmaßnahmen trifft. Dazu zählen die folgenden: Bemühen Sie sich, ihm nicht sonderlich aufzufallen. Benötigen Sie eine Unterschrift, so legen Sie ihm lieber die Unterlagen zur Unterzeichnung auf den Tisch, als ihn direkt anzusprechen. Brauchen Sie Rat und Hilfe, wenden Sie sich besser an die Kollegen, anstatt ihn beanspruchen zu wollen. Grundsätzlich gilt: Prüfen Sie sorgfältig, ob der Augenblick günstig ist. Denn im falschen Moment ein Anliegen vorzutragen hieße, Angriffsmöglichkeiten zu bieten.

Ähnlich verhält es sich mit Teamsitzungen, an denen er teilnimmt. In jedem Team entstehen manche Streitfragen. Ihnen ist nicht gedient, wenn Sie emotional reagieren. Bleiben Sie also ruhig, wenn Ihr Vorgesetzter Ihnen unvermutet etwas unterstellt oder vorwirft. Steuern Sie solche Gespräche, indem Sie den offenen Konflikt zu umgehen versuchen, und entziehen Sie sich seiner Attacken, indem Sie außer beiläufiger Konversation nicht das Wort an ihn richten, nichts fragen, nur antworten. Wenn Sie sagen wollen, was Sie nicht korrekt finden, sollten Sie möglichst den Umweg über ein Schriftstück wählen, in dem sachliche Argumente, Fakten und Zahlen aufgelistet sind. Denn wer glaubt, einen Hai mit Worten zu etwas bewegen zu können, benutzt das falsche Mittel, um sich ihm zu nähern oder Probleme aus der Welt zu schaffen. Denn das erzeugt, daß er unsicher wird und wild um sich schlägt – auch wenn Sie nur vorhatten, an seine Bereitschaft zu kollektiver Verständigung zu appellieren.

Ein guter Rat: Gehen Sie mit Haien so um, daß Sie ihre Ruhe nicht stören und nichts von ihnen erwarten. Mit ein bißchen Fingerspitzengefühl wissen Sie den Hai bald zu behandeln und werden erfahren, daß es sich so viel problemloser zusammenarbeiten läßt und das Verhältnis eine Beruhigung erfährt.

Ach ja, ... sollten Sie totz dieser Vorgangsweise unter einem Hai zu leiden haben und sich darüber aufregen, daß diese Wesen so wenig menschliche Regungen zeigen, greifen Sie sofort zur Methode Ihrer Geisteshaltung und Lebensanschauung und sagen sich: »Tja, wer so verkrampft ist, daß er sich beim kleinsten Anliegen bedroht fühlt und aus purer Verwirrung glaubt, zeigen zu müssen, was für ein großer Fisch er ist, mag das so handhaben – ich dagegen habe entschieden, auch am Arbeitsplatz wie ein Lebensgenießer zu denken, und habe es deshalb nicht nötig, mich mit ihm einzulassen.«

Der wilde Affe ...

setzt seine Mannschaft heftig unter Druck. Sein Auftreten ist von hektischem und nervösem Antreiben geprägt. Für nichts nimmt er sich richtig Zeit, als Leiter der Mitarbeiter ist er launisch und aufbrausend, in der Zusammenarbeit ein hundertprozentiger Perfektionist, den keiner zufriedenstellen kann und der überall, wo er hinkommt, für schlechtes Klima sorgt. An Charakteristika zeigt er die Haltung eines ausgeprägten Willensmenschen, der den Fähigkeiten anderer mißtraut und am liebsten alles selbst ausführen würde. Er scheint kein anderes Verhaltensmuster zu kennen, als sich total einzusetzen, und verlangt diese Selbstdisziplin auch seinen Angestellten ab. Sein repressiver Führungsstil läßt den Mitarbeitern nur geringen Spielraum für eigene Ideen und Mitbestimmung, und oft entstehen Arbeitssituationen, in denen sich der einzelne herumgescheucht und gegängelt fühlt.

Verhaltenstips: Bleiben Sie gelassen, und beruhigen Sie ihn. Sollten Sie feststellen, daß Ihre Vorgesetzte oder Ihr Vorgesetzter sich oft ähnlich gebärdet, wie in dieser Skizze des wilden Affen dargestellt, nehmen Sie es nicht zu ernst. Sehen Sie, welche Möglichkeiten Sie haben, einzelne Situationen im Berufsalltag zu verbessern. Die folgenden Hinweise mögen dazu hilfreich sein.

Gehen Sie nicht auf Konfrontationskurs. Denn nicht selten bildet die Angst zu versagen den psychologischen Hintergrund dieser Menschen. Sie handeln also aus Not heraus und sind sich über ihre Wirkung auf ihre Mitarbeiter oft überhaupt nicht im klaren. Versuchen Sie einen solchen Chef daher als »Problemfall« zu sehen, der nichts dafür kann. Damit blockieren Sie Gefühle wie: »Ich muß gegen ihn antreten und mich zur Wehr setzen.«

Warten Sie, bis sich Ihr Chef wieder beruhigt hat. Wenn er gereizt und nervös reagiert, ist es sinnvoll, polemischen Überreaktionen entgegenzuwirken. Harren Sie also einen Moment aus, treten Sie ihm danach ruhig und gefaßt entgegen, und legen Sie dar, wie Sie die Arbeitsergebnisse sichern werden. Gut ist, dazu ein Arbeitspapier bereit zu haben, das veranschaulicht, daß Sie auch an die Details denken. So zeigen Sie, daß Sie die Angelegenheit ganz beherrschen. Gut sind Vorschläge, wie sich Arbeitsabläufe rationeller gestalten oder Fehlerquellen ausschließen ließen – so erkennt Ihr Vorgesetzter, daß Sie Ihr Bestes geben möchten und sich auch freiwillig, ohne sein Antreiben, engagieren.

Schaffen Sie Berührungspunkte zu Gesprächen unter vier Augen. Wenn Sie mit Ihrem Chef allein sprechen, findet sich eher eine gemeinsame Basis, auf der man ohne ungewollte Zugeständnisse miteinander auskommen kann. Überprüfen Sie, wie die Arbeit sich einteilen läßt, daß sich Gelegenheiten zu Unterredungen ergeben, die Vertrauen aufbauen und ihm das Gefühl verschaffen, mehr Kontrolle zu haben.

Kontraproduktiv hingegen wäre es, den Kompetenzen dieser Autoritätsperson ins Gehege zu kommen. Denn wer denkt, einem wilden Affen Verantwortung abnehmen zu können, oder wer – wenn auch nur dem Anschein nach – als Konkurrent auftritt und so den Eindruck erweckt, er sei imstande, Aufträge ohne ihn besser zu erledigen, steht plötzlich einem verbissenen Gegner gegenüber, selbst wenn Sie nur vorhatten, ihn zu unterstützen.

Ein guter Rat: Gehen Sie mit wilden Affen ein bißchen so um wie ein Therapeut, und lassen Sie nicht zu, daß sich deren Unruhe auf Sie überträgt. Dies ist ein gangbarer Weg, sich nicht als Opfer zu fühlen und sich selbst mehr aufzubauen.

Ach ja, ... und falls Sie trotz kommunikativer Bemühungen Gefahr laufen, daß ein hektischer Antreiber am Arbeitsplatz Sie den »letzten Nerv« kostet, wenn Sie die Arbeitsatmosphäre so nicht zu retten vermögen, ändern Sie die Taktik, schwenken Sie auf Ihre Geisteshaltung und Lebensanschauung um, und sagen Sie sich: »Nun gut, wer denkt, seinen Leuten ›Dampf machen‹ zu müssen, mag das tun. Ich habe jedoch entschieden, den ganzen langen Tag in der Firma stets ein Lebensgenießer zu bleiben, und lasse mich davon nicht verrückt machen.«

Der lockere Vogel ...
ist Teamchef ohne persönliche Verantwortung. Als Führungskraft tritt er kaum hervor, weil er bei wichtigen Entscheidungen fast nie zugegen ist. Im Kontakt zu den Mitarbeitern benimmt er sich mit seinen lockeren Sprüchen und einem Hang dazu,

in ironischer Form Kritik zu äußern, wie ein Clown. Als Manager wird er nicht sehr respektiert, da er das Organisieren den Mitarbeitern seiner Abteilung überläßt und ihnen im Falle eines Mißerfolgs die Schuld gibt. Charakteristisch für ihn ist die Mentalität eines Menschen, der frei nach der Devise handelt: »Irgendwie läuft der Laden schon.« Er legt einen uneffizienten Führungsstil ohne Weitblick an den Tag. Tauchen Probleme auf, werden Ausreden vorgeschoben, und anstatt den Fehler bei sich zu suchen, liegt die Schuld stets bei den Umständen oder den Angestellten.

Verhaltenstips: Lassen Sie sich nicht beirren, und denken Sie mit. In einem Unternehmen zu arbeiten, in dem Ihnen als Chefin oder Chef ein lockerer Vogel vorsteht, ist nicht das Schlechteste, wenn man Mittel und Wege weiß, mit flatterhaften Wesen umzugehen. So wie bei den anderen Exemplaren dieser Typologie bleibt Ihnen auch hier die Aktionsmöglichkeit, sich entweder über sie zu ärgern oder sich bewußt einzustellen und klug zu reagieren.

Wählen Sie den zweiten Weg, so sollten Sie wissen, daß zahlreiche Vorgesetzte dieser Eigenart es während ihres bisherigen Lebens nicht nötig hatten, sich selbst voll einzusetzen und eigenverantwortlich zu handeln. Darum trifft man sie auch als Juniorchef im Familienbetrieb oder als Geschäftsführer in wirtschaftlich unbedeutenderen Tochterunternehmen, weil sie hier, wie immer sie handeln, stets eine gewisse Protektion im Hintergrund haben. Kalkulieren Sie also einen Mangel an Erfahrung mit ein, und rechnen Sie mit unreifem Verhalten. Prüfen Sie Zusagen und Planungen auf ihre Realisierbarkeit, auch wenn Sie dafür nicht zuständig sind – denn ohne das heißt es, sobald Schwierigkeiten auftreten: »Das hätten Sie doch wissen müssen!«

Merken Sie auf, wenn Ihr Chef die Flucht antreten will, um sich vor klaren Angaben zu drücken. Drängen Sie im Gespräch auf eindeutige Zielvorgaben, denn sonst haben Sie nichts in der Hand, wenn Unkorrektheiten auftauchen, die man Ihnen zur Last legen will.

Bauen Sie sich ein Unterstützungssystem. Entwickeln Sie mit guten Kollegen Strategien, wie Sie einander helfen können, falls Ihr Vorgesetzter wieder einmal nicht zu fassen ist. Andernfalls stehen Sie plötzlich mit der Verantwortung allein da und sind darüber erbost, daß Sie niemanden um Rat fragen können.

Lassen Sie Ihren Chef nie spüren, daß er so wenig verläßlich ist. Fühlen Sie sich aufgrund der saloppen Art eines lockeren Vogels nämlich darin bekräftigt, seine Arbeitsweise in Zweifel zu ziehen, erreichen Sie nur, daß er Ihnen Unselbständigkeit vorwirft, auch wenn Sie Ihre Abteilung nur vor Mißerfolgen bewahren wollten.

Ein guter Rat: Gehen Sie mit lockeren Vögeln um wie mit Kindern, und dirigieren Sie sie unmerklich. Mit vorausschauendem Denken und Initiative beugen Sie deren Gedankenlosigkeit vor und gelangen am Ende zu der Einsicht: »Lieber ein zu lockerer Boß, der sich um nichts kümmert, als einer, der mich dauernd maßregelt und verbissen ist.«

Ach ja, ... gelingt es Ihnen aber trotz dieser Betrachtungsweise nicht, mit ihnen auf einen Nenner zukommen, und entrüsten Sie sich darüber, wie oberflächlich mit Verantwortung umgegangen wird, so wechseln Sie den Blickpunkt Ihrer Geisteshaltung und Lebensanschauung und sagen sich: »›Nobody is perfect!‹ Wer als Chef das Glück hat, solche Spitzenleute wie mich zu haben, kann es sich wohl leisten, seinen Job unbekümmert zu erledigen. Ich bin dennoch entschlossen, gute Arbeit zu leisten und trotzdem ein Lebensgenießer zu sein.«

Selbstbeeinflussung oder: Wie Sie sich selbst ein guter Coach sein können

Kommt Ihnen das bekannt vor? Sie haben den Eindruck, alles läuft bestens, der berufliche Erfolg ist zum Greifen nahe – da geraten Sie plötzlich ins Stolpern. Ein leichtsinniger Schritt, eine dumme Kleinigkeit im falschen Moment verdirbt alles: Sie wollen im Vorstellungsgespräch überzeugend wirken, aber eine einzige deplazierte Geste wird Ihnen zum Verhängnis, und die Absage folgt. Sie wollen wichtige Geschäftskontakte knüpfen, aber ein unüberlegtes Wort läßt bei Ihrem Gesprächspartner einen schlechten Eindruck entstehen, und die Zusammenarbeit kommt nicht zustande. Sie möchten eine Aufgabe übernehmen, um die Karriereleiter ein Stück höher steigen zu können, aber eine winzige Nachlässigkeit wird zur »Bananenschale«, auf der Sie ausgleiten, und wenige Meter vor dem Ziel kommen Sie zu Fall.

Ob wir uns bewerben, mit Menschen verhandeln, berufliche Ziele oder einfach mehr Zufriedenheit im Beruf erreichen möchten – durch manche unbemerkten Verhaltensweisen stellen wir uns selbst ein Bein. Das kann zuwenig Selbstbewußtsein sein, ein Mangel an Gelassenheit und Großzügigkeit beim Umgang mit anderen Menschen und zuviel Zwanghaftigkeit beim Umgang mit sich selbst. Es mögen körpersprachliche Marotten sein, durch die unser Gegenüber sich unangenehm berührt fühlt, die uns selbst aber nicht bewußt sind. Oder wir verpassen oft den Moment, das zu sagen, was angebracht wäre. Vielleicht ist es auch ein unguter Einsatz unserer persönlichen Mittel, etwa weil wir nie gelernt haben, mit uns selbst richtig umzugehen – beispielsweise mit der Energie hauszuhalten oder uns zu organisieren –, und deshalb zuweilen gedankenlos an etwas herantreten, Situationen falsch einschätzen und uns auf diese Weise im Berufsleben ständig selbst sabotieren.

Dieses Kapitel, verehrte Leserinnen und Leser, das praktische Wege weist, die Persönlichkeit zu entfalten, mag vielen von Ihnen das wichtigste sein. In Seminaren und Beratungsgesprächen erfahre ich häufig, daß etwa jeder Dritte, weiblichen oder männlichen Geschlechts, dazu neigt, sich durch unbewußte Verhaltensmuster selbst Schaden zuzufügen, nicht allein im Berufsleben.

Der richtige Umgang mit uns selbst wird nirgendwo gelehrt. Die schulische und berufliche Ausbildung bietet uns hierzu allzu wenig an. Die Lebensregeln unserer Väter und Mütter sind im allgemeinen auch keine Hilfe, sich selbst ein weiser Berater zu sein. Dies verwundert nicht, denn wir führen heute ein völlig anderes Leben als unsere Eltern früher, besonders in beruflicher Hinsicht. Es bleibt also nur die Schule des Lebens übrig und für manchen vielleicht der gute Ratschlag eines Freundes, einer Freundin oder des Lebenspartners, wenn es darum geht, eigene Verhaltensweisen zu erkennen, durch die wir uns zum eigenen Nachteil verhalten.

Lassen Sie es mich gleich sagen: »Das« Erfolgsrezept für den Umgang mit sich selbst kann es nicht geben. Denn verschiedene Menschen erreichen das Ziel ihrer Wünsche auch auf verschiedenen Wegen. Deshalb ist eine einzig geltende Doktrin hierzu gewiß ungeeignet – auch wenn verständlicherweise jeder, der Selbsthilfebücher schreibt, auf seine Strategie als die ausschließlich wahre schwört.

Hieran angeknüpft möchte ich Ihnen drei Methoden darlegen, die mir in der täglichen Praxis die wichtigsten sind. Jede für sich ist anwendungsbezogen, hat sich also vielfach bewährt, und läßt sich von Frauen und Männern jeden Alters auf unkomplizierte Weise einsetzen. Suchen Sie sich eine Methode aus, die zu Ihnen paßt, und berücksichtigen Sie dabei, welcher Art die Situationen sind, die Sie als Berufstätiger tagein, tagaus erleben. Finden Sie zu der Methode, die Ihnen am besten hilft, nachteilige Verhaltensmuster abzustellen, und tauschen Sie sie gegen eine konstruktive aus. Sollten Sie hier fündig werden, so üben Sie damit, um sich Ihren Gesprächspartnern von der besten Seite zu zeigen und sich auf knifflige Momente vorbereiten zu können, etwa den ersten Arbeitstag in einer neuen Firma oder einen Vortrag. Wesentlich ist, daß Sie auf die eine oder andere Weise Ihre Beziehung zu sich selbst ein weiteres Stück zu stärken und auszubauen lernen, um insgesamt friedvoller mit sich selbst umgehen und dem Arbeitsalltag mehr Wärme entlocken zu können.

Methode 1: So stärken Sie Ihr Selbstbewußtsein

Sie sind heute mit dem linken Bein aufgestanden? Sie haben heute einen wichtigen Termin, müssen Verhandlungen führen, wollen sich durchsetzen und etwas erreichen, fühlen sich aber angreifbar und unsicher? Prägen Sie sich bitte ein: Der beste Coach für Ihre Selbstsicherheit, der sind Sie selbst! Geben Sie sich eine halbe Stunde Zeit, und versuchen Sie mit einer einfachen Übung aus meinem Kommunikationstraining Ihr Körpergefühl zu erhöhen, sich selbst Kraft zu geben und sich innerlich zu stabilisieren.

Erster Übungsschritt (Dauer etwa 15 Minuten)
Stellen Sie sich gerade hin, und lassen Sie Ihre Arme hängen. Schließen Sie die Augen, und konzentrieren Sie sich zunächst allein auf die Füße. Entwickeln Sie vor Ihrem inneren Auge die Vorstellung, Ihre Füße seien wie die Wurzeln eines großen, starken Baumes fest mit der Erde verbunden. Jenes Bild läßt sich sogleich intensiver auf Ihr körperliches Empfinden übertragen, wenn Sie bewußt erspüren, daß Ihre Fußflächen insgesamt Bodenkontakt haben. Auch sollten Sie dabei nicht zu eng, sondern eher breit stehen, damit kein Windstoß Sie leicht ins Wanken bringen kann.

Als nächstes richten Sie Ihre Wahrnehmung darauf, wie ein Baum aus dem Boden Energie aufzunehmen. Denken Sie sich nun Ihre Beine als Baumstamm, spannen Sie die Beinmuskulatur nicht sonderlich an. Lassen Sie die kraftspendende Energie, die alles zum Wachsen und Erblühen bringt, in die Fußsohlen eindringen, dann in die Waden und die Oberschenkel aufsteigen, bis hoch in den Bereich von Becken und Bauch hinein. Erleben Sie diesen Vorgang als angenehm, und spüren Sie in sich eine wohlige Wärme, die bald vom Bauch aus weiter nach oben, in den Brustkorb, steigt. Für manche Menschen intensiviert sich dieses Körpergefühl, wenn sie sich die Energie als hellwarmes Licht vorstellen.

Ihre Augen sind weiterhin geschlossen. Atmen Sie jetzt sehr bewußt tief ein und aus, nehmen Sie mit jeder Einatmung Kraft auf. Realisieren Sie hierbei, wie der Sauerstoff Ihre Lungen füllt und die Zellen anreichert. Und geben Sie mit jeder Ausatmung die verbrauchte Luft in dem Bewußtsein wieder ab, die lebenspendenden Stoffe aufgesogen und sich damit aufgeladen zu haben. Wichtig ist, das »Abgeben« mit einer großen Öffnungsgeste zu vollziehen, indem Sie Ihre Arme beim Ausatmen mit offen dargezeigten Handflächen von der Oberkörpermitte her nach vorn ausbreiten – so, als wollten Sie einen Teil der gespeicherten Kräfte in den Raum geben und ausstrahlen.

Bringen Sie nun Ihr Körperbewußtsein mit gedanklichen Formeln in Fühlung: Die Empfindung, mit der Erde verwurzelt zu sein, das ruhige Stehen in der Vorstellung des unerschütterlichen Baumes, das Atmen, das Öffnen der Arme, um über die Bewegung Stärke zu erfahren – das alles mögen Sie fortan mit selbstbeeinflussenden Botschaften noch vertiefen. Denken Sie jetzt die Formeln: »Ich bin stark. Ich bin ruhig. Mich kann heute nichts aus dem Gleichgewicht bringen.« Konzentrieren Sie sich, wiederholen Sie jede einzelne Formel mehrfach hintereinander, ohne sich von störenden Alltagsgedanken ablenken zu lassen. Werden Sie allmählich zu dem, was Sie als Ihr Körpergefühl erzeugt haben und was Sie in Gedanken zu sich sagen. Öffnen Sie wieder die Augen.

Zweiter Übungsschritt (Dauer etwa 15 Minuten)
Gehen Sie im Raum umher. Stellen Sie sich vor, wie ein Schauspieler oder Opernsänger noch hinter dem Vorhang der Bühne zu sein, um sich dort auf einen großen Auftritt vorzubereiten. Gestalten Sie das Herumgehen ebenfalls als konzentrierten Pro-

zeß, und richten Sie all Ihre Aufmerksamkeit auf Ihren Körper. Wieder sind es die Füße, mit denen Sie beginnen. Erfahren Sie jeden Schritt so, als könne Ihr Fuß sich intensiv mit dem Boden verbinden, »verwurzeln«. Dabei ist wesentlich, nicht wie im Alltag zu gehen und währenddessen über etwas anderes nachzusinnen, sondern mit den Gedanken ganz bei Ihren Gangbewegungen zu sein.

Halten Sie alle zehn Schritte kurz inne, um sich breitbeinig aufzubauen und einen festen Stand einzunehmen, wie bei der Übung mit dem Baum. Wenn Sie mögen, können Sie dazu jeweils kurz die Augen schließen, um das Stärkegefühl besser herbeizuführen. Setzen Sie dann Ihr Schreiten »hinter dem Vorhang« fort. Nun sollen ausladende Armbewegungen gleichsam ein imaginäres Publikum mit einer Offenheitsgeste begrüßen. Denken Sie währenddessen folgende Formeln, um sich auf Ihren »Auftritt auf der Bühne des Lebens« gut vorzubereiten: »Ich bin vollkommen bewußt. Ich bin mutig und stark. Ich bin die/der Beste!«

Möglicherweise beobachten Sie, daß nach einer Weile Gedanken auftauchen, die gegen Ihre Suggestion, »stark«, »mutig« oder die/der »Beste« zu sein, Widerstand leisten, vielleicht sogar zum Tenor haben: Du bist gar nicht stark, nicht mutig, andere sind viel besser als du. Wieder gilt es, zweifelnden oder rational analysierenden Gedanken nicht nachzugeben. Lassen Sie sich nicht irritieren. Versuchen Sie beharrlich, aber ohne Zwang, mit Freude daran zu denken. Machen Sie sich Sätze, in denen Sie sich selbst aufwerten und auf diese Weise gut zu sich sind, zum Geschenk. Beeinflussen Sie Ihr Körpergefühl durch den bewußten Gang, und sprechen Sie Ihre Formeln zum Schluß laut vor sich hin. Treten Sie innerlich gefestigt »durch den Vorhang hinaus ins Rampenlicht«. Gehen Sie in den Tag hinein, und denken Sie: »Hallo, hier bin ich!«

Anmerkung: Wiederholen Sie diese Übung sooft Sie mögen. Werden Sie ein Meister darin. Der positive Umgang mit sich selbst verstärkt Ihr Selbstbewußtsein. Im Laufe der Zeit wird sich Ihre neugewonnene Haltung Ihnen selbst gegenüber fördernd auf Ihre Tagesform auswirken. Sie lernen, nicht mehr unsicher zu sein, sondern das Beste aus sich herauszuholen und es mit Freude einzusetzen, wann und wo immer Sie es benötigen.

Methode 2: So trainieren Sie Rhetorik und Körpersprache

Sie haben Probleme damit, vor größeren Gruppen das Wort zu ergreifen? Sie möchten Ihre Gesprächspartner gewinnen und im Vortrag überzeugen – wissen aber nicht, welches Redeverhalten bei den Zuhörern gut ankommt? Glauben Sie mir: Wie ein Profi zu sprechen, ist nicht allein Begabung. Viele prominente Redner lassen sich für ihre Auftritte in der Öffentlichkeit beraten. Seien Sie Ihr eigener Coach: Trainieren Sie die wichtigsten Kniffe, sich souverän zu präsentieren.

Praktische Übungen
Schließen Sie die Tür hinter sich, und stellen Sie sich vor einen Spiegel. Oder setzen Sie eine Videokamera auf ein Stativ, und zeichnen Sie auf, was Sie erproben, um es anschließend analysieren zu können.

Stehen Sie aufrecht und fest mit der Erde verbunden. Denn wer den Menschen entschlossen gegenübertreten will, sie gewinnen und begeistern möchte, braucht, neben seiner inneren Überzeugung, der Welt mit Lebensart zu begegnen, körperlich ebenfalls einen sicheren Standpunkt. Eine zu lässige Pose oder nervöses Hin- und Herzappeln von einem Bein auf das andere erzeugt innerlich und äußerlich keine Standhaftigkeit. Im Gegenteil, es entfacht Unruhe im Körper, wirkt unsicher und wenig seriös.

Betrachten Sie jetzt Ihr Gesicht. Lächeln Sie, wenn Ihnen danach ist. Lächeln ist in jeder Hinsicht ein »Türöffner«. Es gibt Ihnen nicht nur selbst ein freieres Gefühl, es sorgt auch bei Ihren Zuhörern für Aufgeschlossenheit und schafft eine freundschaftliche Stimmung. Berücksichtigen Sie jedoch, daß jemand, der dauernd oder an unpassender Stelle lächelt (und dabei etwas sagt, das ernst genommen werden soll), an Glaubwürdigkeit verliert.

Formulieren Sie nun einige Sätze, die in Ihrem Berufsalltag vorkommen. Sagen Sie: »Guten Tag, meine Damen und Herren, ich begrüße Sie alle sehr herzlich!« oder greifen Sie zu Redewendungen, die Sie häufig vorbringen, wenn Sie vor Mitarbeitern, Kunden oder anderen Zuhörern stehen. Sprechen Sie in das Spiegelbild beziehungsweise in die Kamera hinein Sätze wie »Ich freue mich, Sie zu sehen!«, »Ich werde Sie alle überzeugen!«, »Ich bin gekommen, um die Probleme zu lösen!«. Begutachten Sie Ihr Auftreten. Welche Wirkung haben Sie auf sich selbst erzielt? Wirkten Sie tatkräftig oder kraftlos? War der Ausdruck in Ihrem Gesicht entschlossen oder eher schüchtern? Um Menschen für sich zu gewinnen, sollten Sie das, was Sie sagen, mit der Sprache des Körpers unterstreichen. Denn ohne den bewußten Einsatz der Körpersprache kommt Ihre Botschaft, sei es eine Rede, ein Referat, ein Prüfungsvortrag oder ein Bühnenauftritt, beim Empfänger nur halb so gut an. Außerdem riskiert, wer sich leblos und steif darstellt, trotz hervorragender Fachkenntnisse und Ausdrucksmöglichkeiten von der Zuhörerschaft nicht akzeptiert zu werden.

Wiederholen Sie Ihre Sätze deshalb noch einmal, und versuchen Sie diesmal in Mimik und Gestik Ihren Worten zu entsprechen. Achten Sie darauf, daß Ihre Schultern nicht hängen, sonst wirken Sie niedergeschlagen und mutlos. Zeigen Sie sich aktiv und mit freundlich entspannter Miene. Nehmen Sie beim Reden ruhig die Hände zu Hilfe, das wirkt lebendiger und erzeugt mehr Aufmerksamkeit, besonders wenn Sie etwas erklären und beschreiben. Stellen Sie sich vor, Sie sprächen einmal zu einigen wenigen Personen und einmal vor einem großen Auditorium. Letzteres sollte Sie dazu animieren, Ihre Gesten größer zu gestalten. Strecken Sie Ihre Arme aus, wenn Sie auch die hinterste Reihe einbeziehen wollen. Ballen Sie Ihre Hand zur Faust, um gegenüber einem Sachverhalt Ihre Entschiedenheit zu verdeutlichen. Führen Sie beide Handinnenflächen nach vorn, wenn Sie auf etwas hinweisen – so geben Sie ein Signal dafür, nichts zu verbergen, sich Ihrem Publikum offen annähern und aufrichtig sein zu wollen.

Trainieren Sie nebenbei Ihre sprachliche Ausdrucksfähigkeit. Lesen Sie ein paar Sätze aus einem Text, oder versuchen Sie ein Erlebnis nachzuerzählen. Legen Sie Wert darauf, mit Worten Atmosphäre zu schaffen. Denn ein gepflegter Sprachstil erweckt das Interesse der Zuhörer. Sprechen Sie akzentuiert, und bringen Sie Farbigkeit in Ihre Ausführungen. Drücken Sie sich in Bildern aus, liefern Sie lebendige Beispiele, und lassen Sie auch Gefühle anklingen. Dadurch wird Ihre Rede spannender, und die Zuhörer fassen eher Vertrauen zu Ihnen, weil Sie sich menschlich präsentieren.

Üben Sie sich dann gezielt im Blickkontakt. Stellen Sie dazu im Zimmer wahllos einige Stühle auf, um in einer imaginären Zuhörerschaft optische Fixpunkte zu haben. Nehmen Sie eine realistische Aussage aus der beruflichen Praxis, oder sagen Sie: »Wir sind alle davon betroffen«, »Wir können uns gegenseitig helfen«, »Wir schaffen es, wenn wir zusammenarbeiten«. Übermitteln Sie Ihre Worte nicht zu zaghaft. Sprechen Sie laut und vernehmlich, ja, rufen Sie es einmal schallend in den Raum hinein. Wie war Ihr Blick währenddessen? Sahen Ihre Augen direkt und offen auf das Publikum, oder neigen Sie dazu, den Blicken anderer auszuweichen? Besonders wenn Sie zu einer Gruppe reden, sollten Sie Ihren Blick verteilen und während des Sprechens wandern lassen. Beziehen Sie dabei auch die Personen ein, die am Rande stehen. Denn jeder möchte angesprochen sein, sonst entsteht sehr schnell Unmut. Jene, die den Eindruck erlangen, von Ihnen nicht beachtet zu werden, fühlen sich ausgeschlossen und werden daher nicht selten aggressiv. Wie schon oft in diesem Buch ausgeführt: Seien Sie positiv, geben Sie jedem das Gefühl, ernst genommen zu werden! Gewöhnen Sie sich an, Firmenangestellte oder Geschäftspartner immer mit Namen anzusprechen, damit schenken Sie ihnen Respekt. Bringen Sie also mit Worten und Ihrer Körpersprache zum Ausdruck, daß Sie sich für die Menschen interessieren, zu denen Sie sprechen.

Anmerkung: Begreifen Sie dieses Training auch als eine Form der »Selbstbespiegelung«. Lernen Sie so persönliche Stärken besser zu erkennen und aufzubauen. Entdecken Sie Ihre eigene Sprache und den »richtigen Dreh«, in Berufssituationen damit zu glänzen. Haben Sie Spaß daran, Profitricks wie diese einzusetzen, um durch die positive Rückmeldung anderer Menschen im Beruf mehr Freude zu erfahren und erfolgreicher zu sein.

Methode 3: So üben Sie sich in Entspannung

Sie stehen im Beruf unter starker Belastung? Sie haben sich Großes vorgenommen und zugleich Angst davor, Ihr Pensum nicht zu schaffen? Sie wollen eine Prüfung bestehen oder sich im Bewerbungsgespräch bewähren, leiden aber unter Lampenfieber? Denken Sie daran: Sie selbst sind Ihr bester Trainer, auch um sich von Streß und Nervosität zu befreien. Ob Ihnen die Hände zittern, ein Kloß im Hals sitzt oder Sie so unter Druck stehen, daß Sie am liebsten davonlaufen würden – zwei probate Entspannungstechniken helfen rasch, Anspannung und Ängste abzubauen.

1. Autogenes Training (Dauer etwa 15 Minuten)
Wählen Sie einen Stuhl, Sessel oder ein Sofa als Sitzgelegenheit. Verdeutlichen Sie sich, daß Sie Ihre körperlichen Reaktionen, nämlich das blümerante Gefühl im Magen oder das Herzrasen, selbst produzieren – also können Sie sich auch selbst davon »lossagen«. Sprechen Sie zu sich: »Meine Aufregung ist völlig unbegründet!« und: »Ich schaffe es!« Führen Sie dann ein vereinfachtes Programm durch, mit dessen Hilfe Sie sich rasch selbst beruhigen können und das nahezu überall, am Schreibtisch, im Flugzeug, im Wartezimmer oder auf einer Parkbank, Wirkung zeigt. Es funktioniert so:

Setzen Sie sich breitbeinig und mit aufrechter Wirbelsäule hin. Legen Sie die Hände auf den Oberschenkeln ab, so daß die Arme locker von den Schultern herabhängen. Legen Sie den

Kopf bequem zurück, oder lassen Sie ihn, ein wenig vorgeneigt, nach vorn sinken.

Schließen Sie jetzt die Augen, und atmen Sie mit leicht geöffnetem Mund (die Zähne berühren einander nicht) einige Male tief ein und aus, um abzuschalten. Denken Sie: »Ich ziehe mich für eine Weile in mich selbst zurück! Nichts gibt es in diesem Moment zu tun! Ich lasse los!«

Konzentrieren Sie sich nun auf einzelne Körperteile. Wenden Sie sich zuerst den Füßen zu: Wiederholen Sie in Gedanken mindestens sechsmal die Formel: »Ich entspanne meine Füße – meine Füße sind ganz warm.« Richten Sie all Ihre Aufmerksamkeit nur auf die jeweilige Körperpartie und die Formel. Lassen Sie keine anderen Gedanken zu. Sobald in den Füßen das signifikante Schwere- und Wärmegefühl auftritt, gehen Sie zum nächsten Körperbereich über und sagen sich einmal die Zwischenformel: »Ich bin ganz ruhig.«

Entspannen Sie als nächstes die Beine. Wieder gilt es, die Formel »Ich entspanne meine Beine – meine Beine sind ganz warm« sechsmal hintereinander innerlich aufzusagen und die Muskulatur aus ihrer Verspannung zu lösen, bis die Wärme zu spüren ist. Daraufhin folgt erneut, nur einmal, der Abschlußsatz: »Ich bin ganz ruhig.«

Gehen Sie in Ihrer Vorstellung im Körper spazieren. Begeben Sie sich in den Bereich von Unterleib und Bauch und sagen Sie zu sich die Formel: »Mein Leib ist strömend warm« (sechsmal). Die Wärme, die Sie hier erzeugen, beruhigt das sensible Nervensystem der Verdauungsorgane und wirkt entkrampfend. Bestätigen Sie daher zum Abschluß abermals (einmal): »Ich bin ganz ruhig.«

Wandern Sie hoch, in den Brustkorb hinein, und regulieren Sie Ihre Atmung über die Formel: »Mein Atem fließt ruhig und gleichmäßig« (sechsmal). Wenn Sie merken, daß Ihr Atem sich langsam befreit, verlassen Sie diesen Bereich wiederum mit (einmal): »Ich bin ganz ruhig.«

Entspannen Sie nun Ihre Arme mit der Formel: »Mein rechter Arm ist ganz schwer« (sechsmal). »Mein linker Arm ist ganz schwer« (sechsmal). Nach der separaten Erwärmung der Arme folgt (sechsmal): »Beide Arme sind schwer und warm.« Beschließen Sie den Vorgang wieder mit: »Ich bin ganz ruhig.«

Dehnen Sie Ihr Entspannungstraining auf die Nackenpartie, die Schultern und die Halsmuskulatur aus. Warten Sie ab, bis sich das angenehme Gefühl der Lockerung und Durchlässigkeit eingestellt hat, und benutzen Sie dazu (sechsmal) den Satz: »Nacken und Schultern sind strömend warm.« Unterbrechen Sie ein weiteres Mal mit: »Ich bin ganz ruhig.«

Die Abrundung des autogenen Trainings sollte jedesmal eine gelassene Einstellung vor und hinter der Stirn sein. Wählen Sie deshalb hierfür (sechsmal) den Satz »Meine Stirn ist angenehm kühl und glatt«, und kommen Sie mit »Ich bin ganz ruhig« zum Ende. Öffnen Sie die Augen, atmen Sie einmal tief durch, und haben Sie nur noch eine einzige »Zauberformel« im Kopf: »Gelöst und gelassen, wie ich nun bin, wird alles gut – also los!«

2. *Anti-Streß-Training* (Dauer etwa 5 Minuten)
Ob im Büro, zu Hause oder unterwegs, dieses Schnellprogramm eignet sich gut, um nervliche und körperliche Anspannung abzureagieren und das eigene Erregungsniveau temporär herunterzusetzen.

Nehmen Sie auf einem stabilen Sitzmöbel Platz, und rücken Sie mit dem Gesäß nah an die Rückenlehne heran. Strecken Sie nun die Arme nach vorne aus, und ballen Sie die Hände zu Fäusten. Pressen Sie Ihre Fäuste so energisch, als wollten Sie eine Zitrone ausquetschen, und spannen Sie gleichzeitig die Muskulatur Ihrer Arme an. Zählen Sie gedanklich langsam bis zehn, und lassen Sie daraufhin die Arme entspannt absinken. Warten Sie nochmals zehn Sekunden, wiederholen Sie die Übung dann in derselben Reihenfolge weitere zwei Male.

Mit Ihren Beinen verfahren Sie ähnlich: Heben Sie die Füße vom Boden ab. Ziehen Sie die Fußspitzen in Richtung des Körpers. Halten Sie die Beine kräftig angespannt und langgestreckt für zehn Sekunden hoch. Entspannen Sie die Beine, indem Sie beide Füße auf dem Boden ablegen, die Beine lockern und bis zehn zählen. Führen Sie diesen Übungsdurchgang nach demselben Muster insgesamt dreimal hintereinander durch.

Weiten Sie jetzt die Anspannung und Entspannung auf den ganzen Körper aus. Also: Arme und Beine zur gleichen Zeit fest anspannen, die Fäuste sind geballt, die Füße in die Höhe gestreckt, die Bauchmuskulatur und die Gesichtsmuskulatur (durch eine Grimasse) erhärtet. Bleiben Sie zehn Sekunden lang unter »Hochspannung«, lassen Sie dann nur los, um sich in der zehnsekündigen Entspannungsphase Erleichterung zu verschaffen. Die Gesamtübung bitte erneut dreimal durchführen.

Legen Sie zum Schluß eine kurze Ruhepause ein: Atmen Sie ein paarmal tief durch, und lassen Sie mit jeder Ausatmung, jedem Prusten und Blasen, kräftig »Dampf« ab. Nun folgt noch ein letztes Strecken und Recken, und Sie können sich von Ihrem Sitz erheben und von Ihrem Druckgefühl einstweilen verabschieden.

Anmerkung: Autogenes Training und Anti-Streß-Training stellen Selbstbeeinflussungsmethoden dar, die nicht nur zur akuten Streßbewältigung und, regelmäßig angewendet, zur Streßprophylaxe gedacht sind, sondern die wesentlich dazu beitragen können, körperliche und seelische Energie freizusetzen. Wenden Sie sie am Arbeitsplatz, in Studium und Ausbildung an, auch in der Freizeit und wann immer Sie unter Druck geraten, Angst haben oder unsicher sind, und erleben Sie, wie gut Sie sich anschließend fühlen. Seien Sie auf diese Weise gut zu sich selbst und Ihr bester Berater! Denn: *»Niemand kann dich besser beraten als du selbst«* (MARCUS TULLIUS CICERO).

Ich wünsche Ihnen für jeden Tag, den Sie Ihrem Beruf nachgehen, Großzügigkeit, Humor und Nachsicht beim Umgang mit sich selbst und anderen Menschen. Und ich hege die Hoffnung, daß es Ihnen mit jedem Mal ein wenig leichter fällt, im Berufsleben und anderswo offenen Blickes den rechten Moment für das richtige Wort, ein vergnügtes Lächeln und jene gelassene Ausstrahlung zu erkennen, mit der Sie sich selbst wohl fühlen.

VIERTER TEIL

Besser leben in der Partnerschaft

Bringen Sie Leben in Ihr Zusammenleben!

Jetzt einmal Hand aufs Herz: Haben Sie genug Zeit füreinander? Reden Sie öfter miteinander über Ihre Gefühle und über das, was Sie wirklich bewegt? Nehmen Sie sich Zeit für liebevolles und zärtliches Beisammensein? Unternehmen Sie häufig etwas gemeinsam, etwas, das Ihnen und Ihrem Partner, Ihrer Frau oder Ihrem Mann gleichermaßen Vergnügen bereitet? Falls ja, befindet sich Ihre Beziehung im Gleichgewicht.

Bei einer abschlägigen Antwort möchte ich Sie allerdings ganz direkt fragen: Woran liegt es denn? Wissen Sie es? Oder fällt es Ihnen schwer, spontan darauf zu antworten? Ich kann gut verstehen, wenn Sie erst überlegen müssen. Denn wie in allen Lebensbereichen, so sitzt auch in der Partnerschaft der Grund für die eigene Unzufriedenheit oft gut versteckt im Detail, beispielsweise in den Erwartungen und Ansprüchen, die einer an den anderen hat.

Darum nehmen Sie sich getrost einen Moment der Ruhe, um Ihre Erwartungen an Ihren Lebenspartner und natürlich ebenso an sich selbst zu überprüfen. Sogar auf die Gefahr hin, daß Ihnen die Wiederholung dieser Prämisse inzwischen wie ein »Einhämmern« erscheint, möchte ich es unterstreichen: Erst wenn wir uns selbst gegenüber absolut ehrlich sind, schaffen wir die Voraussetzungen dafür, schädliche und leidbringende Arrangements »über den Haufen zu werfen« und in unserem Leben etwas zu ändern – zufriedener und besser zu leben als vorher.

Denken Sie also darüber nach, was Sie von Ihrem Partner

erwarten. Halten Sie inne, um neu zu beurteilen, ob Sie da nicht einige Erwartungen finden, von denen Sie sich verabschieden können, weil sie, bei Licht besehen, einfach ein wenig überzogen sind. Prüfen Sie, welche Vorsätze es waren, mit denen Sie beide einst begonnen haben. Wo haben Sie mitgeholfen, Ihren gemeinsamen Vorsätzen treu zu bleiben, und wo nicht? Wurden Ihre Träume vom Zusammenleben Wirklichkeit? Was ist heute noch so schön wie am ersten Tag, und was könnte manchmal ein bißchen liebevoller und lebendiger sein, beispielsweise im Umgang miteinander oder in der Sexualität? Ich lasse Sie mit diesen Gedanken eine Minute lang allein und zähle einstweilen die Sekunden – 1, 2, 3, 4, 5, 6, 7, 8, 9, 10, . . .

Nun? Zu welchem Ergebnis sind Sie gekommen? Wo, glauben Sie, verbirgt sich die Ursache? Oder stellten Sie gerade fest, daß Sie heute so verliebt sind wie damals und Ihre Ehe oder Partnerschaft kaum nennenswerte Kratzer erhielt? Ich würde es Ihnen von Herzen gönnen. Vielleicht aber ergeht es Ihnen ähnlich wie den Paaren, mit denen ich über dieses Thema sprach und von denen viele sich offen dazu bekannten, daß ihre Beziehung merklich unter dem Muß eines unromantischen Alltags zu leiden habe und das tägliche Gestreßt-, Gereizt- oder Gelangweiltsein immer wieder Disharmonie ins Zusammenleben bringe. Dann sehen Sie in diesem Abschnitt einmal nach, ob Ihnen die hier beschriebene kleine Rezeptur für mehr Lebendigkeit in der Paarbeziehung ein paar erneuernde Impulse zu liefern vermag.

Doch lassen Sie mich dieses noch ergänzend hinzufügen: Getreu dem Titel dieses Buches ist für deren Anwendung im täglichen Zusammenleben guter Wille auf jeden Fall eine Voraussetzung. Ohne ihn verändern wir nichts – in keinem Bereich unseres Lebens. Aber als Lebenskünstler, der Sie inzwischen geworden sind, ist es für Sie sicherlich ein leichtes, sich diesen »guten Willen« selbst zu bescheren und einfach alles zu tun, um die Stunden, die Ihnen gemeinsam gegeben sind (niemand weiß, wie viele es sind), harmonischer zu gestalten und wieder mehr zu genießen.

So frischen Sie die Liebe auf

»Liebe wächst, indem man sie pflegt.«
CHARLOTTE PERKINS GILMAN

Wie bereitwillig geben wir uns oft der Illusion hin zu glauben, daß wir die Liebe unseres Partners für immer besitzen. Kaum ist die Zeit vorüber, in der man einander verliebt umwarb und wunderschöne Dinge sagte, gewöhnen wir uns mit jedem Tag, den wir gemeinsam verbringen, ein kleines Stück mehr an den Gedanken, daß wir einander »haben«. Ja sogar, wenn im Alltagsleben einmal die »Fetzen fliegen« und der eine die Gefühle des anderen im Streit scharfzüngig verletzt, lebt doch die Mehrzahl aller Paare und Eheleute weiterhin in der Vorstellung: Wir haben uns entschieden, zusammen zu leben. Oder sie denken: Wir haben geheiratet und uns mit Brief und Siegel attestieren lassen, daß wir zusammengehören, also darf ich mir des Menschen an meiner Seite »sicher« sein.

Was mich betrifft, so möchte ich dazu nur bemerken: Das zugegebenermaßen beruhigende Gefühl, sich des geliebten Menschen sicher zu wähnen, verführt leicht dazu, daß wir die Liebe immer mehr als Selbstverständlichkeit betrachten. Eben davor möchte ich Sie warnen. Eine tagein, tagaus wie selbstverständlich in Anspruch genommene Liebe läßt uns verlernen, uns umeinander zu bemühen. Und wenn wir aufhören, uns Mühe zu geben, und die Zweisamkeit vernachlässigen, hören wir auch damit auf, die Liebesbeziehung immer wieder zu beleben. Daraus folgt zunächst allgemeine Eintönigkeit, die später nicht selten in Gleichgültigkeit gegenüber den Wünschen und Gefühlen des Partners umschlägt – nicht von heute auf morgen, nicht direkt absehbar, sondern kaum merklich und schleichend und jeden Tag ein bißchen mehr.

Überall geraten Lebensgemeinschaften, an diesem Punkt angekommen, aus dem Gleichgewicht. Dies geschieht nicht allein, weil die nüchternen Realitäten des Alltags Schuld daran hätten (sie werden oft nur vorgeschoben), sondern durch das Selbstverständlichkeitsdenken, mit dem wir unser Liebesbündnis behandeln.

Deshalb kann es auch für Sie, liebe Leserin, lieber Leser, nie zu früh sein, über Ihre Beziehung und die Art Ihres Zusammenlebens gründlich nachzudenken. Und falls Sie im Moment dazu keine Notwendigkeit sehen, weil Sie meinen, Ihre Partnerschaft habe alles, was sie brauche, so seien Sie sich dennoch dessen bewußt: Selbst eine glückliche Beziehung kann eines Tages dorthin gelangen, wo das Selbstverständlichkeits- und Besitzdenken des einen zur Ursache dafür wird, daß der andere unzufrieden zu werden beginnt, weil er sich vernachlässigt fühlt. Oder, noch schlimmer, es wird immer öfter über Trennung nachgedacht, weil beide Partner sich, ohne es eigentlich richtig zu bemerken, längst entfremdet haben.

Um eine solche Entwicklung zu verhindern, sollten Sie noch heute etwas unternehmen. Leben Sie nicht länger in der Erwartung, daß Ihr Partner bitteschön zuerst initiativ werden müsse. Und lösen Sie sich von gegenseitigen Schuldzuweisungen, sie bringen Sie nicht weiter. Denken Sie daran, daß wir auch in der Liebe für unser Lebensglück selbst verantwortlich sind.

Es allein in die Hände eines anderen Menschen zu legen und es ihm anheimzustellen, ob man glücklich oder unglücklich wird, ist nicht nur falsch, sondern gerät ebenso unversehens zu einer Ausrede für die eigene Trägheit.

Tragen Sie daher zur Qualität Ihrer Partnerschaft bei. Geben Sie Ihrer Zweisamkeit wieder »das Salz in der Suppe« zurück, falls Ihnen das Zusammenleben in der vergangenen Zeit ein bißchen fad erschien. Denn die Lebendigkeit einer Beziehung ist nicht selbstverständlich, jeder muß mithelfen, sie lebendig zu erhalten. Pflegen Sie miteinander kleine Rituale Ihrer Liebe, und Sie erleben das schöne Gefühl, wie etwas von demselben Zauber zurückkehrt, den Sie füreinander empfanden, als Sie sich das erste Mal begegneten.

Bitte sagen Sie jetzt nicht: »Wir haben einfach zuwenig Zeit füreinander!« oder: »Die Arbeit, die Alltagspflichten, das Sorgen für Familie und Kinder – da bleibt kaum Energie übrig, uns zu zweit mal ein paar schöne Stunden zu machen.«

Ich habe es schon oft betont: Durch solche »Killerphrasen« setzen wir uns selbst außer Gefecht. Jedenfalls kehren wir damit die eigene Verantwortung für eine glückliche Partnerschaft unter den Teppich.

Doch Ihr Glück ist möglich – jeden Tag. Sorgen Sie dafür, die Routine immer wieder zu durchbrechen. Lassen Sie beide öfter den Alltag hinter sich, und erlauben Sie sich kleine Fluchten, um miteinander gefühlvoll und liebevoll umzugehen. Vernachlässigen Sie lieber einmal Ihr Arbeitssoll zu Hause, und pflegen Sie Ihre Zweisamkeit.

Meine Leser mögen es mir verzeihen, wenn ich beim Stichwort »pflegen« einen banal anmutenden Vergleich zitiere, aber: Wir Männer nehmen uns doch auch Zeit, um unsere geliebten Autos in Ordnung zu halten. (Oft wundert es mich, mit wieviel Inbrunst manche meiner Geschlechtsgenossen Lackpflege betreiben.) Darum, meine Herren, stelle ich die Gewissensfrage: Widmen Sie sich mit ebensoviel Eifer den Stunden zu zweit?

Ebenfalls mögen meine Leserinnen mir diesen Vorschlag nicht übelnehmen (denn ich weiß ja, daß viele Frauen im Haushalt, wie eh und je, die Hauptarbeit zu leisten haben), wenn ich sage: Lassen Sie doch heute einfach einmal »eine Fünf gerade sein«, und seien Sie nicht so perfekt wie sonst. Verschieben Sie die Bügelwäsche ruhig auf morgen. Haken Sie sich am Arm Ihres Partners unter, und ziehen Sie los.

Unternehmen Sie beispielsweise all das noch mal, das Sie taten, als Sie einander kennenlernten. Gehen Sie gemeinsam in das kleine Restaurant von damals, um bei Kerzenschein wieder über Ihre Liebe zu sprechen und darüber, wie alles begann. Sagen Sie beide zueinander: »Heute ist unser Tag – den nehmen wir uns.« Möglicherweise legen Sie wieder einmal die alten Platten mit der Musik aus der Zeit von damals auf, oder Sie besuchen ein Konzert und lassen schwärmerische Gefühle hochleben. Organisieren Sie Ihre Zweisamkeit, indem Sie das Telefon aushängen beziehungsweise die Kinder für ein paar Stunden jemand anderem in Betreuung geben, um einen verregneten Nachmittag im Bett zu verbringen und sich für Liebesspiel und Zärtlichkeiten viel Zeit lassen zu können. Reservieren Sie ein Wochenende, um vielleicht nach Paris zu fahren, nach Rom oder Amsterdam, um Arm in Arm durch die Straßen zu schlendern. Versetzen Sie sich in die Situation, Sie wären einander gerade eben zum ersten Mal begegnet, und handeln Sie, als wären Sie wieder jung – dann fühlen Sie sich auch so.

Lernen Sie einander wieder zu verehren und Spaß miteinander zu haben. So erhält Ihre Beziehung neue Facetten, und es vermag eine neue lebendige Wechselbeziehung zwischen Ihnen und Ihrem Partner zu entstehen, durch die, in alle Bereiche Ihrer Partnerschaft hineinwirkend, neue Vertrautheit und Intimität erblühen kann. Vor allem wird das, was durch die Nüchternheit des Alltags abgenutzt und abwechslungslos schien, wieder anfangen zu wachsen und sich mit Leben erfüllen.

Tragen Sie sich doch noch heute in Ihren Kalender ein, wann und wo Sie etwas dazu beitragen können, die Liebe zueinander aufzufrischen, und widmen Sie sich überdies erbaulichen Gedanken, wie »An diesem Tag will auch ich für Harmonie sorgen«, »Ich lege Wert auf ein gepflegtes Äußeres und möchte auch in den eigenen vier Wänden attraktiv sein«, »Ich höre richtig zu, wenn meine Frau/mein Mann etwas sagt«, »Ich sehe meinen Partner an und lächle«, »Ich freue mich, weil mir an diesem Tag wieder bewußt wird: Wie wunderbar, daß wir zwei uns haben«.

So stärken Sie einander

> *»Es ist ein großer Fehler, das Komplimentemachen aufzugeben. Wenn der Mensch nichts Charmantes mehr sagt, hat er auch keine charmanten Gedanken mehr.«*
>
> OSCAR WILDE

Ein Lob, ein paar anerkennende Worte – wer nimmt das nicht freudig entgegen? Es stärkt das Selbstwertgefühl, gibt uns Selbstvertrauen und, was das wichtigste ist, es zeigt, daß wir vom anderen wahrgenommen werden.

Meiner Meinung nach sind Männer für Komplimente und Schmeicheleien ebenso empfänglich wie Frauen, auch wenn viele es wohl kaum offen zugeben würden. Dabei ist das, was Frauen von Männern und Männer von Frauen so gerne hören möchten, nichts weiter als etwas Bestätigung. Wir wünschen uns die Bestätigung dafür, daß wir von unserem Partner geschätzt werden, daß wir für ihn noch attraktiv und anziehend oder ganz einfach »die Beste« oder »der Beste« sind. Wer sagt, ihm sei das nicht wichtig und nicht angenehm, der ist, so glaube ich, nicht ehrlich. Ich nehme an, keine Frau und kein Mann verzichtet freiwillig darauf. Denn ein kleines Kompliment kann wie das Dessert im Anschluß an ein festliches Mahl sein. Wir mögen es auslassen, aber dann fehlt etwas – das Pünktchen auf dem i.

Wie oft sind wir so sehr in Arbeit verstrickt, daß wir arglos übersehen, unserem Partner Worte der Anerkennung zukommen zu lassen. Tausend Aufgaben beanspruchen unser Denken, tausend Angelegenheiten gilt es zu erledigen. Der Ablauf des täglichen Lebens läßt uns manchmal vergessen, dem anderen mit genügend Aufmerksamkeit zu begegnen. Vermutlich kann niemand, der mit einem Menschen zusammenlebt, sich davon ganz freisprechen. Und vielleicht mögen Sie auch denken: Die Zeiten, Süßholz zu raspeln, sind vorbei. Oder Sie meinen: In unserer Beziehung zählt anderes für mich, etwa die Vertrautheit gemeinsamer Erlebnisse, die Kinder, Pläne, die wir für die Zukunft haben – wir brauchen einander nicht mehr zu sagen: »Du siehst hinreißend aus!«

Doch schätze ich Sie, die dieses Buch bis hierhin gelesen haben, inzwischen so ein, daß Sie kein »Kostverächter« sind, der aus Gründen der Askese Verzicht übt. Eher halte ich Sie für einen Gourmet, der es versteht, ein gutes Essen mit Wonne zu genießen, und allen anderen schönen Seiten des Lebens wohl ebenfalls zugeneigt ist. Und wahrer Genuß, das wissen Gourmets, stellt sich erst ein, wenn man von allen kulinarischen Lekkerbissen, die geboten werden, das Beste bewußt auszuwählen vermag.

In bezug auf das, was das Leben zu zweit genußvoller sein läßt, möchte ich Ihnen auf diese Weise mitteilen: Verzichten Sie nicht darauf, Ihre Beziehung durch Komplimente wie durch eine »süße Zugabe« abzurunden. Denken Sie nicht, daß eine intakte Beziehung darüber erhaben ist, einander Nettigkeiten zu sagen, oder daß Ihr Partner das womöglich lächerlich fände. Jeder Aspekt, mag er noch so nebensächlich erscheinen, kann dazu beitragen, das Zusammenleben zu bereichern und einen gewöhnlichen Tag zu einem besonderen zu erheben. Die Worte der Bestätigung, die Sie Ihrem Partner zuteil werden lassen, sind keineswegs Nebensache. Sie umschmeicheln damit sein Ego, bauen es da auf, wo es Schaden erlitt. Und das ist doch etwas Großes, das wir füreinander tun können, oder etwa nicht? Erweisen Sie sich in Ihrer Liebesbeziehung und Ehe daher als generös, und verwöhnen Sie Ihren Partner öfter mit einer liebevoll lobenden Bemerkung. Das erzeugt Ermunterung, verschönert die Atmosphäre Ihrer Beziehung, und das Zusammenleben schmeckt noch einmal so gut.

Deshalb appelliere ich an alle Frauen und Männer: Fragen Sie sich an dieser Stelle, was Sie an Ihrem Partner am meisten schätzen! Was mochten Sie gleich an ihm oder an ihr, als Sie einander das erste Mal trafen? War es das Lächeln, das Sie betörte, oder die Stimme? War es die Art, wie der andere sich Ihnen gegenüber verhielt? Waren es eindeutige Charaktereigenschaften, oder war es gar alles zusammen? Vielleicht haben Sie in der Vergangenheit die Vorzüge des anderen nicht mehr so gesehen. Wie dem auch sei: Sagen Sie Ihrem Partner heute einfach einmal wieder, was Sie an ihm mögen und daß Sie ihn lieben.

Hier noch ein paar Anregungen, die mir, als Seminarleiter, von weiblichen und männlichen Seminarteilnehmern immer wieder ins Ohr geflüstert wurden.

Damit wünscht die »Damenwelt« bestätigt zu werden:

- Fast jede Frau sieht und hört es gerne, wenn die Vorzüge ihrer äußeren Erscheinung in Augenschein genommen werden. Sätze wie: »Deine neue Frisur steht dir wirklich gut!« oder: »In diesem Kleid würde ich dich glatt ein zweites Mal heiraten!« sind ein Anfang, weil sie zeigen: »Mein Partner sieht mich noch.«
- Einige anerkennende Worte hinsichtlich der »wunderbar strahlenden Augen«, der »schönen Hände« oder der »zarten Haut« werden von der Mehrzahl der Frauen, mit denen ich sprach, ebenso erfreut entgegengenommen, vor allem wenn sie von einem Kuß begleitet werden.
- Freude bereitet auch ein kleines Loblied, das ausdrückt, wie begehrenswert und reizvoll »Mann« sie findet: »Ich mag es, wie du gehst und wie du dich bewegst!« oder: »Ich vermisse dich!« hören viele Frauen nicht weniger gerne.
- Genauso möchten Ehefrauen und Lebensgefährtinnen aber logischerweise innere Werte gewürdigt wissen. »Dein Humor baut mich wieder auf!«, »Deine Art, das zu sehen, hilft mir, alles etwas leichter zu nehmen!« oder »Dein Rat ist mir sehr wichtig!« sind Töne, die besonders zum Ausdruck bringen, wieviel einem die Partnerin als Mensch bedeutet.
- Viele Frauen beklagen sich insgeheim darüber, daß es ihren Partnern nicht einfällt, sie hin und wieder zu ermutigen. Wenn »sie« etwa sagt: »Ich bin mit meiner Figur überhaupt nicht zufrieden!« oder: »Ich würde mich so gerne um den neuen Job bewerben, doch ich bin nicht gut genug!«, so

klingen beide Male leise Selbstzweifel an. Antwortet »er« darauf nichts, werden diese noch verstärkt. Eine charmante Äußerung wie »Nun übertreib nicht, für mich bist du schön!« oder »Versuch es doch, ich weiß, du kannst das!« ist eine positive Rückmeldung, die Zweifel zu mildern hilft, und in manchen Momenten mehr wert sein kann als ein Strauß Rosen.

Das möchten die »Herren der Schöpfung« am liebsten hören:

- Es bedarf keiner großen Phantasie zu erkennen, daß Männer gerne bestätigt bekommen, ein amüsanter Unterhalter zu sein oder ein guter Freund in allen Lebenslagen. Aber auch Zwischentöne, die zum Ausdruck bringen, wie sehr sie sich um das Wohl und die Persönlichkeitsentwicklung ihrer Partnerin kümmern, wünschen sich viele Männer: »Du gibst mir Geborgenheit!«, »Mit dir ist mein Leben erst schön!« oder »Durch dich kann ich mich weiterentwickeln!« ist Balsam auf die männliche Seele.
- Demgegenüber sollten Sie, verehrte Damen, nicht meinen, daß Männer auf Äußerlichkeiten weniger Wert legten als Sie. Hier und da eine beifällige Bemerkung dazu, was Ihnen an Ihrem Partner gefällt, sei es das Gepflegtsein oder der charmant zwinkernde Blick, sei es, daß Sie sein kräftiges Haar bewundern oder mit liebevollem Streicheln ausdrükken, daß Sie seine lichter gewordene Frisur nicht stört, kommt immer gut an.
- Wichtigster Punkt aber ist: Männer brauchen es, stolz auf sich sein zu können. Deshalb ist es für die meisten äußerst deprimierend, wenn sie feststellen, von ihrer Partnerin nicht mehr bewundert zu werden. Bejahende Äußerungen wie »Das kannst du am besten!« oder »Für mich bist du der Größte!« mögen für den weiblichen Geschmack sehr direkt klingen, verfehlen jedoch nie ihre Wirkung. Denn es läßt die Bestätigung anklingen, die Männern jeder Couleur und jeden Alters das Gefühl gibt, für ihre Partnerin immer noch genauso »toll« zu sein wie früher.

Meine lieben Damen und Herren, wie immer Sie es formulieren mögen – ob Eheglück oder freies Zusammenleben –, versäumen Sie nicht, einander mit Worten häufiger zu bestätigen. Und überlegen Sie gleich jetzt: »Mit welchem Lob kann ich meinen Partner heute bekräftigen?« Nehmen Sie sich vor: »Ich will ihn nicht kritisieren oder an ihm herumnörgeln, sondern nur ermutigen.« Und fügen Sie den Vorsatz hinzu: »Ich lasse meinen Partner wissen, welche Komplimente mir wohltun!«

Wie Ihre Beziehung immer spannend bleibt

»Wenn du mir die Hände fest hältst, sind deine auch so gut wie gehalten.«
CHRISTIAN FRIEDRICH HEBBEL

Entsinnen Sie sich noch, wie es war, als Sie Ihren Partner eben erst kennenlernten und frisch verliebt waren? Keine Sekunde verging, in der man nicht das brennende Sehnen verspürt, dem anderen nahe zu sein. Keine Stunde, die man miteinander verbrachte, blieb ohne das Geheimnis prickelnder Anziehungskraft. Kein Tag verlief ohne das Gespanntsein darauf, vom anderen zu erfahren, wer er ist, wie er denkt, was er fühlt.

Studien über das Liebesleben von verheirateten und unverheirateten Paaren haben ergeben: Die Ruhepause nach der ersten Phase aufgeregten Interesses füreinander ist eine normale Entwicklung. Für jeden – für Frauen und Männer gleichermaßen – bricht irgendwann die Zeit an, in der man sich wünscht, die Phase heftiger Leidenschaft, mit all den Ängsten, die daran geknüpft sind, die Liebste oder den Liebsten an einen anderen Menschen verlieren zu können, möge vorübergehen, und die Jahre glücklichen Zusammenseins mögen anbrechen, Jahre friedvoller Harmonie und der Gewißheit: Der andere ist für mich da.

Andererseits bricht, sobald das »Fieber« in der Beziehung nachgelassen hat, jene dritte und zugleich schwierigste Phase der Partnerschaft an, die Zeit, in der der Alltag unsere Liebe in Geduld und Stärke auf die Probe stellt. Hieran scheitert etwa in der Bundesrepublik Deutschland jedes dritte Ehepaar und wird wieder geschieden. Und ohne daß wir es näher eruieren müßten, dürfen wir wohl davon ausgehen, daß ebenso viele Paare zusammenbleiben, obwohl die Partner einander nichts mehr zu sagen haben. Denn Teilnahmslosigkeit und Bequemlichkeit zeichnen das Bild diverser Bindungen, die sich im Laufe der Zeit von einer Liebesbeziehung zur Zweckgemeinschaft wandelten. Phantasielosigkeit und Langeweile haben sich darin ausgebreitet.

Als die populärste Beziehungstalsohle gilt »das verflixte siebte Jahr«. Woran bislang noch der Geruch von Aberglaube haftete, das wiesen inzwischen Untersuchungen nach: Das siebte Jahr gerät für die meisten Ehen und Paarbindungen zu einer Zeit der Separierung und Neuorientierung. Frau und Mann haben einen Punkt erreicht, an dem sie vom Zusammenleben enttäuscht sind. Häufige Streitereien bleiben nicht aus. »Soll das alles gewesen sein?«, »Was ist schiefgelaufen?«, »Wer hat was, wie, wo falsch gemacht?« grübelt jeder für sich. Doch während dieser Zeit haben beide »Scheuklappen« vor den Augen und vermögen darum kaum mehr zu erkennen, wie einfach es im Prinzip doch wäre, wieder miteinander glücklich zu sein.

Dies alles kommt Ihnen in Ansätzen bekannt vor? Nun, dann lassen Sie uns hier die Frage aufwerfen: Kann es überhaupt ein Mittel geben, eine abgekühlte Beziehung zu neuem Leben zu erwecken? Oder formulieren wir es anders: Wie können wir uns davor bewahren, daß die Art von Gewöhnung eintritt, die uns nur noch »nebeneinander her leben« läßt? Die Antwort darauf lautet: Sie können mit Ihrem Lebenspartner Vereinbarungen treffen, die Sie vor dem Auseinanderleben bewahren und die Ihnen helfen, harte Zeiten miteinander durchzustehen.

Abmachungen für ewige Liebe sind unrealistisch. Entscheidend scheint mir vielmehr, daß Sie beide niemals aufhören, einander Ihre »Eigenständigkeit« zuzugestehen und zuzusichern. Das ist das Allerwichtigste. Schließlich ist das gegenseitige Anderssein doch auch das, durch das Sie beide sich einst angezogen fühlten und dessentwegen Sie sich ineinander verliebt haben. Ich gehe sogleich einen Schritt weiter und behaupte: Sich die Eigenständigkeit zu bewahren, ist der einzige erfolgversprechende Weg zu verhindern, daß Langeweile auftritt.

Beginnen Sie daher frühzeitig, miteinander auszudiskutieren, welche Freiräume Sie für sich beanspruchen und welche Sie Ihrem Partner einzuräumen vermögen. Sicherlich, das kann Sie Abende stundenlanger Gespräche kosten, in denen jeder versuchen wird, sein Grenzgebiet größtmöglich abzustecken. Bei manchen Paaren dauert es auch Jahre. Doch die Mühe lohnt sich. Das Zusammenleben wird dadurch anregender. Es kommt Farbe in den Beziehungsalltag. Früher oder später werden Kompromisse gefunden, die es ermöglichen, daß keiner von beiden mehr zähneknirschend Ungewolltes tun oder hinnehmen muß. Das Gefühl der freien Selbstbestimmung stellt sich ein.

All denen, die noch zweifeln und sich fragen, ob das denn in der Praxis funktionieren könne, sei es hiermit bestätigt: Viele Paare wären längst getrennt, hätten sie nicht zumindest eine oder zwei Vereinbarungen geschaffen, an die sich beide beharrlich hielten. Um es im Einklang mit den Wissenschaftlern zu sagen, die das Phänomen des »verflixten siebten Jahres« neu untersuchten: Paare, die beizeiten genau festlegen, wo der Freiraum des einen beginnt und wo die Freiheit des Partners beschnitten wird, haben die allerbesten Chancen, nicht nur das siebte Jahr zu überstehen, sondern auch das achte, neunte, zehnte ...

Vielleicht helfen Ihnen einige Vorschläge, wie Sie Ihre Eigenständigkeit aufrechterhalten und zugleich die Gegenseitigkeit stärken können. Prüfen Sie bitte im Alltag, ob Sie das Einhalten der einen oder anderen Vereinbarung kräftig dabei unterstützen kann, wieder voneinander begeistert zu sein »wie einst im Mai«.

Gehen Sie eigene Wege. Allweil beieinanderzu»hocken« erzeugt Monotonie, und das Interesse füreinander nimmt ab. Vereinbaren Sie daher, daß jeder neben gemeinsamen Aktivitäten seinem privaten Hobby frönen darf. Eifersucht ist nicht erlaubt, ebensowenig die Freizeitgestaltung des anderen negativ zu bewerten. So werden die Stunden zu zweit zunehmend als anregender Austausch empfunden, in denen Sie einander von Ihren Erlebnissen berichten und sagen können: »Erzähle du von dir, und ich erzähle dir von mir.«

Zeigen Sie Gefühle. Männer, die sich nie erlauben zu weinen, Frauen, die sich nicht getrauen, einmal einen Wutausbruch zu haben und ihre Enttäuschung und ihren Ärger abzureagieren, unterdrücken natürliche Bedürfnisse. Eines Tages wird das Unbehagen, sich nie gehenlassen zu dürfen, unerträglich – und das Zusammenleben ebenso, weil »er« sich in seinem und »sie« sich in ihrem Seelenleben abgekapselt fühlt. Einigen Sie sich daher rechtzeitig darauf, daß jeder seine Gefühle offenlegen darf. Die Devise sollte lauten, sich immer dafür Zeit zu lassen und das ernst zu nehmen, was den anderen beschäftigt. So braucht keiner sich in Verstellungskunst zu üben, und beide Partner lernen voneinander, die Gefühle des anderen mehr zu respektieren. Vor allem kommen Sie nicht in die Verlegenheit zu glauben, »meine Frau/meinen Mann kann ich doch mit dem, was mich wirklich bewegt, nicht konfrontieren«.

Streiten Sie fair. Meinungsverschiedenheiten, die zu Kampf- und Machtspielen ausarten, bei denen es nur noch darum geht, recht zu behalten oder den Partner an seiner wunden Stelle zu treffen, damit man sich selbst als Gewinner fühlen kann, wirken auf jede Partnerschaft wie ein tödlicher Giftpfeil. Führen Sie deshalb »Streitregeln« ein: Jeder darf seinen Standpunkt darlegen, keiner darf die Ansichten des Partners zum Unsinn abstempeln. Beleidigungen gelten als unerlaubte »Schläge unter die Gürtellinie«. Die Türen zuzuknallen und wegzulaufen wird nicht gewertet, dafür zählt das Reden, Reden, Reden, so lange, bis wieder gegenseitiges Verständnis aufkommt – und wenn es fünf Stunden und länger dauert. Die Höchstbewertung erhält derjenige, der getreu dem Sprichwort »Zanke dich am Morgen, aber vertrage dich am Abend!« (von WILHELM RAABE) als erster Versöhnung initiiert. So entsteht kein »Rosenkrieg«. Jeder kann seine Sichtweise in die Beziehung einbringen, und das erzeugt positive Spannung. Wenn Sie das beide beherzigen, muß niemand mehr meinen: »Darüber können wir einfach nicht reden, ohne daß wir einander sofort ›befetzen‹ und ohne daß tagelang ›dicke Luft‹ herrscht.«

Vermeiden Sie Routine-Sex. Wenn die erotischen Freuden im Schlafzimmer nachlassen, weil zu oft nach »Schema F« vorgegangen wurde und Frau oder Mann anstatt einem heißen Wunsch nach Liebkosung immer öfter Lustlosigkeit verspüren, hilft alles nichts: Einer muß die Initiative ergreifen, damit das Sexualleben wieder spannend wird. Denn ist der Sex erst zu einer Übung verkommen, die nur noch nach Plan abläuft, ist auch der Seitensprung nicht mehr weit. Verabreden Sie daher in weiser Voraussicht, daß jeder dem anderen seine sexuellen Wünsche mitteilen darf und jeder sich hin und wieder etwas einfallen lassen soll, das die Sinnenlust abwechslungsreich gestaltet. Wichtig für beide ist, daß es ihnen Vergnügen bereitet. Und beim zärtlichen Schmusen »vorher« und beim Streicheln »nachher« möge das Spielerische nicht zu kurz kommen.

So wünscht man sich auch wieder öfter körperliche Zweisamkeit und genießt sie mehr als zuvor. Sie haben die Eintönigkeit vertrieben und wissen beide: Sex, das heißt für uns, ich mache dich glücklich, du machst mich glücklich – doch nicht immer auf die gleiche Weise.

Vergeuden Sie keine wertvolle Zeit. Setzen Sie sich noch heute mit Ihrem Partner zusammen, um darüber nachzudenken, welche Vereinbarung Ihrer Beziehung mehr Schwung verleihen könnte. Reden Sie in Ruhe darüber: »Wo können wir uns mehr Freiräume geben, um der Langeweile vorzubeugen?« Begutachten Sie die Bereiche, die Sie bisher vernachlässigt haben, und legen Sie miteinander fest: »Diesen Traum möchten wir zu zweit verwirklichen, diesen Wunsch solltest du dir und jenen möchte ich mir ganz allein erfüllen, um nicht stehenzubleiben.« Nehmen Sie sich heute gemeinsam vor: »Wir wollen mehr dafür tun, unsere Liebe vor monotoner Alltäglichkeit und Spannungslosigkeit zu schützen.«

So machen Sie aus einem gewöhnlichen Tag etwas Besonderes

»Liebe ist ein Magier, ein Zauberer, der wertlose Dinge in Freude verwandelt und aus gewöhnlichen Sterblichen wahre Könige und Königinnen macht.«

ROBERT G. INGERSOLL

Manche Tage gehen vorüber, ohne daß etwas Besonderes geschieht. Wir sitzen gemeinsam an einem Tisch und essen. Wir reden miteinander über die Ereignisse im Büro und darüber, wer tagsüber angerufen hat. Wir sehen zusammen fern oder lesen ein Buch. Wir schlafen im Bett nebeneinander ein, doch still, ganz still träumen wir dann vielleicht davon, das Außergewöhnliche und Wunderbare möge geschehen und unser gemütliches Leben einmal wieder so richtig auf den Kopf stellen.

Vermutlich erleben Sie das in Ihrer Zweierbeziehung nicht viel anders: Die meisten Tage vergehen, ohne daß wir damit rechnen, etwas Großartiges würde geschehen – sie verlaufen im allgemeinen so wie sonst auch immer, ohne besondere Vorkommnisse. Wir verrichten eine Menge gewohnter Tätigkeiten, und der Tagesablauf ist genau verplant. Zeit, um einmal aus sich herauszugehen, intensiv zu leben oder etwas zu riskieren, ist in der Regel nicht vorgesehen. Wir leben miteinander voller Achtsamkeit und verschwenden eine Menge Gedanken daran, Vorsorge zu treffen. »Warum auch nicht«, könnte man meinen. Unser Berufsalltag ist ohnehin voll von Risiken. Wer will es uns da verübeln, wenn wir unser Zusammenleben behaglich und gut überschaubar einrichten?

Viele Frauen und Männer denken so. Das führt aber oft so weit, daß sie aus der Ehe oder Partnerschaft eine Trutzburg gegen »die Welt da draußen« schaffen, und schließlich geschieht es: Die Beziehung wird immer reizloser und müder. Eines Tages befällt »sie« oder »ihn« jenes leise Gefühl, das »richtige Leben« in aller Heimeligkeit zu verschlafen. Und plötzlich wacht einer auf und will dieses laue Leben nicht mehr. Die Beziehungskrise ist da.

Das einzige Mittel, sich vor »Einschläferung« in der Partnerschaft zu bewahren und zugleich die Magie zurückzuerobern, ist, sich mehr dem Leben hinzugeben. Allerdings wäre es ein Trugschluß, »Hingabe« nur mit der Vorstellung an einen Liebhaber oder eine Geliebte und ein exzessives Abenteuer gleichzusetzen. Denn unabhängig davon, ob Sie mit Ihrem Partner drei Jahre oder dreißig Jahre zusammen sind, kann das Leben für Sie beide gemeinsam auch an »normalen« Tagen außergewöhnlich sein – wenn Sie offen dafür bleiben, ab und zu ein neues Spiel miteinander zu spielen, und sich nicht jedes Vergnügen, das Sie heute haben können, durch ein Zuviel an Vorsichtsmaßnahmen und Zukunftsabsicherung versagen. Um es noch direkter zu nennen: Vergessen Sie jene Zurückhaltung, die wir uns selbst auferlegen oder die man uns anerzogen hat. Entdecken Sie miteinander eine neue Intensität Ihrer Partnerschaft. Das gelingt auch dann, wenn Sie schon länger miteinander verheiratet sind oder zusammenleben. Denken Sie nur nicht: »Für uns ist doch schon alles gelaufen!« Gestalten Sie jeden Tag bewußt ein bißchen anders, und das Zusammenleben wird niemals ereignislos und nichtssagend.

Wie Sie beide aus einem gewöhnlichen Tag etwas Besonderes gestalten:

Lassen Sie den Tag zum Geschenk werden. Überraschen Sie den Partner mit einem Ausflug ins Blaue. Entführen Sie den anderen in ein Museum, zu einer Weinprobe oder in ein romantisches Hotel, um dort ein Verwöhnwochenende zu verleben, doch verraten Sie zuvor nicht, wohin es geht.

Spielen Sie dann und wann »König und Königin«. Wecken Sie Ihre Liebste/Ihren Liebsten am Morgen mit einem fürstlichen Frühstück. Erweisen Sie dem anderen einen ganzen Tag lang jeden Liebesdienst. Erfüllen Sie so die Wünsche, die bislang immer aufgeschoben wurden, und erheben Sie die/den andere/n zur/zum »Königin/König für einen Tag«.

Stellen Sie sich vor, Sie lernen einander gerade kennen. Gehen Sie ab und zu getrennt aus, und flirten Sie zum Spaß ein bißchen mit sympathischen Menschen. Vereinbaren Sie zuvor zu Hause mit Ihrer Partnerin/Ihrem Partner, wann und wo Sie einander anschließend begegnen und miteinander ins Gespräch kommen, als wäre es das erste Mal.

Beschenken Sie die/den andere/n auch ohne Anlaß. Bringen Sie Ihrer Partnerin/Ihrem Partner ab und zu etwas mit, über das sie/er sich freut und mit dem sie/er überhaupt nicht rechnet. Lassen Sie sich öfter etwas Originelles einfallen, und zeigen Sie sich einmal von einer neuen Seite. Malen Sie zum Beispiel dem anderen ein Bild, oder dekorieren Sie einen ganzen Raum als Überraschungszimmer, oder sagen Sie: »Komm, wir machen einen Stadtbummel und kaufen schöne Schuhe für dich.«

Gehen Sie gemeinsam einem Hobby nach, das Ihnen Freude bereitet. Treiben Sie einmal wöchentlich gemeinsam Sport, spielen Sie Badminton oder erlernen Sie T'ai Chi. Besuchen Sie zusammen eine Ausstellung, um Kunst oder Trödel zu sammeln – um sich für Stunden mit einer Liebhaberei zu beschäftigen, von der Sie beide gleichermaßen begeistert sind.

Schreiben Sie einander Liebesbotschaften. Stecken Sie Ihrem Partner einen kleinen Zettel in die Jackentasche oder an den Spiegel, und sagen Sie: »Ich denke an dich!«, oder: »Ich drücke dir die Daumen, ich wünsche dir einen schönen Tag!«

Tauschen Sie manchmal die »Rollen«. Legen Sie sich nicht darauf fest, was Angelegenheit des Mannes und was die der Frau ist. Schaffen Sie sich Tage, an denen »er« den Heringssalat »nach Großvaters Art« kreiert und »sie« die Gartenbank neu lackiert, jeder einmal auf der Bettseite schläft, wo sonst der andere liegt, Tage, an denen »sie« die Initiative ergreift und »er« sich nur verführen läßt.

Pflegen Sie die kleinen Rituale miteinander. Bedenken Sie sich täglich zur Begrüßung und zum Abschied mit einem Kuß. Geben Sie einander Kosenamen – nicht nur einen, sondern viele. Nehmen Sie einander an jedem Tag in die Arme. Lachen Sie zusammen – wenigstens einmal täglich.

Lassen Sie Ihrer Phantasie freien Lauf, und sammeln Sie Ideen, wie Sie die Tage zusammen lebenslustiger gestalten könnten. Stellen Sie sich zu zweit auch einmal vor, was Sie unternehmen und auskosten würden, wenn Sie alle Konventionen und Absicherungen über Bord würfen. Sprechen Sie mit Ihrem Partner darüber, wieviel Ihnen daran liegt, füreinander beziehungsweise für ihn eine spannende Welt zu bauen. Zünden Sie zur Feier des Tages und zur Erleuchtung dieses Augenblicks eine Kerze an, sehen Sie Ihrer Frau/Ihrem Mann tief in die Augen, und sagen Sie: »Komm, laß uns miteinander richtig leben.«

FÜNFTER TEIL

Lebenskünstler sein – das Kurzprogramm für alle Tage

Zum Schluß, werte Liebhaber/innen der Lebenskunst, habe ich Ihnen noch etwas aufgeschrieben, das seit Jahren mein persönliches »Ermutigungsprogramm« für jeden Tag ist. Mit diesem Programm, das Ihnen zugleich noch einmal einige Hauptgedanken aus meinem Buch in Erinnerung rufen soll, möchte ich Ihnen jetzt »Lebewohl« sagen.

Es wäre mir wirklich eine große Freude, wenn es mir gelungen sein sollte, Ihnen ein Stück von jenem Bewußtsein nahegebracht zu haben, das auch mein eigenes Leben um unsagbar vieles bereichert hat. Damit es Ihnen leichter fällt, Ihre neugewonnene Einstellung im Alltag beizubehalten, nehmen Sie einen Rotstift zur Hand, und markieren Sie die Punkte des Ermutigungsprogramms, deren Wortlaut Sie darin unterstützen könnte, auch an trüben Tagen ein fröhlicher Mensch zu sein.

Oder Sie fotokopieren die folgenden Sätze, heften das Blatt Papier an die Wand und lesen sie jeden Morgen, bevor Sie aus dem Haus gehen, um Ihr Lebensgefühl für den Tag richtig einstimmen zu können, um – heute, morgen und alle Tage – ein Lebenskünstler zu sein und zu bleiben.

- ○ Dies ist ein Tag in meinem Leben. Ich will ihn so annehmen, wie er ist, und das Beste daraus machen, denn ich weiß, er kommt nicht wieder zurück.

- ○ An diesem Tag möchte ich meinen Blick nur auf das Positive lenken. Ich will mich über die vielen Kleinigkeiten freuen, die mich überall umgeben, ich werde gezielt danach Ausschau halten und alles Schöne genießen.

- Ob im Büro oder zu Hause – ich nehme mir vor, heute alles etwas leichter zu nehmen und fröhlich zu sein, denn mir ist klargeworden, daß das meiste es nicht wert ist, daß ich mir zu viele Sorgen darüber mache.

- Heute möchte ich auf Menschen zugehen. Ich werde freundlich sein und lächeln und versuchen, einen anderen Menschen zu einem Lächeln zu bewegen – auch dann, wenn er ein mißmutiges Gesicht zeigt.

- Wohin ich auch komme, was immer ich erlebe – heute will ich mich nicht ärgern, sondern viel lieber singen oder pfeifen. Weil ich erkannt habe, daß der Ärger mich krank macht, bemühe ich mich, in jeder Situation gelassen zu bleiben.

- Heute gehe ich allen Menschen, die schlecht reden oder voll Neid auf mich schauen, aus dem Weg. Ich will mich von negativen Gedanken oder böswilligen Äußerungen nicht anstecken lassen, denn dafür ist mir meine Lebenszeit zu schade.

- An diesem Tag werde ich mir Zeit nehmen, etwas für mich zu tun. Ich will Körper und Seele verwöhnen. Ich will meinen geistigen Horizont erweitern und mich weiterentwikkeln. Ich will kreativ sein und etwas Schönes gestalten, um mich daran zu erfreuen.

- Heute schenke ich meinem Partner die Aufmerksamkeit und Zuwendung, die er braucht. Ich werde mir die Zeit nehmen, ihm zuzuhören, will ihn ermutigen, will mit ihm lachen und mich mit ihm zusammen des Lebens freuen.

- Heute will ich Gott dafür danken, daß es mir gutgeht. Ich drücke diesen Dank aus, indem ich einem Menschen, der Hilfe braucht, meinen Arm reiche.

○ Ich spüre immer mehr, wie sehr ich mein Leben liebe, darum will ich jeden Tag bewußt gestalten. Ich weiß, wenn ich wirklich will, kann ich mein Leben in die Hand nehmen und verändern, so daß ich froh und zufrieden bin.

○ Heute bin ich ein Lebenskünstler, will heiter sein und mein Leben feiern.

Literaturhinweise

ADLER, ALFRED: *Der Sinn des Lebens.* 17. Auflage, S. Fischer Verlag, Frankfurt am Main 1993.

BÜHLER, CHARLOTTE: *Psychologie im Leben unserer Zeit.* Droemer Knaur Verlag, München/Zürich 1962.

CONEN, HORST: *Die Kunst, mit Menschen umzugehen.* Ein Ratgeber mit Übungen für erfolgreiche Kommunikation und Körpersprache. DuMont Verlag, Köln 1991.

DITFURTH, HOIMAR VON: *Innenansichten eines Artgenossen.* Meine Bilanz. Claassen Verlag, Düsseldorf 1989.

DÜRCKHEIM, KARLFRIED GRAF: *Zen und Wir.* Otto-Wilhelm-Barth-Verlag, Weilheim (Obb.) 1961.

EVERITT, ANTHONY: *Abstrakter Expressionismus.* Droemer Knaur Verlag, München/Zürich 1977.

FREUD, SIGMUND: *Über Träume und Traumdeutungen.* 22. Auflage, S. Fischer Verlag, Frankfurt am Main 1993.

FROMM, ERICH: *Die Praxis des Liebens.* In: Schaeffer, M., und A. Bachmann (Hrsg.), Neues Bewußtsein – neues Leben, Bausteine für eine menschliche Welt. Wilhelm Heyne Verlag, München 1988.

GAWAIN, SHAKTI: *Creative Visualization.* Whatever Publishing, Mill Valley, Ca., 1978.

GODEFROY, CHRISTIAN H.: *Topfit an Körper, Geist und Seele.* Das Handbuch ganzheitlichen Wohlbefindens. Ariston Verlag, Genf/München 1992.

GREENE, LIZ, und HOWARD SASPORTAS: *Entfaltung der Persönlichkeit* – durch psychologische Astrologie. Hugendubel Verlag, München 1988.

GROTOWSKI, JERZY: *Das Theater Laboratorium Grotowskis.* Verlag Interpress, Warschau 1979.

HILL, NAPOLEON, und CLEMENT W. STONE: *Erfolg durch posi-*

tives Denken. Ein Schlüsselbuch richtiger Einstellung und Motivation. 15. Auflage, Ariston Verlag, Genf/München 1991.

HUXLEY, ALDOUS: *Latent vorhandene menschliche Fähigkeiten.* In: Schaeffer, M., und A. Bachmann (Hrsg.), Neues Bewußtsein – neues Leben, Bausteine für eine menschliche Welt. Wilhelm Heyne Verlag, München 1988.

IZUTSU, TOSHIHIKO, und TOYO IZUTSU: *Theorie des Schönen in Japan.* Beiträge zur klassischen japanischen Ästhetik. DuMont Verlag, Köln 1988.

JACOBSON, EDMUND: *Progressive Relaxation.* University of Chicago Press, Chicago 1938.

JACOBY, HEINRICH: *Jenseits von »Begabt« und »Unbegabt«.* Zweckmäßige Fragestellung und zweckmäßiges Verhalten – Schlüssel für die Entfaltung des Menschen. 3. Auflage, Christians Verlag, Hamburg 1987.

JUNG, CARL GUSTAV: *Erinnerungen, Träume, Gedanken.* Walter Verlag, Olten 1986.

JUNG, CARL GUSTAV: *Der Mensch und seine Symbole.* 11. Auflage. Walter Verlag, Olten 1988.

KELLERER, CHRISTIAN: *Objet trouvé, Surrealismus, Zen.* Zur Psychologie der modernen Kunst. 3. Auflage, Rowohlt Verlag, Reinbek bei Hamburg 1972.

KÜBLER-ROSS, ELISABETH: *Der Tod als Teil meines persönlichen Lebens.* In: Schaeffer, M., und A. Bachmann (Hrsg.), Neues Bewußtsein – neues Leben, Bausteine für eine menschliche Welt, Wilhelm Heyne Verlag, München 1988.

LABAN, RUDOLF VON: *Ein Leben für den Tanz.* Verlag Paul Haupt, Bern/Stuttgart 1989.

LAOTSE: *Tao te king.* Das Buch vom Sinn und Leben. 7. Auflage, Eugen Diederichs Verlag, München 1993.

LAY, RUPERT: *Manipulation durch die Sprache.* 5. Auflage, Wirtschaftsverlag Langen-Müller/Herbig, München 1981.

MERTEN, THOMAS: *Weisheit der Stille.* Die Geistigkeit des Zen und ihre Bedeutung für die moderne christliche Welt. Wilhelm Heyne Verlag, München 1983.

MÜLLER, ALEXANDER, und ERIK BLUMENTHAL: *Sinnergie:* Die Seele lebt vom Sinn. 2. Auflage, Horizonte Verlag, Rosenheim 1990.

MÜLLER, KLAUS E.: *Die bessere und die schlechtere Hälfte.* Ethnologie des Geschlechterkonflikts. Studienausgabe. Campus Verlag, Frankfurt am Main/New York 1989.

MURPHY, JOSEPH: *Die Macht Ihres Unterbewußtseins.* Das große Buch innerer und äußerer Entfaltung. 49. Auflage, Ariston Verlag, Genf/München 1992.

MURPHY, JOSEPH: *Wahrheiten, die Ihr Leben verändern.* Dr. Joseph Murphys Vermächtnis. 5. Auflage, Ariston Verlag, Genf/München 1992.

NORFOLK, DONALD: *Denken Sie sich gesund.* Sieben Schritte neuen Denkens, die Ihre Vitalität steigern. 2. Auflage, Ariston Verlag, Genf/München 1992.

PEALE, NORMAN VINCENT: *Du kannst, wenn du glaubst, du kannst.* 4. Auflage, Ariston Verlag, Genf/München 1991.

PICABIA, FRANCIS: *Schriften.* 2 Bände. Nautilus Verlag, Hamburg 1983.

PLATON: *Die Briefe.* Alfred Kröner Verlag, Stuttgart 1947.

POSTMAN, NEIL: *Wir amüsieren uns zu Tode.* Urteilsbildung im Zeitalter der Unterhaltungsindustrie. S. Fischer Verlag, Frankfurt am Main 1990.

RATTNER, JOSEF: *Der schwierige Mitmensch.* Psychotherapeutische Erfahrungen zur Selbsterkenntnis, Menschenkenntnis und Charakterkunde. 3. Auflage, S. Fischer Verlag, Frankfurt am Main 1974.

ROSENFELD, ALBERT: *Die zweite Schöpfung.* Droemer Knaur Verlag, München/Zürich 1973.

SCHULTZ, JOHANNES HEINRICH: *Das autogene Training.* 15. Auflage, Georg Thieme Verlag, Stuttgart 1976.

SENECA: *Ausgewählte Schriften* des Philosophen Lucius Annaeus Seneca. Verlag Philipp Reclam jun., Leipzig ohne Jahr.

STANISLAWSKI, KONSTANTIN SERGEJEWITSCH: *Die Arbeit des Schauspielers an sich selbst.* 2 Bände, 3. Auflage, Henschel-Verlag, Berlin 1993.

STEVENS, JOHN O.: *Awareness:* Exploring, Experimenting, Experiencing. Real People Press, Moab, Utah, 1971.

SUZUKI, DAISETZ TAITARO: *Der westliche und der östliche Weg.* Ullstein Verlag, Frankfurt am Main/Berlin/Wien 1981.

TART, CHARLES: *Hellwach und bewußt leben.* Wege zur Entfaltung des menschlichen Potentials – die Anleitung zum bewußten Sein. Otto-Wilhelm-Barth Verlag und Scherz Verlag, Bern/München/Wien 1988.

TEPPERWEIN, KURT: *Kraftquelle Mentaltraining.* Eine umfassende Methode, das Leben selbst zu gestalten. 4. Auflage, Ariston Verlag, Genf/München 1991.

VESTER, FREDERIC: *Denken, Lernen, Vergessen.* Was geht in unserem Kopf vor, wie lernt das Gehirn, und wann läßt es uns im Stich? Deutsche Verlags-Anstalt, Stuttgart 1975.

YUTANG, LIN: *Weisheit des lächelnden Lebens.* Das Geheimnis erfüllten Daseins. Rowohlt Verlag, Reinbek bei Hamburg 1982.

Horst Conen ist ein anerkannter Experte auf dem Gebiet der Persönlichkeitsbildung. Seine Seminare und Vorträge zu den Themen „Umgang mit Menschen“, „Positives Denken“ und „Lebenskunst“ sind sowohl in der freien Wirtschaft als auch an Fortbildungseinrichtungen der öffentlichen Hand sehr gefragt. Als Referent wie als erfolgreicher Buchautor vermittelt Horst Conen wichtige Impulse zur Weiterentwicklung der Persönlichkeit und praktische Hilfen zur Selbsthilfe.
Er lebt und arbeitet in Köln.